槐垣文谭

马行健 著

中国文联出版社
http://www.clapnet.cn

我生活、工作、恋爱、痛苦、憧憬、幻想，只知道一点——到我成年的时候，或者甚至到我年老的时候，迟早我是要开始写作的。但是我之开始写作，绝不是因为我以此为任务，而是因为我的整个身心要求做这件事。还因为对我来说，文学是世界上最壮丽的现象。

　　每一分钟，每一个在无意中说出来的字眼，每一个无心的流盼，每一个深刻的或者戏谑的想法，人的心脏的每一次觉察不到的搏动，一如杨树的飞絮或者夜间映在水洼中的星光——无不都是一粒粒金粉。

　　我们，文学家们，以数十年的时间筛取着数以百万计的这种微尘，不知不觉地把它们聚集拢来，熔成合金，然后将其锻造成我们的"金蔷薇"——中篇小说、长篇小说或者长诗。

　　——（苏）康·帕乌斯托夫斯基《金蔷薇》

目　录　CONTENTS

序：攀缘文学的扶梯

——从帕乌斯托夫斯基（苏）的《金蔷薇》谈起

"授人以鱼，不如授人以渔"——不知是哪位先生说的，至理名言。

"帮你学写作"——这话口气大了，不自量力，但为文学爱好者和中小学教师着想，却的确是我写这本书的初衷。

说起本书的写作缘起，不能不提到苏联著名作家帕乌斯托夫斯基的散文名著《金蔷薇》。上海译文出版社 2010 年版译者戴骢指出："这是一部总结作家本人的创作经验，研究俄罗斯和世界许多大作家的创作活动，探讨写作上一系列问题的散文集。娓娓而谈，清新隽永，对作家如何培养观察力、提炼素材、锤炼语言、丰富知识等等都有独到的见地，对想象的必要性，细节描写的功能、人物性格的逻辑性以及灵感的由来等也作了深刻的阐述。对绘画、雕塑、音乐、建筑等艺术领域亦有所探讨，且旁及天文、地理、气象、地质、植物、海洋、光学等自然科学领域，给人以信笔拈来，皆成文章之感。"帕乌斯托夫斯基把自己的这部文笔优美的散文集称作是"文学札记"，并表示："这项工作才刚刚开始，今后还有许多的事要做，还有许多东西是非谈不可的。诸如文学的美学标准，文学的题材，幽默，人物性格的塑造，俄语的演变，文学的人民性，浪漫主义，高尚的文学欣赏趣味，原稿的修改，等等。总之需要谈的很多，举不胜举。"可惜的是，《金蔷薇》写于 1955 年，出版于 1957 年，修改定稿于 1964 年后，作者于 1968 年即在莫斯科与世长辞了，续作的心愿未得完成。但这本书启发了我，也可以将自己的创作经历、编辑经验，以文学札记的形式写成短小的篇章记录下来。帕乌斯托夫斯基的"札记"其实是一篇篇优美的散文佳作。我们这本书则完全不同，它是真正意义上的札记、书话、读书随笔，有着体例上的区别。不同于帕氏文章中从理论上的阐述，我们的目的是辅导、引导、提供资料、偏于实用，类同于培训教材。鲁迅先生说过，写作必须如蜜蜂一样，采过许多花，才能酿出蜜来。于是，在这本书里，围绕着如何写作，我搜寻了许多作家（主要是中外经典作家）的创作谈，以及他们的创作逸事、生活趣闻，权作为攀登文学扶梯的格档，让你踏上去摘取创作的硕果。其间，我又翻阅了秦牧的《艺海拾贝》，杜渐的《书海夜航》及多部文学家传记、作品介绍等书，以期能靠近帕乌斯托夫斯基，完成他的遗愿。你也许并不治文，但茶余饭后捧读本书，至少，可以站在高处观望风景，通过一个个文学家感人的故事，生动的事例，陶冶性情，充实生活，提高学识修养，指教儿孙写作，不亦乐乎？

2015.5.21

走进小溪观风景

　　创作，或者写作，是一个大题目，包容丰富，政论文、科研论文、文学作品等。文学作品又有评论、诗歌、小说、散文等。小说又有长短之分，夹在其间的又有中篇小说。短篇之下又有微型小说。美国报纸征文了，征世界最短小说，还要涉及宗教、恐怖、性、皇权、表示惊叹等。据说得奖作品只有一句话：哎呀！上帝，谁使女王怀孕了？你也许觉得它根本不算是小说，但这个例子却被世人认可，广为流传。散文，实际也是个大概念，有抒情的、写景的、叙事的、议论的，这还只是就表现形式分。古代的札记、现代的随笔都是散文之列。《容斋随笔》《随园诗话》《阅微草堂笔记》都是传世的名篇。余秋雨的散文大气，充满了历史的思考，被人称为文化散文。此前秦牧、杨朔、魏钢焰等人的散文都领过一代风骚。到了贾平凹手里，提出了大散文的概念，不再细化了，除了诗歌的文字，连小说都成了散文。其实有的情况下，散文小说难以区分，像是个两面人，令人难以捉摸。前一向又有记者提出"新闻式散文"以及用文学反映现实。所以你拿起笔写就是了，先生娃再看男女，再起名字，归什么题材是第二位的，无论怎么样，你先写出具体的文字，表达清楚意图。

　　我们歌颂长江、黄河，它们都有支流，大的支流又是由小的河流形成的，河流又是由小溪流汇起的。渭河、洛河、汉江、丹江都是支流。当年我在巴山工作，常常要涉过大大小小的溪流，有句俗话就叫"七十二道脚不干"，它们很小，但清澈、幽静，只有走出去，才可以掀起波涛。我想，作为一个文学爱好者，我们就是一条小溪流，永远的小溪流。一直凭着爱好向前走吧，不要设定大目标，目标定得太高了，太累人，可能也很难达到。宋人杨万里有一首诗：万山不许一溪奔，拦得溪声日夜喧。到得前头山脚尽，堂堂溪水出前村。

我们今天谈文学创作，就是走进溪流观风景。这又好像看大树，由主干到枝叶。只能由细小处做起，写好。人有自知之明，以我的阅读范围、功力、能力，也只能与三五文友谈具象的、切实的经验，札记式的漫议，不涉及文学的理论，多记些逸闻趣事，于人于己都有好处。

2008.5.1

文学是一种爱好

我喜欢回忆童年，喜欢弥散着牛粪和青草气息的乡下的童年。还是在上小学三四年级的时候，二十世纪五十年代，我常去邻村的外婆家，村上农民常常晚上聚在一起"讲古经"。我就是在一旁听得岳飞前世是如来佛前一只大鹏金翅雕，托生成人以后英武得很。后来稍大些，知道这书叫《说岳全传》，我就借了来读，读到风波亭岳飞父子遇害一段时热泪盈眶。我还在初中的语文课本上读到"岳飞枪挑小梁王"，知道了岳飞还有一班小兄弟，仗义，个个都身手不凡，十分了得。正是在这本语文书上，才十岁的我就背熟了"秦时明月汉时关"，背熟了"木兰辞"。此前，还是二年级时，背诵了一本薄薄的小册子《董存瑞舍身炸碉堡》，几万字吧，在班会上背，在全校大会上背，带表演吧，一下子成了小名人，很受称赞。小小年纪有了虚荣心，也就有了上进心，促成了我热爱读书。当时我父亲在外工作，母亲又不识字，所以，是社会把我引向读书，引向文学写作道路的。

上了中学，主要是高中，读了很多书，记得法国作家莫泊桑的小说选就是在这个时候读的。作文好像又不怎么样，却想写小说，写了邻家嫂子什么事，不短，寄到报社，退了回来，挺不好意思的。后来写墙报文章，经常登，倒是很风光的。

上大学了，读的书多了，也杂，又是文化大革命，所以后来受到批判，说我中"封资修文化毒害很深"，读了什么现在大多忘了。文革中根本无书可读，有也不敢读，所以只是偷偷摸摸地读了几本，其实名著读得也少。

记得读过《福尔摩斯探案》中的"巴斯克维尔猎犬",印象很深。高尔基的《在人间》记得也是这时候读的,我很喜欢高尔基的人物速写和景物描写,比照着学习写。后来班里批判我,抄出这些文章贴成大字报专栏,揭露我的反动思想之根源。高尔基的《在人间》我大约读了三遍,每次都有收获,所以我经常向青年学子们推荐,他们听我能背下一些段落都很感惊奇。

求学期间的读书,像是海绵吸水,要讲究量,五谷八杂什么都看,然后注重选题向自己喜欢的方向发展。像诗歌,我写过,像小戏,我写过,但都不是主流,没有成绩,只是一般的爱好者。喜欢什么,不喜欢什么,这大约和一个人的秉性有关。

大学毕业后到陕南工作,独自一人在山间搞小型水力发电的测量、设计和施工,孤寂中便开始练习作文。适逢《安康日报》开辟了文艺副刊,投过去就用了,投的多了,便成了地方上的小名人。我的处女作是散文《航线上》,是写在汉江上坐船时的观感。1200字的文章,最先的800字是在汉江边一个旅社里起草的,似乎写了一个晚上。水力发电,灯很昏暗,熬了一夜,这真有点儿法国作家福楼拜尔在河边房间里写作时的情调。文章改了12遍。开头很有诗意,有感情:"同志,在滚滚的汉江上,你搭乘过机动船吗?特别是在急流险滩的地方,在大风大浪的时候?"这几句话是我在船头立时,蓦然闪现捕捉的,由此演绎出了整篇文章。记得《安康日报》发表这篇稿件时是1972年8月8日。这是小溪流的顶端,是一条小河流开始的湾沟。我是在一个高寒山区公社开会时看到报纸的,很兴奋,几乎有点受宠若惊,手足无措样。听着别人朗诵,真有暗暗得意的感觉,只怕人不知道是我写的,而我偏又不能说是我写的。所以,我现在很能体会青年人稿件刊发时的热烈心情,那份高兴劲儿。我祝福他们,我也愿意真心实意不怕麻烦地帮助大家。这个心愿也非今日始,我在散文集《山有情水有情》中说过,上中学时我渴望有老师指导而不得,所以我长大了就要还这个愿来为社会服务。现在老了,就要为青年人,为后来者,为文学爱好者服务。如果一个地方只有一两个人写作、出名，那就未免太孤寂了、太悲哀了。我们不能当文学上的"白衣秀士"，不能自大，而应该盼望一代更比一代强，如牛顿所说：站在巨人的肩上助人成才，这也是一种人品，操守和德行。人要有感恩之心，我直到现在也记得第一篇稿件的编辑叫杨刚，但我没有见过这个人。党永庵这时在安康报，乡党，鼓励过我。和我一块分到紫阳后又调到报社去的萧重声帮我发了很多散文，促进了我的写作兴趣，我就坚持下来了。这段时间，约10年，是我创作的初次井喷期。那时觉得写得很好，今天再看2000来字的文章写得很简单，文字粗糙，谈不上什么构思和形象，深感汗颜。说这些话是想鼓励初学写作的同志，大可不必为作品的差池而苦恼，事物都有一个循序渐进的发展过程。

1980年我回到家乡，当时大荔县新故事创作方兴未艾，在省上很出名，我投身其中很写了几篇，其中的《妯娌俩》曾在省上得奖后在西北五省巡讲过。这时，《群众艺术》的编辑刘克老师在退稿中发现了我写的《挑女婿》，评价很高，帮助我修改发表，鼓励很大。后来省法学会办的《案与法》杂志又刊发了我6万字的中篇《追魔记》，主编很赏识我的文章，题注中写道："本文6万字，本刊一次性发表尚属首例。"这个时间是我的积薪待火时期。

1992年，我害病，不上班了，1995年在贾明洲同学的促进帮助下，由《地网》开始，一发不可收，前前后后正式出了7本书，此后的事情大家都知道，暂略不谈。视为喷发时期吧！

2008.6.26

为什么而写作（1）

写作不能过分功利，过分功利就写不好文章。巴尔扎克很功利，没日没夜写，因为他做生意失败，要还账，不能不功利。大仲马很功利，他是天才，他有话可写，又要过奢侈的生活，所以就写个不停。他们都是有名的高产长篇作家，我们则不然。

大点说，我们应当如契诃夫、托尔斯泰、鲁迅、茅盾那样，有种社会责任感，舍我其谁。我不反映和推动这社会谁来反映、推动？于是有了契诃夫的《凡卡》《第六病室》，有了托尔斯泰的《战争与和平》《安娜·卡列尼娜》《复活》，有了鲁迅的《狂人日记》，有了茅盾先生的《子夜》。往小了说，就是为自己，如巴金写《家》《春》《秋》三部曲，自诉只是为了宣泄心中的苦闷，只是为了把自己听来的故事、经历告诉给别人，共同分享。同样也有种非写不可、舍我其谁的使命感，但客观上他为社会做了记录，同样很成功。

但经常的，我以为就是调节生活，怡情逸趣，不要有使命感，写作时没有压力，随便画画就可以，写出的文章才洒脱。我的很多文章便都是这样写成的，不是着意为别人看的，但大家看了都说好。我表白过我的散文写作，主要是手术后想转移疼痛，宣泄一下感情而已，是为了自己。写得多了，积攒起来，有机会了就可以出成书。现在很多退休的老同志著书立说，生活显得很充实，这种思想就很端正。我支持他们。如雷进发诗词选，如单富昕文选，如盛力的作品集，我都写过序。劳人局司机党师锁同志爱写藏头诗、打油诗，我鼓励他整理成册，还为他写了序言。

我认为让大家动手，遍地开花，就可以提升一个地方整体的文化素质。大家让我修改或作序是看得起我，我能有幸为此做点贡献感到很光荣。

写作，是个体的事情，记得这是列宁说的。现在的人很功利，许多人学着、练着，可能会觉得没意思，没法发表，没成就感，发不了财，于是便半途而废了。所以，在做人方面自私自利不对，但在写文章上，最好还是建立在为提高自己上，你便会走得远一些。真正是个文学爱好者，就会乐此不疲，一天不看书，三天不动笔就会不自然。这个观点、认识，也许大家现在不会认同，见仁见智，且当作一家之言吧！幸好，现在有了网络，有了文学群，可以把作品发到网上，虽然门槛低，但也有成就感。何况，现在许多文学名人都是从网络上走下来的，大家无妨去走这条路。

帕乌斯托夫斯基在《金蔷薇》一书中讲道：我生活、工作、恋爱、痛苦、憧憬、幻想，只知道一点——到我成年的时候，或者甚至到我年老的时候，迟早我是要开始写作的，但是我之开始写作，绝不是因为我以此为任务，而是因为我的整个身心要求我去做这件事。还因为对我来说，文学是世界最壮丽的现象。

当然，有人说了，我的文章是怀念父亲、记述母亲、感恩朋友的，不是为自己的，但这实际上正是说明了你不是在为名誉、功利，而是在为自己——为宣泄自己的感情而写的，这是问题的本质。写的究竟是什么并不重要，外壳，是可以变动的。重要的是，我们在享受写作时的愉快。

2009.5.27

为什么而写作（2）

"文学是愚人的事业。"——这句名言记得是作家陈忠实说的。这句话是反话正说，因为愚人是写不了文学作品，写不了小说，写不了诗歌，写不了散文戏剧。但文化人又是需要一种痴心、定力、执着、疯狂精神的，称这些人为愚人也有几分合理，更极端的说法是搞文学的人都有几分神经病。陈忠实还说过，搞文学需要点儿天赋。

《人民日报》上有作家刘庆邦一篇文章，讲道："一个人喜爱什么工作，不仅是天赋方面对这项工作比较敏感，也是出于内心深处的一种需要，性情于这项工作比较投合。喜爱是什么？喜爱本身就是持久的动力，就意味着自觉地投入，并预示着事业的成功。"他又说："如果我们所倾心做的是我们真正喜爱的一项工作，那即是我们的幸福，也有可能通过辛勤劳动实现我们的人生价值。"

参考两位作家的话，可以看到，作为爱好，是广大文学爱好者都须具有的，但要想做出成绩来，还是需要一定的天赋的。这并不是说你不具备天赋就不可以搞文学，因为爱好加辛勤劳动可以弥补天赋的不足，这种努力就是多读和多写，持之以恒。所幸，最广大的爱好者并不是成名成家心重，而多数是陶冶性情，丰富业余生活，没有过多的功利心。我曾经说过："想着为自己而写作，不要给自己加压，如一定要为社会伸张正义，去怎么怎么来感化人。你写你对事物的感悟，揭露出它内在的含义，已经可以达到那样的效果。反之，当没有取得预想的效果时，你就可能灰心，坚持不下去的。"

大家可能一时难以接受"写作是为自己"或者"为自己写作"的提法。那么，我们再读一段著名作家冯骥才先生的话，他说："我不再像年轻时候把写作当作一种攻坚，我已经没有写作之外的任何追求了，换句话说写作是我纯粹的心灵和思想的随心所欲，没有写作之外的任何追求。"这正是冯骥才作为过来人的深切体会，另外一个例子也许举汪国真合适，他写了那么多的诗，不是为了感动别人，而是为了宣泄自己的情绪。"我们为什么而写作——为自己。"山西省著名作家韩石山有几句不无调侃但却是很认真的话："文学创作，作为余兴，是愉快的；作为事业去奋斗，太残酷了。最好的写作状态应当是：愉悦性情，聊补家用。不是真的喜爱，最好不要干这一行。"

1978年诺贝尔文学奖获得者，美国犹太作家辛格说得扎实："我并非为了得奖而写作。获奖固然可喜，但并不能证明你就是最好的作家。因为，现在已经有很多伟大的作家了。"

为了我们能在喜爱文学，即读和写两个方面走得更远一些，做出成绩来，让我们以一种平和的心态来对待写作吧！

也许对这个思想认识最好的诠释便是陈忠实在下决心写《白鹿原》时说的一句话："我要写一部书，死了可以做枕头垫。"

但请不要忘记，当我们讲为自己而写的时候，这里有个不言而喻的底线，所写的内容当然是光明的，积极向上的，于社会而言是发扬正能量，教人为善的。这正如帕乌斯托夫斯基所说的，在写作的时候应该忘掉一切，好像这是在写给自己看，或者给世上最亲近的人看的。但他同时强调："凡是能够丰富人们内心世界的东西，凡是能够提高其精神生活的东西，都是我们所需要的。这个尽人皆知的真理难道还需要再花笔墨来加以论证吗？"

2009.8.16

为什么而写作（3）

任何事情都不是绝对的，对于写作态度，在我们强调一种平和，淡漠功利的时候，并不排斥你抱着一个崇高的目标去述写某一事件，有时候，这种创作的冲动会促成一部杰作的诞生。周立波写《山乡巨变》，柳青写《创业史》，都是要描述的农业合作化运动，排除政治的干扰说，写作上他们是成功的。苏联作家高尔基有感于二十世纪初俄国工人运动的风起云涌，工人中革命者的献身精神，写出了杰作《母亲》。这本书为广大劳动者所欢迎，同时也得到了列宁的肯定。这种事例是很多的。英国作家伏尼契就是感动于意大利烧炭党人的革命精神而创作出了《牛虻》一书。《牛虻》在中国有很大的影响。这本书1953年7月由李俍民翻译、中国青年出版社出版，至2013年整整六十年来，陆续再版重印，共发行了两百多万册（不算其他出版社的译本），这说明读者不在少数。许多作家都对此书给予了很高的评价——周国平：十七岁那年，我进北大读书……看到《牛虻》，一看就放不下了。王蒙：如果你能写出一部《牛虻》，底下可以什么都不写。史铁生：我最早喜欢起小说来，就是因为读了《牛虻》。

前几天读《人民日报》，著名作家邓友梅写的《开国六十年 笔耕一甲子》很是深刻感人。邓友梅参加过抗日战争、解放战争，新中国成立以后从事写作，曾被打成右派，"文革"中受过批斗，"文革"后老树新花，写了很多优秀的作品，像《我们的成长》《追赶队伍的女兵们》《那五》《烟壶》《寻访画儿韩》等，而且多次获奖。谈到他的创作心态时，他说：新中国成立后，他的写作是为了解决工作的问题，受茹志鹃的鼓励，以创作反映生活。"文革"中受批判，暗地里写些小东西，压在褥子底下，烦闷时拿出来看看，作为感情的宣泄。——这近于我们说的"为自己而写作"。"文革"后，他想："既然从深渊中被救出来，我总要为国为民有所报答……要写就要把它当作人生价值的体现，写出自己的特色，为读者增加点有益有趣的精神食粮。"这时，他想到了写自己最熟悉的生活，写北京。因为"北京作为数百年的首都，有独特的语言民俗，生活韵味。普通市民家庭生活变化，常跟整个国家命运连在一起。写好一个普通北京人的故事，就能从其背后看到国家的历史进程。"他说：在新时期文艺政策支持下，在读者鼓励下，我把积累了数十年的市井素材喷发出来，连续写了《那五》《烟壶》《寻访画儿韩》……这一系列作品，进入了个人写作的旺盛时期。

关于这个问题，丁玲同志讲得更深刻，她在"文革"后平反复出，并不对此前的不平遭遇耿耿于怀，而是语重心长地说：国家的问题太多，总是要有人来挑担子，作家也应该分担自己的一份。一个作家，如果不关心这个困难，不理解挑担子的人的难处，你老是写问题，那么，你的作品对我们的国家民族有什么好处呢？对老百姓有什么好处呢？对年轻人有什么好处呢？在这个问题上，有人说我是保守派，说我不够解放。难道一定要写得我们国家那么毫无希望，才算思想解放吗？我不懂了，那解放有什么好处？有什么用处？这能给人民带来一点福利吗？人民的生活能提高，没有房子的能有房子住了吗？你不帮忙，你在那里老是挑剔，那有什么好处？人家又说，你这个人嘛，过去挨了批评，你是怕再挨批评，心有余悸啊。并不是这样的。正因为我挨过批评，我跟党走过很长的艰难曲折的路，吃过很多苦，所以，我才懂得这艰难。我们国家的四个现代化难得很，你不调动千千万万人的思想，再好的办法也搞不成。你有这么好那么好的计划，可是人们不积极干，那你就落空了。我们文学家应该理解这个困难，努力帮助克服困难。

老作家王蒙则从文学的社会性角度上深刻地指出：文学是一种精神力量，是一种感动，是一种对精神包容空间的开拓，是一种犀利与挖掘，还有痛彻骨髓的鞭挞。从文学里可以看出人的恻隐之心、羞恶之心、恭敬之心、是非之心，从文学里可以看出人的度量、智慧、灵动与庄严，从文学里可以看出人的美好或者偏狭，高尚纯洁或者矫情做作。

所以可否这样说：对于初习写作，目标向下，定在"为自己写"上；对于有一定成绩，能力的作家，则定位在"为社会而写"上。但目前，面对地方上的文学爱好者，我以为还是定位在第一个层面好，切忌雄心过大，好高骛远，结果出不来成绩时又灰心丧气半途而废。

2016.8.17

我们应当写什么

我们应当写什么，这是讲的一个选材问题，即什么可以入文章。

作为练习，应当从身边写起，身边的人、事，大事、小事，过眼即成烟云的事，皆可入目，所剩的只是如何去写，如何表达出一番感情来。

许多报纸都有副刊，登有散文、随笔类，有的就是简单勾勒的素描。《中国电视报》大约自 2007 年起开办了自己的副刊专版，六七个栏目，专发千字文，数百字的文章，写得清新活泼，大都是家长里短，忆旧观新，但读来篇篇小巧玲珑都有珍品之感，打开报纸，就像是端过来一筐篮珍珠。

随手试举数例：

1. 一个老太婆去交电话费，但就是忘记了自己家的电话号码，倒是她经常给儿女家里打电话，记得儿女的电话号码。正当后边排队的人很不耐烦时，老太婆说，权当是我为儿女交话费来排队的。她这一讲，大家顿时哑然了，大家体验到了母爱。

2. 一个老太婆病重，儿女们去看望。老人家握着儿子的手说了三个字便去世了。别人问儿子：你母亲说了什么？他说：母亲讲"穿厚点"。仅仅三个字，一片母爱情，文章好像只有二三百字，没有多余的话，更没有议论，但是多么深刻呀！

这两篇文章结尾都有点到即止，此时无声胜有声的感觉。好的开头我们称赞是"开门见山"，这种结尾即是"戛然而止"，有种冲击力，如貂尾，能引人深思。

3. 一棵枣树，母亲在院子里栽了，采下枣来卖钱养家。多年来，母亲总是在枣树下等儿孙归来，儿子也由此想到了，"老家的枣树，满树细碎的花儿一定开着，满院子清新的枣花香，让离家的人泪流满面。"最后一句话便见深情。

4. 朋友家阳台上的花盆里栽了株小枣树，作者便联想到朋友乡下家中的枣园，在枣园中辛勤耕作的朋友的父亲，感叹"远在天涯的故园，就扎根于近在咫尺的阳台上"。这就叫感受深刻，朋友情谊。

5. 有睡前读书的习惯，读什么书，有何感受，读书时又是何种情景，写出一份悠闲和恬淡，也是好文章。

实实虚虚，可以说没有什么不可以写成文章。

2009.8.19

我是怎样写作的（1）

这里想表明的是如何选材和如何提炼主题。如何选材如前所述是讲的写什么的问题，在我看来，无所不可写，就看怎样表达，想表达出怎样的意思。

最典型，也许最能较易说明问题的是打呼噜。大家知道，打呼噜挺讨厌的，似乎是不能入文章的。我自害病时起，爱人即辛劳地照顾。她有打呼噜的毛病，常常吵得我休息不好。她呼噜打起云山雾海地梦游去了，我却像被动吸烟的人一样徒唤奈何，可以说是深受折磨。一晚忽然想，这打呼噜能写一篇文章吗？于是，我观察着爱人是如何打呼噜，声大了小了，弱了强了，长了短了。我听一段，编一段文字写下来，一晚上反反复复写了七八次，第二天终于写成了《鼾趣》。临到抄稿件的时候，又觉得太自然主义了，所以才琢磨出了最后一段话：妻不打鼾说明她劳累得难以入睡，打鼾了，说明她休息得很好，所以我很为此而高兴。画龙点睛，文章一下子有了灵魂，投到陕报，很快发表了，题目改为《夜半交响曲》。也巧，文章发表当天，我正好在西安北大街药店里买药，正想为妻买瓶打鼾药。柜台后边两个女的对话，说是报上有人写打鼾哩。我笑了，心里说，那就是我写的啊！后来，这篇文章收到了散文集《拒绝死亡》里。报上登时，许多同事看到了，有个朋友的老婆就取笑道："你看人家老马，老婆打呼噜都能挣钱。"

街头走街串巷搞厂价直销卖鞋油的小女孩能写吗？能。那天晚上，我正在和玫瑰影楼王经理闲坐，都九点多了，进来一个姑娘免费擦鞋。

我们问了些情况，劝她去学样手艺，她说这就是学习销售，为以后自己开门店积累经验。我随口说她太辛苦了，像流浪的高尔基。她说她最爱读高尔基的《在人间》，每晚都要看几页，这更让我刮目相看，肃然起敬了。回去后便稍加整理写成了《傍晚的童话》。开头写道："初夜，轻轻地，一朵白色的蒲公英花随轻风吹进城里，它在街巷里踅摸着，推开一扇玻璃门，走进玫瑰色的影楼，立地变成了一个亭亭玉立的女子，一身牛仔服，挺现代地。"这样写，就像篇童话了。

2003 年 6 月，我去街上一家不太大的空调店里转悠，发现搞推销的女人 30 多岁了，很会做生意，回来后就写了一篇《卖"美的"的女人》，记述了这一面之交。总结了几句话："魅力是商战中最好的武器。买东西让人舒服，这是本事；让人尴尬，这是无知；让人气愤，竟是杀手了……由此，我在这种憨态中感到了诚信。"结尾我稍作议论："巩俐是'美的'，但离我们太远，这个女人普通，但离我很近，多有所益。据云姓张，未问其名，卖店位于县城北环路宝塔东侧。"文章不长，几百字，但有了中间的几句议论，便有了魂灵，便立住了，不然就是一杯白开水。

2001 年我曾经到耀县，留意了道旁的女同志，觉得可以写篇文章《耀县女人》。于是，我写道：春风里，走过耀县，崖畔上绽放着雪白的山桃花，城市里活泛着女人的笑颜。都说女人是一个地方的风景线，耀县的这道风景线伸展得很长，很鲜。下边我写了街头妇女、青年学生、着装打扮，声情笑貌。这篇文章的关键处在于对所描写事物的细致观察，然后才能轮到文字描绘和主题的提炼，这种短文章是抒情的，写深写透，愈是短愈不易写。这篇文章我采用了开放式的结尾，力求有一种诗化。我是这样处理结尾的：

耀县，女人的回头率高，十步之内有芳草。她们的笑里含着蜜，黏黏地，惹你留恋。耀县女人美不胜收，美的总是下一个。你说：哪里嗳，米脂的婆姨绥德的汉，陕北的女人才叫绝呢！

呵，那好！向北，向北，再向北……

记得这篇文章我是自耀县县城走往水泥厂的路上写的，走走停停，没有纸，有张报，便写在了报纸的边边角角上。及时地把那些一闪念记录下来了。经验告诉我，这个懒散不得，不然，回去什么都忘了，这正是：赖笔头胜过好记性。

公共场所如汽车站，常要如厕收费，又常见争争闹闹，但要是有人不想交两毛钱，想拿自己的名片唬人，偏这人又是经理或报社记者时，这里就有了文章，就有了可以调侃世风的地方了，写出本来面目也是一篇好文章。记得我还写过一个小品，街头弃婴没人要，有个算卦的过来说，这女婴长大后能当大经理，于是便有人抱走了，这也是反映世态的，有着加工成分。这两篇短文也许因为有讽世价值，后来很快在武汉一家报纸上发表了。

以上所讲是想说，没有什么不可以入题的。

2009.9.23

我是怎样写作的（2）

生活中，爱养宠物的人愈来愈多了，猫儿、狗儿也是可以入题的。记得巴金在随想录里写过，梁实秋在散文里也写过。

我养过很长时间的猫儿狗儿，有所观察，所以也写了好几篇关于猫狗的文章。

我最爱的，饲养时间最长的是小狗娜娜，它很负责任，看门很好，缺点就是来人不管生熟都要乱咬一阵子，啃住裤腿儿不放。有过路的它更是追着咬，我批评它是车匪路霸。但它有眼色，知道邻居呵斥它，邻居要吓它，说声"给娜娜洗澡"，它就吓得往回跑。一次，空中电线走火，它吠个不停，我们发现了，关了电闸，免了一场火灾。我把这些观察写出来后，发了一段感慨："原来讲养花养草养狗是'玩物丧志'，现在看来，这实际上是社会安定，人民乐业的一种反映。兵荒马乱，人都吃不到嘴里，你让他养啥他都顾不来的。我检讨自己：现在没有了少年时的盛气，少了偏激，又因年岁渐大，看问题实际了些，这才感到人和动物之间的融洽相处该是多么的有意思。有一只宠物狗，你便多了一圈朋友。"适逢山东日报征文，我寄去即发表了。我还写过一篇《小狗甜甜》写狗在临死前还挣扎着扑上去咬生人，然后伏地倒了，死了。我议论道："甜甜是可爱的，甜甜是忠于职守的，它是一个称职的合格的门官儿，它比人世间那些吃粮不当差的货色在上多了！我用床小棉褥把它裹了，深深地埋在门前的坳谷里。我移了棵幼小的香椿树栽在它坟前，我期冀它灵魂永在。"我以为编辑会删去"门官"那句话，但他保留了，可能他认为是画龙点睛，寓意之所在吧。我在文章结尾写道："我一生只流过三次泪，一次是为父亲，一次是为岳母，这一次便是为小狗甜甜。我很难说清楚这是一种什么情绪，但我所能切实感知的，便是生命的可贵，友谊的宝贵，即使是动物也应当善待。"这篇文章发表在《三秦都市报》副刊的中央，足见编者和我有心相通的认知。这也说明，不是什么可写不可写，而是有话说无话说和说什么以及怎样说（表达）的问题。

2009.5.27

原型（1）：自己是最好的模特

在许多小说、散文里，作者都写到了"我"——这是一个真实的自我，如著名的高尔基的《自传三部曲》，如沈从文的《湘西记行》。在另外的时候，作者以我之本身作为原型写进书中，有时脉络清楚，有时又隐隐约约，如狄更斯的《雾都孤儿》《双城记》等作品，你都可以看到作者自己的身影——他自己的生活经历变成故事中的主人公的生活经历，只是名字变了，材料丰富了，故事发展的路子改变了。但万变不离其宗，作者实际上是在写一个变化了的自己。

以自己为原型、为模特，典型的事例还可以举出美国作家海明威。海明威是英勇的反法西斯战士，曾参加过两次大战，参加过西班牙内战。他的三部著名长篇《太阳照常升起》《永别了，武器》《丧钟为谁而鸣》实际上就是写他自己，写他对战争、人生的思考，他还写了脍炙人口的中篇小说《老人与海》。1954年，海明威获得了诺贝尔文学奖。

1918年5月，不满19岁的海明威几经努力后应召入伍，自纽约横渡大西洋到了巴黎，随后又到了意大利的米兰，真正地投入到了战争——第一次世界大战——中，这时他还兼任《星报》的记者。一本小传中这样写道：海明威像一头未脱稚气的雄狮，潇洒而又莽撞地冲入战火之中，炮弹爆炸都使他激动不已，除了战争、艺术、美丽女人外什么也引不起他的兴趣。参战不到两个月，7月5日夜海明威就被炮弹炸伤，在前线野战医院，海明威一共开刀13次，取出了237块弹片，医生甚至要为他做截肢手术。而他则想过不如自杀，所幸他闯过了这一关，既未截肢也未自杀，不然世界文坛将会缺少一位大家。米兰医院只有4个伤员，却有18个护士，海明威很快和她们都混熟了，他特别喜欢其中一位叫艾格尼丝的姑娘，关系亲昵。医治几个月后，海明威心揣对姑娘的眷恋重上前线。这次，他跟随意大利步兵过河入林，真枪实弹地作战，以他的勇敢和友爱，获得了意大利的战功十字勋章和勇敢奖章。战争结束，海明威带着一身的硝烟味、伤疤，带着荣誉军功章回到美国。这段从军记为他的传奇人生铺了靓丽的底色，他的战争经历则成了终生的创作素材。他先写了成名作《太阳照常升起》，其后写了《永别了，武器》《丧钟为谁而鸣》。在《太阳照常升起》中他提出了一个响亮的概念词汇——"迷茫的一代"。他决心彻底抛弃旧文学的矫揉造作，把战争如实地显现在人们的面前，表现这一代人所受的战争创伤对心理的影响。1925年7月21日是他的26岁生日，他选在这天动笔，挥洒淋漓，一发而不可收，一口气写了6个星期完成《太阳照常升起》初稿。1928年，他又决心写一部超过《太阳》的新长篇，死亡与爱情是书中的主线。他文思泉涌，写得最快的时候，打字机都嫌慢，一天要用掉六七支铅笔。而这时又有诸多的干扰——爱人难产剖腹，父亲自杀，但这些都没能阻止海明威奋笔疾书。故事中，他写了一个在意大利学习建筑的美国青年亨利在第一次世界大战中参加了意大利军队，在战斗空隙中，结识了战地医院的英籍护士凯瑟琳小姐。她长得很美，不幸的是订婚八年的情人在大战中阵亡。亨利后来在前方运送伤员的时候受了伤，住进后方医院，又遇见了凯瑟琳，两人终于相爱。亨利伤愈后重返前线。战斗失利后，亨利死里逃生，辗转多处，终于找到了凯瑟琳，他们同到中立国瑞士去生活，远离战争，寻欢作乐如新婚燕尔。作者写到，"这里和平宁静，连泥土都给人以可爱的快感。"但是随后，凯瑟琳却死于难产，亨利痛苦麻木，永别了武器，永别了情人的怀抱，独自冒雨走在黑夜中。他失去了过去，没有现在，也望不见未来。

对照海明威的个人经历，就会发现亨利的原型就是海明威，凯瑟琳就是米兰前方医院的护士艾格妮丝，所谓的前方医院就是米兰前线的后方医院。海明威在战争中送过伤兵的经历，在这本小说里也被用来做了重要情节。所不同的就是，海明威以自己为原型，为模特，发展了故事情节，在现实中没有和艾格妮丝别后重逢过上平静的日子，他把这种美好设想移到了小说中亨利和凯瑟琳身上，完成了自己的理想寄托。

有评论说，《太阳照常升起》表现的是一代人的迷惘，而《永别了,武器》则揭示了迷惘的原因。小说叙述了各种各样带着无奈和热情参战的人们，严厉谴责了那些操纵战争机器的人，作品带有强烈的反战情绪。亨利的创伤也是海明威的创伤，亨利的感受也就是海明威的感受。别忘了海明威这时只有29岁，这是一个天才在写作！这个年龄也就是我们现在所说的"90后"一代。

引用高尔基的话来对这一议题作总结：当一个作家进行写作的时候，他不是描写他熟悉的某一个人的肖像，而是努力在一个人物身上描写与这个人相似的许多人的特点。

另一个大家熟悉的例子就是《废都》了。

《废都》中写了作家庄子蝶和牛月英，唐宛儿等数个女人的故事，据作者的一位密友介绍，这正是当时处于婚变危机中的贾平凹真实故事的写照，书中的男男女女在现实生活中都有可指证的原型。"但是"，书中讲道："小说毕竟是小说，是作者在艺术天地的驰骋，不会是现实生活的照搬。小说中唐宛儿是庄子蝶朋友周敏的妻子，而现实中和贾平凹相好的XX的爱人与贾并不认识。小说中庄子蝶除了与唐宛儿肌肤之亲外，还与阿灿，柳月等有染，而现实中贾平凹仅有的一个XX，还是贾妻捕风捉影捣制出来的。现实生活中感情上的一些纠葛，为贾平凹的艺术创作提供了素材，触发了灵感，使其牵一发动全局地虚构出一个精彩的故事来。绝不是真实地在叙述自己的经历。"作者称赞道："贾平凹写作《废都》之时，早已融入城市之中多年，有了大量的生活积累。他一直想着要写一部城市题材的长篇小说，如今有了让他难以自拔的现实问题缠绕在心头，便自然而然与平时积累在头脑里关于城市的种种艺术感悟结合了起来，通过想像勾勒出一幅幅错综复杂的生活场景。人还在事中，写起来得心应手，一切都不去管了，拿起笔来写作，倒可以忘掉痛苦。于是任何时候都不会扔下写作的贾平凹，这时候便把常人看来的一堆烦心事，巧妙地通过艺术思维，使之成为产生佳作的动力，完成了他称之为'唯一能安妥我破碎了的灵魂的书'。"

可以说，自己就是最好的作品原型，但要能表达出来就靠能力，而能力则需要多多实践。

2009.5.7

原型（2）：不可缺失，但要认识

柳青的《创业史》是新中国成立后反映农村生活的一部著名小说，尽管新时期以来，我们重新审定了许多作品，但剔去当时政治大气候的影响，大家公认《创业史》的确算得上一部优秀的文学作品。柳青为写《创业史》在长安县兼职，广交农民朋友，和农村干部王家斌关系莫逆，他写的梁生宝原型就是王家斌。

一部成功的作品都有原型可寻。原型，对于创作者来说，既是素材来源，也是灵感来源。

福楼拜尔当年写《包法利夫人》的时候，刚写了一篇描写埃及中世纪一位圣者如何克服魔鬼诱惑的小说——《圣·安东的诱惑》。朋友们认为那条路没出息，走不通，不会写出成绩来。那写什么呢？好朋友杜刚和布耶提醒他："为什么你不用德拉马尔的故事呢？""呵，我怎么把这个故事忘了！"他如梦方醒，很是高兴，以为找到了很好的素材。德拉马尔是个医生，曾随着福楼拜尔的父亲学医，后来自己开了个诊所。他的妻子喜爱文学，但追求生活的奢华，看不起自己木讷的丈夫，有了婚外情。情夫后来去了美国，她又结识了一个律师，为了满足奢华的生活，她到处举债。后来律师又和她断绝了关系，她便服毒自杀，身后留下一个小女儿。德拉马尔因妻子而蒙受羞辱，不久也自杀了。这事情在当地引起了轰动，很是被议论一时。这本来是并不鲜见的家庭悲剧，我们现在身边也有大量的比其复杂、有趣、有教益的故事，但是福楼拜尔从中挖掘出了深刻的主题，开掘出了深刻的社会内容，写成了名著《包法利夫人》。1853 年 8 月，福楼拜尔在给朋友的信中就感慨地说："我相信就在现在，就在法国的二十个乡村里面，我可怜的包法利苦楚着、唏嘘着。"马克思的女儿爱琳娜很喜欢这部小说，最早把这本书翻译成英文。她在1886 年的英译本导言中说："完整无缺的《包法利夫人》出版以后，这种异常完美的风格，还有这种观察与分析的奇异力量，这种结合科学论文的有诗意的形式，这种作者人格完全隐匿的情况，以及全部人物的现实性（即使最小的人物也是一个有血肉的、有气息的生命），这一切在帝国当时是新颖的。"福楼拜尔写《包法利夫人》的时候才 30 岁，眼光敏锐，思想活跃，又能虚心听取别人意见，耐得寂寞，这是他成功的个人因素，他因此而跃上和立足于法国文坛。

于此极相似的是司汤达之写作《红与黑》，不过前一个的主人公原型是女人，这一个则是男人，相同的都是因为婚外情。《红与黑》的主角是于连，于连的原型是司汤达的同乡人安东·贝尔特。安东是一个贫穷的乡下手艺人的儿子，曾在神学校学习，后来进米舒家做家庭教师，结果和米舒夫人勾搭成奸。后来在第二个东家德·卡尔家任教时又狂热地追求主人的女儿。他企图跻身上流社会，但这个社会不收留他，他抑郁，他不满。一次，他在教堂里偶遇米舒夫人，趁她祈祷时，开枪将其打死，结果被判死刑，送上了断头台，死得很勇敢，不惧怯。司汤达曾说：现在法国有 20 万个于连。这就是说他的于连是个艺术的综合形象，而这种情杀事件在当时的法国已经不鲜见了。只是，司汤达写出来了而其他人没有写出来，这是因为你对事件和人物的价值缺乏认识，于是好的题材便与你擦肩而过。另外，司汤达一生和 3 个女人相好，其中有两位女人和他一往情深，他综合了她两人的行为方式写出了女主人公玛特尔的艺术形象。书出版后，名叫阿尔伯塔的女情人看到了自己的影子，很是生气。这说明举凡好作品、成功的作品，主人公甚至是配角都有着自己的原型，就看作者是如何处理了。

有评论指出，司汤达是法国最早采取现实主义手法来进行创作的作家，他的作品主题严肃、人物鲜明、批判性强，这在当时法国文坛上是开创一代新风的。他的作品几乎都是根据当时的社会生活实际而写成的，正如在《论〈红与黑〉》与《〈巴马修道院〉告读者》中所强调指出的那样，前者是按照"一八二六年在兰纳附近确实发生了的事情"写作而成，而后者则是根据帕多瓦议事司铎的侄子所讲的故事而进行创作的。当然，作品并不可能完全如司汤达所说的那样，他之所以这样讲，无非是为了阐明这样一个观点：小说中所发生的故事、情节、人物遭遇等一切，皆是社会生活的真实产物，而不是作者个人臆想中的产物。

在 1839 年写的《〈巴马修道院〉告读者》中，司汤达特地介绍了这本书的写作经过，特别是素材的来源。1830 年冬天，司汤达在意大利帕多瓦市一个已故的议事司铎家中，听到司铎侄子详细讲述了桑塞维纳公爵夫人的故事，司铎侄子还把伯父记有宫廷阴谋倾轧故事的手札送给司汤达使用。司汤达说："我现在照 1830 年的原稿丝毫不动地发表这部小说。"司汤达说，议事司铎的那位可爱的侄媳妇曾经和桑塞维纳公爵夫人相识，甚至还对她非常敬爱，她请求我不要改动公爵夫人的不寻常的经历——而那些经历却是应当受到谴责的。当然，司汤达没有那样做，他只是将公爵夫人做为小说的原型，将她的故事做了小说的素材，进行了艺术的加工。在《论〈红与黑〉》一文中说，这部小说并非小说，作者所叙述的故事，其实是 1827 年在多裴内确实发生了的事情。男主人公当过他第一个情妇孩子们的家庭教师，她所写的一封信阻碍了他与第二个情妇——一个非常有钱的小姐结婚。他对第一个情妇开了两枪之后，在多裴内被判处死刑。作者一点也没有臆造。

2009.5.30

原型（3）：映像中的自己

　　也许关于创作原型最典型的例子应当是英国女作家夏绿蒂·勃朗特和她的名著《简爱》中的主人公简·爱了。关于作者和主人公之间的关系有一段文字是这样介绍的：夏绿蒂·勃朗特出生在英国北部的约克郡山区的一个穷牧师家庭，六岁时母亲死了，她和兄弟姐妹由薄情的姑妈收养，过着孤苦伶仃的生活。九岁时，勃朗特就和她的两个姐姐及妹妹进了一所慈善性质的女子寄宿学校。由于学校教规严厉，生活条件恶劣，不久她的两个姐姐都因病遭送回家后相继死去。《简爱》书中关于洛乌德学校的生活和小海伦的死的描写，就是根据了这段生活经历。勃朗特十六岁时，为了教妹妹念书，她进了一所学校学习法语、绘画和作文，后来又应聘到这所学校当助教。这时她在校结交的一个女友的哥哥向她求婚。这段经历写进小说后演化为简·爱逃离罗彻斯特家后，在饥寒交迫中被好心的传教士里弗斯兄妹收容，并帮助安排在当地一个山村学校教书。后来里弗斯向她求婚，并要求她同往印度传教。作为原型，作者和书中主人公的经历惊人的一致，所以历来被人们视为作者自传。1851年6月，写著名小说《名利场》的作家萨克雷和勃朗特在伦敦会面时，萨克雷为勃朗特举办了盛大的招待晚会，热情地称勃朗特为"简·爱小姐"，客人们也纷纷以简·爱小姐称呼勃朗特，被传为了文坛佳话。

　　在我国，这种例子也很多，都为大家所熟悉。如《青春之歌》中林道静和作者杨沫，其关系和简·爱之中勃朗特如出一辙，杨沫将自己的革命经历写成《青春之歌》，将自己作为林道静。书中的知识分子余永泽其原型就是杨沫曾经的男友、北大著名学者张中行教授。另外巴金的《家》李六如的《六十年的变迁》，等等，都是作者化身进入作品的，而且都成就了佳作，写出了光辉的艺术形象。

所以，认真地了解身边的人和事，留意社会上的人和事，选好作品主人公的原型，写好自己的人物，是一件不可忽略的事儿，是真正的基本功。有人说，我们如果连自己都写不好，那还能写什么？我把这句话顺带解释一下，是否可以这样理解：一、可以以我们自己的经历作文，大则如巴金、杨沫、夏绿蒂·勃朗特，写成长篇小说；小则写成短篇小说，写成散文。二、"我"是一个虚的概念，你的气质、为人要在你所写的人身上反映出来，体味出来。三、就整部作品、整篇文章的文风来观察，应当表现出作者的气质来，或豪放、或刚强、或慎重、或竟有懦弱之状，犹疑过重而决断不足，等等，这就是平常所说的"文如其人"和"言为心声"。

2009.5.30

原型（4）：关于福尔摩斯

1893年圣诞节前一日，即12月24日，英国伦敦郊区的诺伍德镇，出现了群体骚乱。"暴民"们围攻一所维多利亚式屋子，扔砖头，砸玻璃，呼吼怒骂，主人则躲在房子里，惶恐无助。主人即大名鼎鼎的《福尔摩斯探索集》作者亚瑟·柯南·道尔，他创造了神探福尔摩斯的形象，然后又在作品中安排了他的死去。于是热心的读者，即当今的"粉丝们"不答应了，他们向作者示威，要求"神探归来"。同一天，伦敦市中心报社集中的舰队街上，更多的"福粉"进行了游行示威。发表福尔摩斯探案故事的《绳链》杂志编辑部门前，愤怒的读者指责福尔摩斯之死是不能容忍的谋杀行为，纷纷要求退刊。事情闹到了维多利亚女王那里，女王遵守法律的创作自由，同样尊重柯南·道尔的选择，对福尔摩斯的"夭折"无可奈何，对"福粉"们爱莫能助。在中国，好像还从来没有读者因作品主人公的死去和作者过不去的，也可说这是英国特色吧！

柯南·道尔，1859年5月22日出生在英格兰爱丁堡，1930年7月7日逝世。1876年到1881年在爱丁堡大学学医，1877年师从医学部讲师兼外科医生的约瑟夫·贝尔当助手分析案例，解剖尸体。他们的关系即是探案集中华生和福尔摩斯的关系。一次，贝尔医生狩猎归来，和朋友们在酒馆里闲聊，说：一般人只会看不会观察，其实只要看一眼，就可以从一个人脸上看出他的国籍，从手上看出他的行业，从步伐、举止、表链以及粘在衣服上的线头看出他的其他，后来，柯南·道尔在《血字的研究》中写福尔摩斯和华生医生的会面时便发挥了这一看法。福尔摩斯正是从华生身上的苏达水味，军人风范，晒黑的皮肤以及僵硬的左臂得出结论："我看得出来，你刚从阿富汗回来。"研究者更说：如果把贝尔的照片和福尔摩斯的画像放在一起，他们的确很像，瘦瘦的面孔，鹰钩鼻，都有一样犀利的目光。《血字的研究》中更是这样描写福尔摩斯——贝尔医生的：他的相貌和外表，乍见之下，就足以引人注意。他有六英尺多高（相当于一米八多），身体异常消瘦，因此显得格外颀长，目光犀利（茫然若失的时候除外）；细长的鹰钩鼻子使他的相貌显得格外机警、果断。下鄂方正而突出，说明他是一个非常有毅力的人。他的两手虽然斑斑点点，沾满了墨水和化学药品，但是动作却异乎寻常的熟练仔细。——这可以说是柯南·道尔近距离地对老师贝尔的观察描写了。

福尔摩斯的探案故事共计 60 篇，最好的我以为还是《血字的研究》《四签名》等几个中篇，最成功的应是《巴斯克维尔猎犬》。另外许多篇章从故事到构思，多有雷同，犯着和法国作家儒勒·凡尔纳科幻小说同样的毛病。

1893 年柯南·道尔在《最后一案》中安排福尔摩斯在决斗中死去。研究者认为，这是因为，这一年柯南·道尔的妻子患肺结核去世后，父亲又死了，他异常抑郁，无心再写了。但我以为手法雷同，写不出新意，也应是重要的原因。还有论者认为，福尔摩斯的对手是莫利亚蒂教授这样的文人，并非真正的歹徒，因而这部探案集便与成为一部场景恢宏开阔，情节曲折多重，戏剧冲突加剧、及阅读效果更加冲击震撼的大作品擦肩而过，失之交臂，遂使得这套书逊色不少，这真是见仁见智了。须知，福尔摩斯探案集，毕竟是文学读物，是柯南·道尔"逗你玩"，并非是侦破教材！十年后，即迟到 1903 年，柯南·道尔才重新操起笔在《空屋》中安排福尔摩斯死而复生，开始私家侦探生活。

现在，大家公认：福尔摩斯惩恶扬善匡扶正义的法宝和利器，是出色的观察推理能力和无与伦比的超人智慧。尽管后来，一大批侦探小说家们为这一题材增添了很多同样成功的神探形象，但是在读者心目中，福尔摩斯依旧处于"大哥大"的地位。

　　——这个论断应该说是经过时间考验的确论。

2014.8.27

做人和作文（1）：雨果与高尔基

　　我们经常讲做人和作文的关系问题，提倡做人要正气，写文章要为正义、良知、道德而歌，提倡二者的统一。自然，也有另外的情况，文章写得很好而人格却很卑下的情况，例如，古之秦桧，今之周作人，文章书法很好，人品却为人不齿。我们现在所谈的是第一种情况，即作文之前先做好人。

　　在一本记述法国作家雨果生平的书中写道，1818 年夏天，维克多雨果经过法院门前的广场，只见一个木桩上捆绑着一个年轻的妇女，脖颈上套着铁圈，烧红的炭火放在脚下，一把木柄烙铁插在炭火里，烧得通红。女人的头上贴着一张告示，说明这是一个犯了盗窃罪的仆役。很多人在围观，看得津津有味。中午，行刑人跳上刑台，解开女人的上衣，一直袒露到后腰，然后拿起烧红的烙铁，按在了女人赤裸的肩上，登时，女人发出惨叫，冒起的白色烟雾遮裹了侩子手的拳头和烙铁。多么惨痛的一幕，深深地烙在了雨果的心中，他为此而愤慨。多年后，雨果把这女人，把这惨烈的一幕写进了长篇小说《巴黎圣母院》中。看过同名电影的同志在影片开始吉普赛女郎艾丝美拉达的被行刑的镜头里都可以看到那个可怜的女仆的影子。实际上，雨果后来在小说《悲惨世界》《死囚末日记》《克洛德·格》等著作中，都写进了这个女仆撕心裂肺的悲惨呼叫！这个女人便是长期活跃在雨果心中的人物原型。雨果不是革命者，但雨果是个有正义感的人道主义者。

　　另有一则真实的故事也很能说明作文和做人的关系，说明社会对一个作家品格形成的影响。

1891年7月15日，正是乌克兰盛夏，一条乡间大道上，一辆马拉大车在缓缓行进。车后边捆着一个女人，这个女人被剥得一丝不挂，身上布满了青一块紫一块的伤痕，胸前的道道鲜血在腹部汇在一起，血糊糊一片。车上站着一个大汉，高举皮鞭，疯狂地抽打着这个女人，而后边竟然跟随着一群看热闹、瞎起哄的村民！这时，一个身材高大的青年路过此地，他看不下去，勇敢地冲了上去，制止这野蛮的行径，他夺下鞭子，折成几截斥责这大汉的暴行。但是他的行动惹怒了看热闹的群众，他们竟然把这过路青年围起来一顿暴打，然后扔在树丛中的泥沼里。傍晚时候，一位流浪的乐师发现了这个奄奄一息的青年人，连忙把他送到医院抢救。这个路见不平的青年就是后来的俄国大文豪高尔基！而这个妇女则是被怀疑"失节"，鞭打她的是她的丈夫。这种做法是当地的风俗，被视为合法！高尔基自小生活困难，生活在社会的最底层，到处流浪。他嫉恶如仇，深切同情受压迫的劳动人民，同情弱者，所以才能做到路见不平、拔刀相助。这个妇女后来被他作为原型，写进短篇小说《游街》中。

2015.11.12

做人和作文（2）：海明威和威士忌酒

海明威不但小说写得好，为人也是很宽厚大度的。少年儿童出版社《中外名人幽默故事大观》一书中讲了一件海明威的故事，很是感人。文章也写得很好，好在不长，全录如下。

抗日战争时期，在一艘停泊在重庆的美国海军炮艇上，正在举行一个"不看样品的拍卖会"。

比尔，一个年轻的低级尉官，对一个密封的大木箱子发生了兴趣，因为他见那个木箱是沉甸甸的。但在场的人都认为箱子装的是石块，因为那个拍卖商一向是以恶作剧而闻名的。

比尔以 30 美元低价买下它。打开看时，木箱内装的竟然是两箱威士忌酒，这在战时的重庆是极为珍贵的，令其他人很羡慕。比尔不久就要调离这里，打算开一个大型告别酒会，这两箱威士忌正好派上用场。

就在这个时候，著名作家海明威到了重庆。这天，海明威找到比尔所在的炮艇上，对比尔说："我听说你有两箱醉人的玩意儿，就赶到这里来了，我没有别的过错，除了鼻子。"

海明威并不认识比尔，他掏出一大卷美钞，说："给我六瓶，你要什么都行！"

比尔想了想说："好吧，我用六瓶酒换你六堂课，教我如何成为一个作家。"

"这个价可够高，"海明威说，"老兄，我可是花了好多年的功夫才学会写作的啊！"

"我在拍卖会上当受骗，也有好多年，这次刚交上好运啊。"比尔坚持说。海明威退让了，他给比尔讲了五堂写作课。

比尔听完课，跟海明威开玩笑说：

"海明威先生，我在拍卖场上投个机肯定是值得的，第一，我使那个拍卖商上了当；第二，我只用六瓶威士忌就打倒美国最有名的作家，使他献出辛苦摸索到的写作诀窍。"

海明威眨了眨眼说："你是一个精明的人，但是，我只想知道，那些酒，你已经喝掉了几瓶？"

"一瓶也没打开呢！都为我的大型酒会留着的。"

"那么，孩子。"海明威说，"我想向你提一点我个人的忠告：千万不要迟疑去吻一个爱你的漂亮姑娘；遇到一瓶威士忌酒时，应尽快去尝尝。"

比尔觉得海明威真风趣。

海明威因事提前离开重庆，比尔去机场送行，海明威在隆隆的轰鸣声中凑近比尔说：

"比尔，在你学会描写别人以前，首先自己得成为一个有修养的人，为此，你必须做到两点：第一，要有同情心，千万不要讥笑一个不幸的人；第二，当自己不走运的时候，不要生气，这对于你是至关重要的。"海明威一字一顿地说完，向飞机走去。当他登上飞机时，又回过头来喊道："朋友！你在狂欢会发出请柬以前，最好先尝尝你的威士忌酒！"

比尔回来后，打开了一瓶酒，里面是茶水；接着打开一瓶又一瓶，里面装的全是矿泉水。

海明威当然一开头就发现了真相，但他只字不提，也没有讥笑比尔，并且愉快地遵守了交易中他应承担的部分。此时，比尔才明白了，海明威在机场上给他上了含义深刻的最后一课。

海明威的旷达，爽朗，幽默是出了名的。他获得1954年的诺贝尔文学奖后，自己不去瑞典斯得哥尔摩颁奖会领奖，而是委托一个朋友代为领奖，他自己则到海上钓鱼去了。他说，我是一个渔夫。看看我们身边的一些"人物"，屠呦呦得了2015年诺贝尔医学奖，其同行愤愤不平，致信评委会泄愤。莫言得了 2012 年诺贝尔文学奖，文坛哗然，各种说法都有，恨不得去一帮子人列队去领奖，倒是莫言有自知之明，低调得受人敬仰。一个人，一个名人要跳出名和利的诱惑何其难也！

2015.11.13

观察（1）：体验生活

体验生活包括两个方面。一、自身的切实体验；二、观察社会。这两者对一个文学、文艺工作者来说同等重要。因为我们不可能事事经历，所以观察社会也许更为重要，是创作的源泉，是创作者的基本功。观察社会又分为观察社会生活——建筑、生活方式、人际关系等宏观视觉上的东西；观察具体的微观的：具体的人的貌相，喜怒哀乐，物的构造等。历来经典作家都特别注意观察，视为创作之基本功。

巴尔扎克说：我喜欢观察我所住的那一郊区的各种风俗习惯，当地的居民和他们的性格。我和工人穿得一样褴褛，又不拘礼节，所以他们对我倒也一点不存戒心。我可以和他们混在一起，看他们做买卖，看他们工作完毕后怎样相互争吵。对我来说，这种观察已经成为一种直觉，我的观察既能忽略外表又能深入对方心灵。有一次，一家剧院散了夜场，巴尔扎克静静地跟踪了一对吵吵闹闹的夫妇，听他们都吵什么，直到他们家门口，感到很有意思，很有价值。

写作《娜拉出走》的挪威作家易卜生热心观察市民的生活，在老年的时候，还常常坐到咖啡店里，假装拿报纸看新闻，偷偷注意各种顾客的相貌、动作，倾听他们的谈话。

喜剧大师莫里哀为了积累创作素材，常在袖筒里藏个笔记本，偷听商店、剧场里人们的交谈，悄悄记录下来，回家整理。

我们不需要这么极端，但我们可以做到法国作家福楼拜尔对莫泊桑的要求："当你走过一位坐在他门口的杂货商的面前，一位吸着烟斗的守门人的面前,一个马车站的面前的时候,请你给我画出这杂货商和守门人的姿态,用形象化的手法描绘出他们包藏的道德本性和身体外貌,要使得我不会把他们和其他杂货商、其他守门人混同起来。还请你只用一句话就让我知道马车站有一匹马和它前前后后十来匹马是不一样的。"

高尔基说过,写作的职业逼迫着我注意琐碎的事情,这已经变成习惯了。歌德也说过:我观察自然,就连一些最微小的细节也熟记在心里。可以说经典作家在此回答了为何观察和如何观察这两个问题。

对于搜集素材,帕乌斯托夫斯基在《金蔷薇》中有自己的认识,他说:读者经常询问从事写作的人,他们用什么方法为自己的作品搜索素材,是否要花费很多时间。他回答说,作家只有生活在素材之中,思考、痛苦、欢乐,参与大大小小的事件,生活就会自然而然地在记忆里和心灵中留下标记和印痕。而那种硬逼着自己去积累观察素材,一味地四处奔波做笔记的人,当然可以搜集一大摞五花八门的素材,然而这些素材是死的,生硬地搬到散文中去,就会失去其原有的感染力。我认为,托氏在这里主要是强调获得素材的偶然性,作者对素材的敏感把握,并没有否定文前所提到的大作家们的社会调查,帕氏在对素材的应用上谈得也很有见地:千万不要把观察到的素材、哪怕是最成功的素材,不分青红皂白地硬塞到作品中去。一旦有必要,它们自己会进入作品,各就各位的。使作家常常感到惊奇的是,某个早已忘得一干二净的偶然事件或者细节,当作品需要这些素材时,竟会突然栩栩如生地出现在他的记忆之中。

这才是创作的深刻感受,至理名言,也算是帕氏的创作秘籍了。帕氏自己讲过:为了写一篇短篇小说,即使篇幅很短,也需要如写作术语所说的,"发掘"大量素材,以便从中选取最有价值的材料,他所储存的素材应当远远超过他的短篇小说所需要的数量。

2015.3.7

观察（2）：由松散到凝练

读《沙苑》杂志来稿，有个业余作者写了几篇散文，尽显其观察世态人情的本领。他写大冬天村人的晒太阳，男女老幼在寒冬暖日的街头相依相靠，说说笑笑、打打闹闹、尽显其乐。他写彩票站里的所见，彩民们极其投入又不计输赢、极其随和，其中还有细小的情节，有买豆腐的两口子相互感染，同"沦"为彩民的快乐。他写了一个事情又一个事情，一个场面又一个场面，一个人又一个人，但都如流水账一样，平铺直叙，缺乏重点。他在一篇文章中把人们从初一到十五过大年的过程逐日做了记录，尽显农家乐趣，尽展民间风情，热烈欢乐，详细得让人惊讶、感叹佩服。但这些记叙有一个通病，犹如从一条巷子的这头走到另一头，流水观光，缺乏一个重点，缺乏高潮，用了眼睛没用脑子，对读者没有启迪。我们不要求贴标签式地在记叙事件中喊出"这多有意义啊？""这意义在哪里呀？"的直白的话语。但我们希望即使这种记述也要调动起多种文字手段而使文章有分量、耐看，而不是浪费了观察的技能。

首先，我以为要凝练，长长的罗列中必定有一个凸起，一个高潮，一个重点记叙的事物，而不能一味平铺直叙。例如晒太阳，某人晒太阳有什么惹人注意，发笑的趣话，就要多写；例如彩票站，有人呕心沥血，穷于算计没有斩获；有人歪打正着，于不经意间中了大奖，可以浓墨重彩，极写快乐；如过大年，可以就某一天选一个活动，有代表性地写出民俗的热闹和厚重来。可以从初一记到十五，但中间需要有高潮。

其二，需要有鲜明的主题，即记叙这些想说明什么，无论是暗喻还是明写，落笔的时候就要成竹在胸，有明确的意识。往往以暗喻为多，文章写出来，让读者去品味，去体会其中含义。

其三，文风语言要跟上，不论是写的欢乐，写的忧伤，还是写的事件如行云流水充满诗意，你的文字表达都必须相应地跟上。

说来容易写时难，关键在于熟能生巧，平时要多练习，多琢磨，多学习。如恩格斯所说，倾向要在作品的描写中自然表达。

长篇小说《保卫延安》中，第一章第三节开始讲到延安时，作者满怀激情地叙写了毛主席党中央在延安的意义和作用后，用一段抒情的景色写了延安的一天。"夏秋交接的季节，是陕北最好的时日。早晨，大雾罩着延安，罩着延安城周围的山川和流水……"白天"肥实的山羊绵羊，在山坡上追逐跳蹦。放羊娃坐在长着野花的山头上，吹起了笛儿……""太阳落山时光，延安是一片欢乐的歌声。夜里，延安城外面的山上，一层层窑洞的窗子上，一排排的灯光闪亮。这里有万千个闪亮发光的窗子，其中就有"毛主席和他的战友的窗子，他们在灯光下思考全中国，思考全世界哩。"这里，作者的铺排是递进的，他把高潮放在夜晚，放在了对"毛主席和他的战友窗子"的叙写上。这就有如在上坡，高潮就在坡顶，然后他很自然地发自肺腑地直白地呼道："天上有晶亮的星星，地下有朗朗的流水声。民主圣地——延安的夜晚该多美啊！"这样的最后登高一呼，是文章自然发展的趋势，不得不呼，读者并不觉得勉强和做作。

在旧城改造的时候，我写过一篇小散文《感受大荔》，借着下雨为议论的由头，我先写了干渴的土地对雨水的期盼，写了由此而带出的问题——防汛，写了雨中可以有时间审视历史。但是，历史和现实紧紧相联，所以下来重点便写旧城改造。描写、议论双管齐下，形成一个高潮，一个中心。这里就需要语言的力度作配合，必须写得铿锵有力。我这样写道："拆除旧城的同时我们推动了停滞不前，打破了固步自封，学会了量体裁衣适度发展。看——新的商业中心大楼已拔地而起，装修正紧张进行，而在东西大街两翼伸展开去的是，商业街的门面房正在施工，各路建筑人马叮叮当当的敲击声汇成了铿铿锵锵的建筑乐。塔式大吊车巨臂扬起，这是魄力的显示，这是信心的证明，这是力量的凝聚。稍作摆动，便是无可遏阻的一挥！"

　　文章至此，就不能再罗列铺排了，必须很快引入正题：《感受大荔》其实是感受时代，感受人才。随后，我用两个自然段强化，呼吁人们走出书斋，走出居室，走出大荔城，登高望远，在历史的制高点来审视大荔的变化，从而完成对大荔深层次的感悟。

2015.3.8

联想（1）：深厚的生活积累

屠格涅夫从来不愿意抱着先入为主的思想来写作，最感兴趣的是观察人们面貌的生动活泼。他曾向友人谈到他构思一部中篇小说的经过，说："我路过莱茵河畔的某个小城市。晚上，因为无事可做，我想去划船。小船从一个不大的火砾场边经过，火砾场的一旁有座两层楼的小屋。一个老太婆从下层楼的窗子里朝外张望，上层楼的窗子里探出来一个标致的姑娘的头颅。这时我忽然被某种特别的情绪控制住了。我开始思索：我想着，这个姑娘是谁，她是怎样一个人，她为什么在这个小屋里，她跟老太婆是什么关系——就这样，我在小船里就立刻构思好了这篇小说的整个情节"。这个少女是不是被幽禁着，正翘首盼望着她热恋中的情人？这个老夫人是不是一个监护人，因为她的目光是冷酷严厉的。屠格涅夫边乘船边构思，于是便有了小说《阿细亚》。《阿细亚》是一部小中篇，恰巧我读到过，记得是巴金的夫人萧珊翻译的。此书还有其他译本，其中一个书名译作《阿霞》。

掩卷而思，我们也经常有屠格涅夫一样的平常见闻，司空见惯，为什么就写不出一篇脍炙人口的好小说呢？我们缺乏天赋，缺乏经验，但归根结底我们观察得不够仔细，思考提炼得不够深刻，我们的生活积累不丰富，所以你无从联想，无从挖掘。而对于一个有经验的作家来说，你给他一个情节，甚而一句话，他就可以写成一本书！果戈理的《钦差大臣》是向普希金要的情节。他曾经说过："我擅长的不是模仿人，而是猜测人，即猜出他在什么情况下应该说什么话，同时能把握住他的思想方式和语言特征。"

可以说：屠格涅夫掌握着这种本领，而且炉火纯青，所以他才能写出那么多优秀作品。这种写作本领的获得，得益于作者拥有深厚的生活积累。而生活知识、经验的积累，对许多优秀作者来说，更是因为它有着自己的生活基地，他像大树一样在这里汲取营养。

苏童在获第九届茅盾文学奖后说到：好多年前，我熟悉的一个特别腼腆的街坊男孩，意外地卷入了一起轰动街头的罪案，而且是主犯。男孩的父母一直认为儿子蒙冤，四处申诉无果。多年后男孩出狱，依然很腼腆，通过努力，他干成了大事。苏童便以此事件写出了获奖作品《黄雀记》。书中的"香椿树街"就是他的生活基地。"我从来没离开过它，从这条街上我时常会回头看自己的影子，向自己索取故事。我固守在香椿树街，因为我相信只要努力，可以把整个世界、整个人类搬到这条街上，写成作品，奉献给读者。"苏童有这个信念和雄心，正是因为他有着关于这条街的丰富的生活积累。

2015.7.9

联想（2）：在虚拟的世界里阅读

写散文、随笔、札记这些纪实性文学作品是容不得虚构的。写小说就不同了。无虚构即无小说，原始的素材模型只是为虚构提供了中心，虚构像旋风一样围着所要讲述的中心事件转悠。虚构就是想象，就是想象的接力——联想。一块石子打入水中，涟漪一圈圈荡开，一个景象就形成了。小说的完成就是这样发展的。灵感——想象——联想——故事完成，既是技术的，也是艺术的。这里，每一步其实都需要虚构。

小说家毕飞宇坦承：写小说是我非常热爱的一件工作，我喜欢虚构，喜欢在虚拟的世界里面对现实，面对历史。毕飞宇把虚拟甚至强调到了极端：小说家最基本的职业特征，即是病态的，一厢情愿地相信虚构的真实性；相信虚构的现实度；相信虚构的存在感；哪怕虚构是非物质的，非三维的。虚构世界里的人物不是别的，就是人，是人本身。的确，哪怕仅仅从技术层面上说，小说的本质也是人为的。毕飞宇说，小说家和作品中描绘的人物是一种独特的人际关系，一个在明处，一个在暗处，一个是物质的，一个是非物质的。他们处在同一个时空里，他们又没有处在同一个时空里，这是一种非常独特、非常微妙，近乎诡异的人际。虚拟世界里的爱恨情仇要比现实生活复杂得多，鬼魅得多。一个并不可爱的人写着写着你爱了；一个你非常爱的人写着写着不爱了，这有什么道理可讲么？

帕乌斯托夫斯基在《金蔷薇》中指出，莫泊桑极为珍惜想象力，认为它是激发创作思维的媒质，是诗歌和散文的黄金国。左拉不同意这个观点，一次争执中，莫泊桑竟拂袖而去。但想象是不能凭空想象的，它要和实际生活结合去"合理"想象。帕氏说，想象这颗光耀夺目的太阳，只有在触及大地之后才会燃烧。在太虚之中，他是无法燃烧的。想象是人运用他对生活的观察和思想感情的积累，创造出与现实并存的虚构的生活、虚构的人物和虚构的事件的一种本能。帕乌斯托夫斯基称赞想象力乃是大自然的伟大赐予，在谈到想象的必要性时说："因为真实的生活是浩瀚无边的，是错综复杂的，任何一个人都不可能了解其整体和所有千差万别的局部。何况有许多事物，人是无从看到，也无从经历的。譬如，人不可能倒退三百年，去当伽利略的学生；或者去参加一八一四年攻陷巴黎之战；或者待在莫斯科，可是伸出手去却可摸到卫城的大理石圆柱；或者同果戈理一起在罗马的大街上散步谈心；或者坐在国民公会里听马拉发表演说；或者从甲板上眺望满天星斗的太平洋。而后者之所以不可能，是因为这人一生中连海都无缘见到，更别说大洋了。可是人却想知道、看到和听到一切，想经历世上各种各样的事情。于是想象就给予他现实所未能给予或者不可能给予他的一切——想象能够弥补人生的空白。"他指出：想象基于记忆，而记忆基于现实生活中的现象。记忆的积累并非杂乱无章的堆积物，有某种规律——联想的规律，或者如罗蒙诺索夫所称为的"浮想的规律"，把回忆这一杂乱无章的堆积物，按照彼此相似的程度，或在时空两个方面相近的程度加一环的、连绵不绝的链条。这串联想的链条乃是想象的指路线。联想的丰富说明作家内心世界的丰富。如果具有丰富的联想，那么任何题材，转眼之间就可具有生动的轮廓。书中还讲到用罗蒙诺索夫的话来说，联想乃是和一已知的事物一起，同时想像到其他与此有关的某些事物的一种精神的禀赋，例如：当我们心中想到海船时，又从海船想到海船航行其中的大海，从大海又想到风暴，从风暴又想到波涛，从波涛又想到海岸上的喧声，从海岸又想到岩石。如此，等等。

这已经就想象——联想的关系说得再直白不过了。

为了强调想象力的重要，帕乌斯托夫斯基专门写了一篇《夜行的驿车》，这篇介于散文和小说之间的文章是介绍童话作家安徒生的，写得很抒情，优美，中央人民广播电台多年前曾播出过。手边没有《金蔷薇》一书的文学爱好者可以借助现在的电子阅读，下载保存学习欣赏。

　　本文末，想再重复帕乌斯托夫斯基的一句话：没有想象就没有真正的散文，就没有诗歌，没有文学。

2015.7.20

灵感（1）：突然的访客

俄国大诗人普希金有一句名言：灵感冲动的一刹那，我那流传万世的作品便一挥而就。

何谓灵感？突然冒出来的一个成功的念头就是灵感，犹如神的启示。直白地说就是忽然想到。它包含四层意思，突然性：来时不可知，很神秘，真是来无影去无踪；短暂性：稍纵即逝，不可追回，所谓机不可失，时不再来；有用性：很功利，很有价值，百思不来偶然得之；优越性：是你所能捉摸到的念头、构思、句式中最上乘的。最关键的是来之突然，稍纵即逝，难以复原。可以说灵感好像梦一样。你做了一个好梦，当时觉得很清楚，甚至是梦中有一篇好的文章构思，但是醒后想向人叙述时却忘得一干二净，怎么也想不起来那是个什么梦。所以当灵感袭来的时候，千万不能撒懒，最好马上用纸笔捕捉住，不然真就有"好梦难圆"的遗憾。灵感是获取创作素材和叙述方式的一种特殊手段。

梦是难以追述的，但我却捕捉着灵感，有数次成功的记述。

1998 年 6 月的一个晚上，我梦见一个由死人垒在一起冻结的尸山，我竟在这白骨累累的尸山的最上边，我意识到我死了之后拼命地自救，用冰刀刨挖联结成山的冰碴，然后站起来做个胜利的 V 字，我为自己能救活自己而兴奋。许许多多的人跑下来看我复活的奇迹，我则胜利地醒转了。我经历了自己拯救自己的复活的全过程，我看到了人是怎样复活的。复活也是一种美学意义上的，美感意义上的美。我很高兴，忙将这个故事、这个梦境急急地划拉下来，把我提炼的主题记录下来。更巧的是，第二天，随朋友去西安参加人才市场招聘后竟然真地"死"在了会场，几个钟头昏昏沉沉，只感觉得到周围人熙熙攘攘自己却全无意识，不能动作，一味地匍匐在桌案上。我都不知道我是怎样被朋友叫上车的，他们居然没有发现我的"死"。只是在车到渭南时我才醒来了，"活"过来了。在渭南朋友的帮助下，我们住进了旅馆。朋友午休了，我没有，我取出纸笔把这个梦境记录了下来，于是便有了后来的散文《白狮山》，一篇奇思怪想的妙文。

1995 年时候还做了一个梦，梦见了"还魂草"，如白色的花生豆儿，无根无须，长着一头茅草，随风飘移，向着西方漂移，挺固执。固执源于它听到了和尚说佛，说西方的极乐世界，于是一心要去朝拜。气候干燥使它干瘪了，不能动，稍有雨水，它便膨胀起来，继续向西移动。它是为信念而生存的。梦醒后，我连忙记录下来，起个篇名《绿梦草》。文章写得很诗化而有哲理，我很珍爱，曾想取做一本散文集的书名，只是书中文章多是说病，所以书名后来用了《拒绝死亡》。这篇文章即得益于"灵感"。

还有篇《黄月亮》，也是写梦的，或者说是梦的启发，是一种灵感，更奇特、更光怪陆离、更长，我也在当时将它记录下来，整理成了文章，过后一看还可以。我甚至骄傲地想：有没有写作能力，且看你是否可以把一个好梦有滋有味如实地复记下来，赋它以寓意，文字要优美、准确。真能写出来，肯定是篇美文。

2009.5.28

灵感（2）：发酵的情感

    台湾"乡愁诗人"余光中说：我一直扬言《乡愁》是 20 分钟写出来的，有人说你才思这么敏捷？余光中解释称是灵感的作用。"我离开大陆时 21 岁，已经醒事了，后来又在台湾、美国、香港生活，所以《乡愁》的感觉已经摆在了心里 20 多年了。忽然有一天，碰巧句子就出来了，这就是所谓的灵感。20 分钟的灵感，是 20 多年的情感被压抑之后发酵出来的。"余光中的解释接近于平日人们说的：日有所思，夜有所梦。情感是一种感情在长期的思念和反复的折磨中考虑的结果，余光中称是"发酵"，这里边有着时间积累的因素和作用，是文学评论家常说的：长期积累，偶然得之。

    这就是说灵感有两种，一种是没来由地袭来一个念头，我们意外地捕捉到了。一种是长期思索——这种思索可以是苦苦思索，也可以是潜意识的思索，即这个念头长期埋在心底，因为某种机缘触动而明晰了。如余光中所说，是"经验之谈"。余光中讲到：灵感这个词，比较地靠不住，一讲到是灵感就只能靠天才了。其实灵感牵涉到的是主题，是经验，要求你不断有新经验。经验有被动接受，有主动接受……把握新的经验，注重新的感受，使它成为你的灵感，成为你的新主题，这样你的思源就不会枯竭。

    前一种灵感——突然涌出的某个念头，对世间所有人都存在，都有体验。第二种灵感是写作者创作的一种体验，它可以变化为句子、题材、文章的开头和结尾，有时候苦苦思索和偶然得之之间画不出截然的分界来。我在写作《师魂》时，采访邓健已经半个月了，迟迟不能动笔，因为找不到一个好的开头，而我的习惯是只要有了好的开头，或者只要开了头，就会一泄千里地挥洒开去，很快完成。某日晚，天下着小雨，我在影楼和朋友坐的时间长了，走在大街上又思谋起这篇文章如何开头，走了一段路，脑海突然冒出一段话："这能是邓健老师的家吗？"我想，以此引伸出邓健的家境，写下我采访他的场景，描写他"低调"的心态不是很好吗？于是，我顺着这条思路一路想去，待到家时，已经明确地有了这篇文章的开头，即可以作为序的那一段文字。

　　郭沫若曾经提到他写《凤凰涅槃》时的情形：《凤凰涅槃》那首长诗是在一天之中分两个时段写出来的。上半天在课堂里听讲的时候，突然有诗意袭来，便在抄本上东鳞西爪地写了那首诗的前半。在晚上行将就寝的时候，诗的后半的意趣又袭来了，伏在枕头上用着铅笔只是火速地写。激动得全身都有点作寒作冷，连牙关都在打战。他的另一首诗《地球，我的母亲》也是在 1919 年在日本求学放年假的时候写的。"那天上半天跑到图书馆去看书，突然受到诗兴的袭击，便出了馆，在僻静的石子路上，脱了木屐，赤脚踱来踱去，时而又索性躺在路上睡着，想真切地和地球母亲亲昵，去感触她的皮肤，感受她的拥抱。在那样的状态中受着诗的推荡、鼓舞，终于见到了她的完成，便连忙跑回寓所把她来写在纸上，自己就觉得好像真是新生了一样。"如果复原这个怪异的画面，那我们无异看到的是一个披头散发的精神病患者，狂狷、痴迷，也许，这正是诗人之为诗人吧！

2009.6.29

灵感（3）：马尔克斯读《变形记》

和莫言读川端康成的《雪国》受到灵感启发一样，1981 年，马尔克斯在接受《巴黎评论》长篇访谈时说："在波哥大的大学里，我开始结交新朋友，他们引导我去读当代作家的作品。1947 年的一个晚上，一个朋友借给我一本书，是弗朗茨·卡夫卡写的短篇小说。我回到住的公寓，开始读《变形记》，开头那一句差点让我从床上跌下来。我惊讶极了。开头那一句写道：'一天早晨，格里高尔·萨姆沙从不安的睡梦中醒来，发现自己躺在床上变成了一只巨大的甲虫。'读到这个句子的时候，我暗自寻思，我不知道有人可以这么写东西。要是我知道的话，我本来老早就可以写作了。于是我立马开始写短篇小说。"他的短篇小说发表在波哥大《观察家报》文学增刊上，年仅 20 岁的加西亚·马尔克斯从正门步入哥伦比亚的文学殿堂。1955 年，马尔克斯创作了回忆故乡生活的第一部长篇小说《枯枝败叶》，他叙述："从我写《枯枝败叶》的那一刻起，我认识到我想成为一名作家，没有人可以阻拦我，而留给我要做的唯一一件事情，便是试图成为这个世界上最好的作家。"

1957 年，马尔克斯在巴黎邂逅了自己的文学偶像海明威。他写道："我一眼就把他认出来了，那是 1957 年巴黎一个春雨的日子，他和妻子玛丽·威尔许经过圣米榭勒大道。他在对街往卢森堡公园的方向走，穿着破旧的牛仔裤、格子衬衫，戴一顶棒球帽。唯一看起来跟他不搭调的是一副小圆金属框眼镜，仿佛很年轻就当上祖父似的。""当时我和现在一样，说着一口幼稚园英语，也不清楚他的斗牛士西班牙语说得怎么样。为了不破坏这一刻，我两样都没做，只像人猿泰山那样用双手圈在嘴巴外面，向对街的人行道大喊：大——大——大师！海明威明白在众多学生中不会有第二个大师，就转过头来，举起手用卡斯蒂亚语像小孩子似的对我大叫：'再见，朋友！'"

创作成名作《百年孤独》，也是由灵感引发。有一天，马尔克斯带妻子梅塞德斯和两个孩子到阿卡普尔科去旅行，"途中我终于恍然大悟。原来，我应该像我外祖母讲故事一样叙述这部历史，就以一个孩子一天下午由他父亲带领去见识冰块这样一个情节作为全书的开端。"这就是《百年孤独》创作的开始，马尔克斯一口气在书桌前坐了10多个月。"《百年孤独》我不到两年就写完了。不过，在我坐在打字机旁动手之前，我花了十五六年来构思这部小说。"

创作《百年孤独》的日子是马尔克斯一家最困顿的时候，那是1965年前后的墨西哥。马尔克斯后来说，要没有梅塞德斯，他永远也写不成这本书。"几个月之前我曾经买过一辆小汽车，后来我又把它抵押了出去，把钱如数交给了她，心想还够用六个来月的。可是我用了一年半的时间才写完这本书。钱用完了，梅塞德斯也没吭声。我不知道她是怎么让肉店老板赊给她面包，房东答应她晚交9个月房租的。她瞒着我把所有的事情都承担起来了，甚至还每隔一段时间给我送来500张稿纸。不管什么时候少不了这个500张稿纸。等我写完这部作品，也是她亲自到邮局把手稿寄给南美出版社的。"马尔克斯说，为了写《百年孤独》，他读了能找到的关于19世纪和20世纪初拉美独裁者的所有东西，和许多生活在独裁政体下的人谈过活。小说以梦幻现实主义为主要手法，同时插入了象征主义。梦幻主义的描述，渲染了环境气氛，使故事的发生地马孔多镇成了一个人、鬼、神相互乱缠的特殊场所。《百年孤独》1967年问世，1982年马尔克斯被授予诺贝尔文学奖。这本书写成之前，马尔克斯写的书通常只能卖掉1000本。所以，这本书印成，马尔克斯确定只印5000本，出版社实际印了8000本，但出版半个月时间，该书就被抢购一空。待到1985年马尔克斯《霍乱时期的爱情》出版时，印数已是《百年孤独》初版时的 150 倍了，真正的名人效应，洛阳纸贵了。

　　2014 年 4 月 17 日下午，马尔克斯在墨西哥城家中逝世，享年 87 岁。莫言在得知这个消息时，正在看牙医，他深情地说："在牙钻的轰鸣声中，我想起了 20 世纪 80 年代中国作家几乎是集体阅读《百年孤独》的情景。我不能说马尔克斯是当代世界上最伟大的作家，但自 20 世纪 60 年代至今，世界上的确没有一本书像《百年孤独》那样产生广泛而持久的影响。"莫言遗憾地说，"我本来有一次与他见面的机会，但因他生病错过了。感谢这个天才的头脑，他发明了一种独特的小说，他也发明了让自己永生的方式"。

2016.9.30

灵感（4）：存乎于心，得之一瞬

文学艺术门类有许多相通的地方，就文学写作和绘画来说，构思与构图的灵感更为近似，易于参照。一要有天赋之灵感，悟性；二要有对生活表象快速的捕捉能力，联想发挥。日前读两则画家轶事，即很能说明问题。他山之石可以攻玉，触类旁通，举一反三，引之如下。

著名画家吴冠中1981年春天出外写生，途经宁波火车站时，在附近村巷中漫步，一处大宅院引起了他的注意：古朴的建筑，白墙黑瓦，老树新芽，宅边有池塘，塘中有绿树房舍的倒影。他望着，"似有所悟，急忙从随身的背包里取出画具，把这江南美景几笔画了下来。"画完之后，他又在房顶上方添了两只小小的飞燕，寂静的画面顿时活了起来。吴冠中后来说这幅水墨画在他"众多江南题材的作品中，甚至在我的全部作品中，是最好最突出和最具代表性的。"这幅画后来捐赠给了香港艺术馆。

吴冠中的师兄，旅法画家朱德群1997年当选法兰西艺术学院终身院士。一次，朱德群在去日内瓦途中看到阿尔卑斯山上的皑皑白雪和绵绵浓雾。虽然都是白色，但浓淡虚实的层次变化出神入化，各有不同。眼前的景象触发了他的灵感。"此时我的心中只有云雾在白地上移动的景象以及涌现的层次，心灵似乎也跟着那深浅浓淡的变动而若浮若沉，一下子浮现了很多唐诗的意象。"回家之后，他就不断尝试画出那一刹那间的感受，于是成就了他1985年之后的"白色系列"画作。他自诉"我作画时，都是我平时壮游的感觉，有些是当时不能抑制的冲动，有些则是过了很久，甚至以为遗忘了的记忆，而被画布唤醒出来。我只要面对画布，感情就会饱满起来，像喝了酒一般，会激情地在画布上一口气画出我那新鲜的第一遍。"可以说，第一遍这是画家才有的灵感，稍纵即逝，弥足珍贵，而第二遍及以后的修改，则有赖于经验的积累。

两位画家的老师林风眠说得好：艺术是从自然中产生的，一个艺术家应当有从一切自然存在中都找得出美的努力。写作的灵感冲动正是这种努力的体现。

画家的经验类之于文学家，即如《平凡的世界》《白鹿原》，作家冲动来了，埋头写作，呕心沥血，先完成初稿，有了基础，再刻意琢磨，"有赖于经验的积累"了，遂成精品。最有权威最能说明问题的其实是曹雪芹那句感慨万端的话："满纸荒唐言，一把辛酸泪，都云作者痴，谁解其中味。"

就关于"灵感"本身来说，不讲究天赋其人，也要讲究文学悟性，也要讲及时抓住灵感，把当时的即时感动勾勒记载，不然真像做了好梦等醒来后什么都忘了一样。

帕乌斯托夫斯基用诗歌的语言表述自己对灵感的认识：是的，灵感乃是一种严谨的工作状态，灵感来到我们身上时，就像夏日明媚的清晨，静夜的雾霭刚刚被它驱散，湿润丛浓的绿叶上披满晶莹的露珠，它，这清晨，小心翼翼地把有益于健康的凉气拂到我们的脸上。

灵感犹如初恋，这时心由于预感到即将有奇妙的约会，即将见到美丽得难以形容的明眸和微笑，即将作欲言又止的交谈而怦怦跳动。

这时我们的内心世界犹如一件调好了弦的神奇的乐器，能够敏锐而正确地响应生活中的一切声音，即使这声音是最隐秘、最细微的。他还不厌其烦地为我们转述道：普希金讲，"灵感是能活跃地接纳印象，因此也就能敏捷地理解概念的一种情绪。而这种敏捷的理解力是有助于解释概念的。"屠格涅夫把灵感称作"神的君临"，称作人的思想和感情的豁然开朗。托尔斯泰对灵感所作的定义看来是最简明的了。他说："灵感就是突然显现出你所能做到的事。灵感的光芒越是强烈，就越是要细心地工作，去实现这一灵感。"最后，帕乌斯托夫斯基感慨地说：尽管我们对灵感所下的定义不尽相同，但是我们都知道灵感是有助于成功的，它不应当没有给人们结出任何果实就悄然逝去。

2013.10.7

素材：取材于已有资料

我来讲讲我的法制中篇小说《追魔记》是怎么写出来的。

创作素材除了观察，道听途说所得，自己构思以外，也可以利用现有的资料，整理、加工、改造。《追魔记》素材的所得便是后一种。大约是 1983 年吧，《中国青年报》上登载了一篇破案通讯。某地农民在农田基建时发现一只蛤蟆顶着个头盖骨向坡上走动，觉得奇怪，公安部门知道后，经过一番盘查追溯，终于在海南找到了当时的罪犯。30 多年前，一对奸夫恶妇杀了本夫，杀得很隐蔽，给头上钉进了一根长钉子。奸夫是个土改组长，后来南下广州去了，数十年过去了，此事再无人知晓。我读后，觉得很是传奇，传奇得有些离奇了。想着可以写成篇有趣的故事，脑子揣摩着这个故事，但总找不到切入点，不好构思，我想，单纯传奇意义不大，得引出某种教育意义来才好。

那时省法学会主管的《案与法》杂志还在办，我去编辑部看稿，主编说要发我的中篇故事《御案记》，我很受鼓舞。他鼓励我再为他们写点什么，我就讲了会走动的头骨的故事，他也很感兴趣，劝我写出来，问起能写多长，我说二三万字吧！就是怎么写，如何结构，我还没有把握住。心里揣了这事，回来想了一路，想把它写得有意义一点。车过固市镇时，我忽然想到：文学是人学，是写人的，不能只看故事不见人，这篇文章中应当有一个贯穿始终的正面人物。这样一想便豁然开朗。回到县上后，从星期一写到星期六，连着紧张地写了 6 天，终于写成了 6 万字的小说，起个名《追魔记》，自我感觉很成功，寄到编辑部，《案与法》立即采用了，而且眉批道：文章6万字，本刊一次发完，尚属首例。小说发表后，反响很大。一次我在去兰州的火车上看到旅客在看杂志上这篇文章，我问怎么样，他说很好。宁夏一个读者，陕西人，地质队的，热爱文学，给我来信说这是他看过的最好的中篇破案传奇故事。他前后看了7遍，改编成了电视剧。他还专程到大荔来找我。不巧的是我那天去耀县了，失之交臂。后来《地网》出版时，我把这篇小说收了进去，为了说明我是如何改编的，我将《中国青年报》上的通讯一并收录，君子不夺人之美嘛。这也是个文德问题，有兴趣的同志可以找来对照看看。

另一篇历史法制小说《御案记》的写作也是借助于现有的历史资料写成的。写作之前几年，我翻看旧县志时，看到了嘉庆年间大荔县夆村人朱某状告有钱人柳家的故事。因为柳家有钱，买通了县府直到省上，所以屡告不倒。朱某遂进京去告御状。在一个和尚的帮助下，躲在皇上进香时的案桌下边，大呼冤枉。惊了嘉庆皇上的驾，连呼之曰：大胆。这姓朱的告赢了御状后，回乡后人都叫他"朱大胆"。我上高中时，有个老师叫魏子英，依此写过一本大戏：朱告柳。

我想，这个故事基础好，案情吸引人，是对正义的歌颂，有再加工的价值，便想把它写成中篇故事。这故事中缺一个穿针引线，客串始终的人物。而经验告诉我，这个人得有身份，文章才能引人注意。于是，我想到了林则徐。林则徐虎门销烟后受排挤，被发放新疆，路过黄河时曾协助王鼎治理过黄河。蒲城王鼎又是他的老师。于是我就动用林则徐参加进来壮声势，结构故事。碰巧，在朋友家看到当年挂历上有满族人的发展史，传说中乌鸦是满族人的祖先，我便将这个传说也组织进来。故事便有了浓厚的文化色彩，更增强了传奇性，这样就把朱告柳放到了抵制鸦片的背景下，有这个大背景，文章就立起来了，立意也就高。有了传说故事，文章就丰满了，厚实了。小说写成，寄到《案与法》编辑部，好久不见回音，到西安编辑部讨要，编辑不在，副主编在，问是什么稿件，我说是《御案记》，他高兴地说："碰巧，别的稿子我不知道，这一篇稿子我知道。"没等我再问，他就说："咱们准备发表，而且是连载。"我一听，高兴极了，惊喜若狂啊！他又把我领到主编张立民的办公室，张立民实职是省法学会的副会长，问我多大了，我说38岁了！他惊讶地说："才38岁啊，看你文章写得那么老练，我还以为是个老学究写的呢！"他这才问我有什么打算，可以再为他们杂志写点什么，我才说可以写中青报上《骷髅上坡的故事》，即就是后来的《追魔记》，从此，建立了我和《案与法》的关系。在《地网》出版时，我收进了《御案记》这篇小说，同时全文收录了大荔县志的原始材料，也借以让人们看看我是如何加工的。

之后，有一天到县广播站编辑组长李涛那里闲聊，李涛说："我才想将《朱告柳》写成传奇小说呢，人家说你写的故事都发表了。"我说："我就是把林则徐拉扯进去了。"李涛也颇有同感："你写个没声望的无名人物就引不起轰动，不会有人注意。"

这是我对现有资料两次改动的经过，也算是经验之谈。

前几天读一本书，讲到写《红与黑》的法国大作家司汤达的故事时，也讲到他是如何利用现有资料创作的经历。司汤达有个同乡叫安东·贝尔特，这是一个贫穷的乡下手艺人的儿子，在神父的帮助下进了一所神学校学习。由于不爱读圣经而爱看世俗书籍被学校开除，做了米舒家的家庭教师。但他不安本分，和米舒的夫人相好上了。后来换了东家，在德·卡尔家任职时又勾搭起了主人的女儿，他狂热地要求和上流社会的人平起平坐，却屡屡被人当成仆人看待。他觉得社会太不公平了，他要报复社会。有一次，米舒夫人在教堂祈祷时，他开枪打死了夫人。法官判他死刑，送他上了绞刑架，死了。这个案件登载在法院系统的简报《法院通报》中。司汤达看到后引起了深思，结合他对于社会的观察和内心感受，终于写出了《红与黑》，创造出了于连这个有血有肉的艺术形象。

司汤达是在1829年10月在法国马赛开始写《红与黑》的，用了两个月时间先写出了第一部。后来到了巴黎，1830年1月以后写了后半部分，4月份稿件发排。7月份，法国爆发革命，他又被政治事件吸引，对小说做了改动，使其成了一部反映法国社会复辟与反复辟的形象历史，不再只是一部法学意义上的平民小说、市井故事。这部作品中，先后融入了司汤达的三位女朋友，或者说情人的故事，形象，以至后来她们在书中读出了自己，很为之光火。所以评论家说，司汤达不仅善于像谈小说主人公一样地谈他自己，也善于像谈他自己一样谈小说的主人公。司汤达把小说副标题定为《一八三〇年纪事》，自述"作者所要描述的是路易十八和查理十世的政府带给法国的社会风气"。"红"代表充满英雄业绩的拿破仑时期，"黑"代表反动的教会势力，这本书是作者久蓄于胸中的思想和感情的一次总发泄。

2009.5.29

传承："当作家并不是容易的事"

在每一项艺术创作的活动中，都有着师承的关系，在书法和绘画方面好像特别明显，其实在文学的创作上也是如此。年青人，后来者都需要向有成就的年长者学习，而已经有所成就的人应当积极、耐心地扶助初学者。

记得有一则逸事讲到，有一天屠格涅夫去森林散步，在地下捡到几页写有字句的诗，他读后觉得仅凭这几页纸也能确定这个写作的人有着文学创作的天赋，需要的只是一种指导。他把纸页拿回去问亲戚家的人，这可能是谁写的。亲戚的仆人回答是一个叫托尔斯泰的年轻人写的，正在骑兵队伍里服役。屠格涅夫嘱咐他们，托尔斯泰再回来时可以领来见他。后来屠格涅夫见到了托尔斯泰，大加鼓励和赞赏，给予了热情的指点，使托尔斯泰很是感动，立下了终生要从事文学创作的志向。托尔斯泰成功了，和屠格涅夫一样的伟大，写出了《战争与和平》《安娜·卡列尼娜》《复活》三部曲及许多中短篇小说。托尔斯泰也很注意帮助青年人，甚至还为小学生写过课本。

俄国还有一位大作家叫柯罗连科，他是19世纪末20世纪初的著名小说家，曾因从事反对沙皇政权活动，被流放到西伯利亚，1884年获释后，住在了下诺夫戈罗德，这里是高尔基的家乡。高尔基这时正年青，向往文学创作。1889年12月的一天，高尔基去拜会柯罗连科，希望得到指导。柯罗连科正在门口扫雪，两人便在门口随意攀谈起来。柯罗连科看过高尔基递上的散文和诗的大杂烩文集《老橡树之歌》后，热心地、细致地给他指出了其中的问题。高尔基此前已经让很多人看过他的习作了，"但只有柯罗连科头一个用有分量的，合乎情理的话对我谈起结构的重要，谈起词句如何才能美丽。听着他的讲说，我感觉到当作家不是件容易的事。"过了两个星期，柯罗连科把稿件退还给高尔基，还在封面上热情地写了一段话："根据这本文稿还很难判断你的写作才能。不过，我觉得您还是有才能的。您不妨写一篇您亲身经历过的事情，写好拿给我再看。"高尔基为柯罗连科温和而又严格的态度感动，回家后，他把诗稿扔到火炉里烧了，用了两年时间潜心学习，游历俄国，观察社会，深入思考，后来，他遵从柯罗连科写自己熟悉的亲身经历过的事情的教导，陆续写出了自传三部曲：《童年》《在人间》《我的大学》。

高尔基成名后，对青年作者也是热情扶持，关爱有加，十分爱护和关怀。仅在 1906 年到 1910 年的四年间，就阅读过 400 篇（部）业余作者的手稿，其中不乏令人很受感动的例子。青年作家伊凡诺夫是一个小城的排字工人，喜爱文学，尤其喜欢读高尔基的作品。1916 年，他贸然将自己的一个短篇小说寄给高尔基，期求得到指导。高尔基很快给他回了信，赞扬小说是很好的作品，他准备收到一本书里边去。并热情地鼓励道："您无疑是一位有才华的人，您的文学才能是无须争辩的。但是，如果您不想埋没自己，不愿把精力无益地浪费在琐事上，您就应该认真地努力自修。您的文字不大通顺，您写了许多错别字。您的语言虽然鲜明，但词汇贫乏。我劝您要专心地学习，要读书，要研究别具风格的作家契诃夫、屠格涅夫、列斯科夫的艺术手法。列斯科夫的词汇尤为丰富。总之，您应该认真地提高自己，不要写得太多，宁可少些，但要好些。"这里，高尔基不厌其烦给一位未曾谋面的粗通文字的业余作者讲得多细致、多认真、简直是充满着父爱精神。而这同时说明，高尔基就是这样要求自己的，就是这样研究同时代人的作品的，他没有"文人相轻"的坏习惯，这也是他伟大之处，受人敬仰的原因。

马雅可夫斯基是苏俄著名诗人，他发明阶梯诗，写过长诗《好》《列宁》，他在年青时也得到过高尔基的指教。1914 年，高尔基就在一篇文章中写道："你们就拿马雅可夫斯基做个例子，他年轻，现在不过 20 岁，他大叫大喊，热情豪放，但是毫无疑问，在他身上是隐藏着创作才能的。他必须写作，必须学习，他会写出优美的、真正的诗歌来的。"1915 年夏天，高尔基邀马雅可夫斯基会面，马雅可夫斯基为高尔基朗诵了诗作《穿裤子的云》。高尔基深受感动，说："我很喜欢这些诗，您读得好极了。很明显，您是一个有着独特的精神面貌，才气横溢，然而也许是不幸的人。"马雅可夫斯基后来回忆说，当他朗读长诗时，"高尔基感动得热泪长流，把整个坎肩都弄湿了"。提携后进，为青年人而歌，早已成为高尔基心底里崇高的使命了。

　　"人不亲行亲。"我以为我们每一位作家都应当有先辈、先贤的这种高贵品质，并视之为自己的义务、使命。我曾无数次感叹过，和朋友们交谈过，当我在上中学时喜欢读书、写作，多么希望能有人指点啊，遗憾的是没有这种环境和可能。所以后来我学习写作了，总会主动地去帮助那些初学的、在我看来极有发展前途的文学苗子。我曾在大荔师范的墙报上发现一篇学生作文很成功，写文章的是苏村乡的一个女学生，内容是感谢母亲的教养，写得很有感情、有文采。我向他们的老师了解情况，老师则轻描淡写，不感兴趣，说："学生作文么，胡画哩！"后来还是女生宿舍的一个看门老头为我打听到了，领到我家，我说了些鼓励的话。这次办《沙苑》，为筹集稿件，出第一期，我到菁华初中去了七八次，从学校办的小报上选稿，发现一个初二的学生很有天赋，叫陈晨，我去了三次打听这个学生，后来还是校长爱人通过班主任帮我找到了这个孩子。我告诉她，我们准备用她的稿件，希望对她有鼓励，但她也不能因此而骄傲，今后要多读，多练习，当然，也不要偏科，因为你还要中考。最近编教育专刊，发现大中的体育教师王正兴老师的散文写得非常好，我便精心改写了他数万字的稿件，多方打听约见，并把他的稿件推荐给其他同志编散文集子。可惜的是，他自己和其他人对他这方面的才能还缺乏认识。

　　当然，从另一方面来说，被指导者也要虚心，有个诚恳态度，不能

63

自觉了不起，听不得别人的批评指正，硬要争个自己正确，那就太没味道，太没教养了。这样的人物想来是很难成材的，须知高尔基讲得好：当作家并不是容易的事情。

2009.5.31

坚持不懈　耐得寂寞

　　西安晚报上曾登载过一篇文章，讲自路遥的《平凡的世界》获得了茅盾文学奖后，陈忠实的压力很大。陈忠实 60 年代就写文章，70 年代"文革"中曾红过一段，进入 80 年代也写了不少好作品，在省上及全国，已是著名作家了。但路遥得奖后，他感到了很大的压力。因为，都住在省作协大院，常有人找路遥时碰到陈忠实，打听路遥的住址，这便让陈忠实感到惭愧，自己成了路遥的门官啦。压力产生动力，他决心回到家乡白鹿原去，写一部对得起自己的书，用他的话说死了也可以垫脚的书。他独自一人回家后，与世隔绝，对老婆谈，书要是五年写不出来，今生就不写啦，到灞桥头卖小吃去！数年间，他失踪了。吃着粗茶淡饭，因为他既做不好饭，又唯恐做饭太耽误时间。五年过去了，陈忠实写出了获奖作品《白鹿原》。去年冬天我们聚会，陈忠实很随和，说："我就爱吃豆子面条，咥一碗舒服得很。"耐得寂寞是所有写作人必备的素质。

　　托尔斯泰是大作家了，写过《战争与和平》《安娜·卡列尼娜》之后，他已经举世闻名了，但他不满足，决定再写一部抨击沙皇国家制度反人民的种种罪恶的长篇小说，这就是后来的《复活》。为了专心写作，排除干扰，他将自己锁在房间里，并交代佣人，从今天起，有人问，就说我死了。消息传出去，社会上的人都知道托尔斯泰神秘地去世了，相互传言，很少有人再去打扰，托尔斯泰得以集中精力写作。1891 年《复活》脱稿，托尔斯泰才"复活"了。这本书直到 1899 年才定稿，期间，他又"死"了几次。沙皇政府对这本书又恨又怕，大肆砍削，删去 500 多处，全书共 129 章，未被删削的仅 25 章。只是迟到 1933 年，《复活》才得以完整发表。后来，高尔基曾说：《复活》的确是托尔斯泰死后写出来的。

法国作家福楼拜尔也有类似的经历，1849 年 9 月，他和朋友聊天时，接受他们的建议，从写宗教题材转到现实主义。1851 年 9 月，他便僻居家乡，发誓要写一部巨著。他足不出户一写就是五年，常常觉得心思用尽写不下去，又常觉得每个指关节都像灌了铅一样沉重。但他耐得寂寞，坚信这书将是"一种前所未有的坚持不渝的成就"。1856 年 10 月，作品正式发表，这就是《包法利夫人》，立刻引起轰动。

王蒙在 2015 年获得第九届茅盾文学奖之后，颇为感慨地谈到：真正的文学有生命力，不怕时间的煎熬，不是与时俱逝，而是与时俱燃，火焰不熄。它经得住考验掂量，经得住反复争论，经得住冷漠对待与评头论足。不怕棍棒的挥舞，不怕起哄的浪涛。真正的文学充满生活，充满爱情，充满关切，充满忧思与祝福。真正的文学充满着要活得更好更光明更美丽的力量。王蒙回忆说，他的处女作《青春万岁》压了 23 年，1956 年定稿，1979 年出版，至今仍在重印。《这边风景》1978 年定稿，2013 年出版，尘封了 35 年。《活动变人形》初版于 1986 年，29 年了，仍然在重印。所以王蒙提倡作家沉入生活中，更多地接地气，接天气（精神的高峰），接人气，也接仙气（浪漫与超越），接纯净的空气。绝对不能只满足于精神的消费，更要追求精神的营养、积累、提升与强化。

2015.6.7

相信自己：你一定会成功

1830 年 2 月 25 日，雨果的剧作《欧那尼》在巴黎首场公演。在此之前，雨果有个剧本被禁止演出，所以雨果很看重这次演出。这是一出五幕剧，每一幕都有一个高潮，雨果的写作时间只用了 25 天。雨果属于浪漫派，当时把持剧坛的是古典派，两派斗争很激烈，演出的胜负如何，对双方都意义重大。演出中，古典派起哄，浪漫派叫好，雨果很镇静，他相信自己会成功。后来大仲马形容说：当时进攻的只是进攻，也无心去听台词；保卫的一方只管保卫，也不管发生了什么事情。这是一个法兰西戏剧史上值得大书特书的日子。第四幕结束休场时，出版商也来凑热闹，他找到雨果的包厢，开价五千法郎，要买下剧本的出版权。雨果回答："剧还没完，您不完全了解您要买的东西，下面演出也许不会成功。"出版商满有信心地这样回答："不过，也许会成功的。第一幕上演时我还只是观望，第二幕时我就计划给您两千法郎，第三幕时我想给您四千，现在我计划给您五千，不然，第五幕结束时，我怕得给您一万法郎了。好作品是不怕没有市场的。"雨果笑着回答："谢谢，要知道我现在身上只有 50 法郎了，你开价完全可以更低些的。"

围绕《欧那尼》的斗争，从巴黎很快蔓延到全法国。在图卢兹，有年轻人为维护《欧那尼》同人决斗而死。在瓦纳，一个骑兵排长临终留下遗言，在他的墓碑上要刻上："这里长眠着雨果的信徒。"为了保证演出的成功，有人曾建议雨果雇用专业啦啦队，雨果拒绝了，他认为新的艺术一定会有自己的观众。《欧那尼》首场演出获胜后，连演 45 场盛况不衰，标志着法国戏剧舞台上浪漫主义对古典主义的彻底胜利。雨果豪迈地作诗写道："让青春反对衰老，长发反对秃头，热情反抗陈腐，将来反对过去。"

1867年，巴黎举行万国博览会，《欧那尼》被选定上演以示庆祝，距离首演37年，这已经是国家荣誉和国家名作了。雨果夫人很高兴，场场必看。但她身患重病，雨果和孩子都劝她少看几场，雨果夫人深情地说："我活在世上的日子屈指可数了，不能不趁重演《欧那尼》的机会快活一下。因为这是对我美好的青春时期的纪念，即使把我这条命搭上，我也要去看演出。"看完演出，雨果夫人很高兴，对雨果说："如果有来生，我仍然要和你结合，抓住不放，而不管你同意不同意。我对你一如既往地温柔、亲切，使你没有勇气抛弃我，我最后的梦想就是死在你的怀抱里。"第二年八月，雨果夫人患中风病去世，埋葬在女儿的坟墓旁。雨果在记事本上写道："我把她还给了上帝，上帝将收下这个温顺而伟大的灵魂。"可见，夫妻之间要是能够互相理解、支持、甚而志同道合、兴趣同一，该是多么难得和幸福的事情。

相信自己，你一定会成功。中国作协新主席铁凝最近说过，学历不是一个作家必须的，关键是两条，一要有经历，二要多读书学习。法国作家莫泊桑被誉为世界"短篇小说之王"，成名之前受人讥笑，但是他不气馁，说出了一句被后人传诵的名言：大狗在叫，小狗也要汪汪。俄国作家契诃夫很欣赏这句话，在学习创作时，常常以这句话鼓励自己，自我解嘲。契诃夫写小说、戏剧，都有成就，如果他缺乏信心半途而废，就不会有后来的成就了。我也很喜欢这句话，乐于成为文学创作"狗仔队"的成员。

相信自己，就是要坚持不懈，多思考、多练习。中国作协副主席书记处书记、著名作家、散文家高洪波在作家叶广芩挂职的周至县调研时，谈到自己创作的经验和体会时说：创作有四要素，坚守、学习、勤奋和沟通。既要坚持自己的文学理念，要不断学习，向身边的人学习，向生活学习，向书本学习，要像海绵吸水一样吸取一切可学的知识，对身边的一切保持兴趣，保持一颗惊讶的、好奇的心理去发现细节。要勤奋坚持锲而不舍地写下去，只有大量的积累之后，才能收获成功。另外还要学会沟通，与朋友、同事之间互相交流也是一种有效的自我提高方法。他还将我们前边提到的莫泊桑和契诃夫的"狗仔队""狗圈"即文人的聚会称为"场"，提倡建立和发扬文学的场，生活的场，一个充满人性和关怀的场。相信自己，要胸中有底气，底气就在高洪波先生的这段话里！

　　最近读到一则故事也许更有说服力，虽说有着几分滑稽一样，但事实却是很严肃的，很励志的。东北老奶奶姜淑梅近 80 岁时三年出版了三部书，网上报纸上一片叫好声。而究其实，老人家仅是初识字的"文学功底"，但她有满腹的好故事，女儿鼓励她把这些故事写下来，她一直下不了决心，莫言得了诺贝尔文学奖后，举国一片热潮中，老人跟风读过莫言《天堂蒜薹之歌》《檀香刑》《蛙》和半本《红高粱》倒有了写作的底气，说：这个我也能写。于是，老树开花，成了写作达人。

　　相信自己，漫漫求索，虽九死而不悔，你就能成功。

2015.7.8

同题竞赛涌佳作

"文人相轻"是中国的千年"流行语",批评文化人之间互不服气,互相指责、攻击的坏习气,严重者便是"羡慕嫉妒恨",甚至不惜落井下石,致对手于死地而后快,一部文学史,这种案例太多了。但这些人就其品质来说,够不上"文士",只是"伪文人",借舞文弄墨谋其私利而已。真正的文化人首先都是品质高尚的雅士,三五成群,似而今的朋友圈,经常推心置腹地切磋诗文,论世做人,在相互交流中提高自己,愉悦生活。自魏晋至唐宋,乃至明清,这样的"圈子"历代不绝,尤以"竹林七贤"为代表人所共知。这里另摘引几则文坛逸事以为榜样。

唐人薛用弱《集异记》中记载,开元年间王之涣与高适、王昌龄到长安街头饮酒,那时常有梨园女伎席间歌唱助兴,唱的又多是当时名士所做的诗歌,于是,三人笑谈,以伶人演唱各自诗的多少来评定三人诗歌的高下,唱一首即在粉壁上画一道为记。女伶唱了高适的又唱王昌龄的,迟迟不见唱王之涣的诗。高、王二人未免有些得意,但是王之涣宠辱不惊,指着风姿最美的一个女伶自信地说:若此女伶不唱我的诗,我就甘拜下风,"终身不与诸公争衡"。轮到这个女伶时,只见她玉齿轻启,一曲"黄河远上白云间",真是唱得响遏行云,惊动四座。故事只能当作故事看,这则逸事想来只是欣赏王之涣这首诗的文人编写出来,以提高此诗的身价和知名度的,未可当真,但它却反映出唐时文人之间关系的融洽。

类似的趣味故事国外也不短缺。一则俄罗斯文坛掌故讲道,高尔基、安德烈耶夫和蒲宁在那不勒斯一家饭馆用餐时,进来一位顾客,三人遂约定用三分钟的时间观察此人，分别做出自己的观察，描写出来，看谁观察得最仔细。高尔基观察后说，这是个脸色苍白的人，穿的是灰色西服，长着一双细长的发红的手。安德烈耶夫也说了，但连西服的颜色也没有说对。蒲宁观察得最仔细，从这个人的服装说到他系的领带上装饰着小花点，小手指上的指甲有些不正常，连那人身上的一个小瘊子也详细地描绘出来。他还断言这人是个国际骗子，当即向侍者询问，果然是真的。这人经常出现在那不勒斯街头，声名狼藉。我读过高尔基的作品，很佩服他的观察能力，现在，蒲宁竟然胜出，那对事物观察的能力就更可想而知了。

在世界文学史上，最有名望的掌故也许当属法国的"梅塘之夜"了。梅塘，是法国巴黎西郊不远处的一个小镇点，法国作家左拉在这里置有花园和房产，赛纳河在房前缓缓流过。左拉好交朋接友，莫泊桑等人常去那里聚餐和散步。莫泊桑说，性情上的接近，对各种事物的相似情感，以及相同的哲学倾向，把我们联系得越来越紧密。

1879年的一个夏夜，大家相约以普法战争为题材，每人写一个短篇小说。因为左拉这时已写成了描写法军溃败的小说《磨房之役》，所以规定其他人的文章也都须构思成失败的结局。当夜聚会的六个人后来都拿出了自己的作品，即左拉《磨房之役》、莫泊桑《羊脂球》、于斯曼《背起背包》、塞阿尔《放血》、埃尼克《大七的攻占》、阿莱克西《战役之后》。莫泊桑的《羊脂球》公认为六篇小说中之最佳。左拉1880年4月将这六篇小说以《梅塘之夜》为名出了合集。于是，"梅塘之夜"或"梅塘聚会"的故事载在了法国文学史上，以左拉为首的一个自然主义文学流派正式诞生了。写作这些短篇小说时，左拉39岁了，而莫泊桑等人则要小得多。1902年，62岁的左拉因煤气中毒死于巴黎的家中，他在梅塘的家现在则已建成了文学纪念馆。壁炉的墙上书写着他的座右铭："无日不写"，昭显着作家的勤奋。

2015.1.5

"三红"怎样成为名作的

我们常常写了稿子希望得到大家的称赞，专家的肯定，倘得不到，又会消极，怀疑自己的创作能力。我们读到好的作品，以为它原来就是那样地好，殊不知我们现在所看到的可能并不是原作，原作根本不像现在这样的完美。而它们能得以出版，也许极度艰难之中尚包含着偶然的侥幸，不然，亦会埋没的。了解一些这方面的人和事，可以帮助我们调整心态端正认识，树起继续努力的信心。而实际上，许多名作开始也很粗糙，也是几乎会被埋没的，所以，你根本没必要自卑，你所需要的只是努力和坚持。

二十世纪五十年代初，电影《渡江侦察记》的作者沈君默，到初创建的中国青年出版社谈稿件时，对中青社负责人江晓天说，三野有个政工干部写了一本讲述解放战争的长篇小说，连送两家出版社都没能出版，我想推荐给你们。第二天书稿送来，原来有一大摞。江晓天正患感冒，抱病看后很是兴奋，认为挖着了金元宝。因为书中记录了解放战争，题材重大，人物刻画无论正反面都不脸谱化，既写了高级干部，也写了普通指战员，而且还涉及到了爱情题材，有突破。江晓天随即安排曾在新四军工作过的社内负责创作的副主任陶国鉴具体负责该书的修改和出版，经过这一番努力操作，中国青年出版社遂出版了另外两家出版社没有出版的书，为自己赢得了荣誉，为文坛推出了一位重量级新作者。这本书就是《红日》，它的作者叫吴强。

天津作家梁斌写的《红旗谱》，反映抗日时期河北高蠡暴动的故事，如今已是红色经典作品了。梁斌时任天津文讲所的支部书记，按理应当写得很好，但初稿写得很粗糙，根本达不到出版要求。江晓天看后认为主体很好，有修改价值，便安排作家萧也牧帮助修改作品。而梁斌为了改好书稿，争取出版，竟至把支部书记的官辞了，当起了专职作家。于是《红旗谱》问世了，好评如潮，随后又拍成了电影。新时期还被改编成了电视连续剧，朱老忠形象深入人心。《红旗谱》成功之后梁斌又再接再厉，写出了续集《播火记》。我看过两遍，很具传奇色彩，浓郁的地方风味很是吸引人，而且作品的文字功夫显然较《红旗谱》大有长进。

《红岩》现今已被视为经典之作了，但最初它是作为中国作协向国庆十周年献礼时的约稿，被中青社负责人在四川省的简报里发现的。起根发苗，此前罗广斌就在《红旗飘飘》丛书上登载过一篇革命回忆录《在烈火中永生》。后来罗广斌等三人在此基础上小说化，做了重写，进行艺术加工，写出长篇初稿《禁锢的世界》。意为渣滓洞是禁锢革命者肉体和精神的世界。江晓天和萧也牧认为书名欠妥，立意不高，而且叙事没有摆脱回忆录的痕迹。提出要对原作做"灵魂式的改造"。中青社将原书名改为《红岩》，认真组织人力帮助作者修改，一部经典之作就此诞生了。

这些材料是 50 年后江晓天的爱人李茹同志讲述的，对于搞文字的同志当有很好的鼓励和启发。

2010.8.20

伯乐：福楼拜和莫泊桑（1）

这是一则莫泊桑求师福楼拜的故事。

莫泊桑喜欢写作，起初也是胡写乱画，自己摸索。他的母亲和福楼拜是朋友，便常带儿子来会见福楼拜。福楼拜本名居斯塔夫，时已是法国著名作家，著作很丰富，尤以长篇小说《包法利夫人》为人称道。福楼拜看莫泊桑很有灵性，真正地喜爱写作，便要他多多练习，每周由他来检查功课。但是，莫泊桑写得太幼稚和粗糙了，而福楼拜偏又要求很严格，大多数情况下都很不满意，认为无法批改。怎么办呢，福楼拜便要求莫泊桑先练习速写和素描。

一天，福楼拜要莫泊桑去一条街道上观察 第一个碰到的人。莫泊桑去了，回来告诉老师：这是一座老夫人的雕像。福楼拜说：你看到的这些别人都能看到，太肤浅了，再去看看吧！莫泊桑去了，回来汇报：我走近看了，这个老妇人的脸很脏，满脸灰尘，头发乱得像鸡窝。福楼拜还不满意，摇摇头，要莫泊桑再去观察。莫泊桑第三次去了，看得很仔细，回来报告，这个雕塑的特点在那个老太婆的鼻子，可以说是世界上蹩脚的木匠随便拿木头削成后安在她脸上的。福楼拜笑笑道：有进步，但还不够。写作就是要多观察，多练习。

莫泊桑遵循老师的教导，勤于练习，进步很大，但是福楼拜仍然不同意他发表作品，莫泊桑年轻气盛，急于成名，便在 1875 年 25 岁时偷偷发表了小说《人手模型》，许多人给予称赞，而福楼拜却很不满意，严厉地批评道："你的那些学步之作，其实都是一沓废纸，很浅薄！要想真正搞出成绩，就要把功夫下到。"并且警告说，"既然你向我学写作，你就要听我的话，我也要对你负责任。我就是一道门槛，你要想成名，只有从我这里跨过去，才可以走向外面。"就是这样，莫泊桑埋首写作了十多年，直到 1879 年才把写成的一篇小说给福楼拜看了，受到了肯定，这即是短篇小说《羊脂球》。作品一经发表，立即引起重视，可说是一举成名，而这时他已经快 30 岁了。自此后莫泊桑又写作了很多作品，他的本名居伊·德倒被人忘记，而以笔名莫泊桑传世。

可惜这位被后世称为"短篇小说之王"的作家短命，于 1895 年不幸去世，年仅 45 岁。

人们常引述这则逸事，多是称赞福楼拜要求之严格的，这有点儿像西汉时的张良少年时从师学艺的故事。老师要求张良清早时到桥上相会，一连两天张良都迟到了，第三天他起个大早等待老师，终于学到了安邦治国打胜仗的本事。我以为不应该忽略的还有一面，即莫泊桑并没有在老师批评时表现得不耐烦，自满，而显得谦虚，知错即改，这也是很重要的品质和操守。你想学本领就必须戒骄戒躁，沉下心来老老实实扎进去苦练。另外，如果你成功了，当然各方反映都会很好，但是你的作品不成功却洋洋自得，又不免会损害到老师的声誉。我想，这也许正是福楼拜严格要求莫泊桑的另一个重要原因吧。

2014.8.28

伯乐：福楼拜和莫泊桑（2）

关于莫泊桑和福楼拜的关系，人们谈得很多了，但大多其实是人云亦云的传抄转摘。莫泊桑在 1887 年 9 月，写有《谈小说》一文，谈了自己努力学习创作的体会，强调了艺术的真实性和独创性。正是在这篇论文中，他讲到了福楼拜对自己的指导，这应当才是原版。近日方偶得读，特摘录如下。

有两个人以他们简明的教训给予我这种不断尝试的力量，那就是路易·布耶和居斯塔夫·福楼拜。

我在这里谈到他们，是因为他们用几句话就能概括的意见，也许对某些青年人有所教益，这些青年人不像一般初入文坛的人那样对自己颇有自信。

大约在我获得福楼拜的友情之前两年，我第一个比较亲密地结识了布耶，他常对我重复说，百来行诗，也许还可以少一点，只要他们都完整无缺，并且它们包含有才能的素质和一个人的、即使是一个第二流的独创性的素质，便足以形成一个艺术家的声誉，他这番话使我理解到，坚持不懈的工作和对于技巧的深刻认识，有一天当头脑敏悟，充满力量，获得诱导的时候，碰上一个投合我们精神中一切倾向的题材，就能产生简洁的、少有的、并且是我们所能写出的那样完美的作品。

其次我也了解到，像这样的作品，就是最著名的作家也差不多从没有留下过一卷以上，而且我还理解到首先要获得机会在无数供我们选择的题材中去发现和找出能容纳我们所有的才能，所有的价值和所有的艺术力量的题材。

稍后一点，我经常会见的福楼拜对我产生了友情。我敢于拿一些习作请他指教。他善意地读了，回答我说："你是否有才能，这我还不能断定。你拿给我看的这些东西证明你还是聪明的。但是，年青人，你不要忘记，照布封的话来说，才能就是坚持不懈。努力吧。"

我努力，我常到他家里去，由于他开始把我称为弟子，我知道他对我产生了好感。

在七年之中，我写过诗歌，短篇小说，中篇小说，甚至还写过一本要不得的剧本，这些都没有留下来，而我的老师都读了。接着，下一个星期日，在吃午饭的时候，他开展他的批评，而且渐渐地在我身上灌输了两三个原则，这是他详尽而耐心地教导的概括。他说："如果一个作家有他的独创性，首先就应该表现出来，如果没有，就应该去获得。"

"才能就是持久的耐性。对你所要表现的东西，要长时间很注意去观察它，以便能发现别人没有发现和没有写过的特点。任何事物里，都有未曾被发现的东西，因为人们用眼看事物的时候，只习惯于回忆起前人对这事物的想法。最细微的事物里也会有一点点未被认识过的东西，让我们去发掘它。为了要描写一堆篝火和平原上的一株树木，我们要面对着这堆火和这株树，一直到我们发现了它们和其他的树、和其他的火不相同的特点的时候。"

这就是作家获得独创性的方法。

并且，他还告诉我这样的真理：全世界上，没有两粒沙，两个苍蝇，两只手，两只鼻子是绝对相同的，所以他一定要我用几句话就把一个人或一件事表现得特别分明，并和同类其他的人，同类其他的事有所不同。

他说："当你走过一位坐在他门口的杂货商的面前，一位吸着烟斗的守门人的面前，一个马车站的面前的时候，请你给我画出这杂货商和守门人的姿态，用形象化的手法描绘出他们包藏着的道德本性和身体外貌，要使得我不会把他们和其他杂货商、其它守门人混同起来，还请你只用一句话就让我知道马车站有一匹马和它前前后后十来匹马是不一样的。"

所以，不论一个作家所要描写的东西是什么，只有一个词可供他使用，用一个动词使对象生动，一个形容词使对象的性质鲜明。因此就得去寻找，直到找到这个词，这个动词和形容词，而决不要满足"差不多"，决不要利用蒙混的手法，即使是高明的蒙混手法，不要利用语言上的诙谐来避免上述的困难。

老师谆谆指导，学生身体力行，莫泊桑终于成功了。

2014.9.15

伯乐：莫言和毛兆晃

　　莫言在文学创作上的第一步是在20世纪70年代后期保定地区文联办的《莲池》杂志上迈出的，发现他的编辑是毛兆晃。所以毛兆晃是莫言真正启蒙意义上的"伯乐"。

　　莫言痴心于文学创作，"屡战屡败，屡败屡战"，四处投稿，没有收获。1979年秋天，他终于收到了《莲池》编辑部的来信，一名编辑希望莫言能来编辑部面谈。莫言激动得一夜没合眼，第二天一早就搭长途汽车赶到保定找到了编辑部。"毛兆晃老师五十多岁，个子很高，人很瘦，穿一身空空荡荡的、油渍麻花的中山装，身上散发出一股浓浓的烟臭。"他把莫言让到桌前，简单地问了一下莫言的创作情况，然后把莫言投的那篇稿子拿出来，说小说有一定基础，希望莫言回去之后改一改。"说完了稿子，他问我喝不喝水，我说不喝，然后我就走了。"

　　莫言大闺女上轿头一回走进心目中神圣的文学杂志编辑部，心里紧张和激动，都是很正常的。凡事都有第一次，毛兆晃老师给他第一次的肯定，对他来说相当于在自己的漫长文学创作生涯中走出了第一步，也相当于一个打毛衣的姑娘，给自己的棒针打上了第一个结。有了第一个结，后面就好办了。

　　莫言回到部队后，感到不好改，干脆重新写了一篇，又走几十里远远地亲自送到编辑部给毛老师审阅。毛老师一目十行地看了，说还不如第一篇好呢。他的话让莫言受到了很大的打击。但是莫言没有气馁，他对毛老师表决心说自己愿意改，保证能够改好，然后他又坐上长途汽车回去了。回到部队里，莫言考虑了很久，把一前一后两个小说杂糅到一起，又亲自送到了编辑部。过了一段时间，毛兆晃老师给莫言来了一封信，说这一次改得不错，刊物决定要用了。

就这样，莫言在《莲池》上发表了第一篇小说《春夜雨霏霏》。

接着，《莲池》又发表了莫言的第二篇小说《丑兵》。小说后面附有一篇编辑手记，介绍说，作者是驻军某部一位战士，他的文笔细腻，感情真挚，这个作者大有希望，等等。这个评价，对莫言的创作来说无疑有很大的激励作用。在此之前他都在盲人摸象，不知道劲怎么用，现在他至少有些模糊的感觉了。他在写作上的价值，得到了肯定。

有一次，毛兆晃老师到部队来看莫言，跑了很远的路。他感慨地说，想不到部队离城里这么远，早知道，就不让莫言跑来送稿子了。毛兆晃老师牙齿不好，还有胃病，吃饭不多，饭后莫言和一个战士陪着他在山间走。在交谈中，莫言的战友说这个山上出产上水石，是很好的观赏石头。毛兆晃老师就说自己平时也喜欢养花弄草，喜欢漂亮的石头，希望莫言给他采一块。

一次进城，莫言用麻袋背去了两块大石头，足有八十多斤。他进城了，才打听到毛兆晃老师的家住在南郊，不通车。他背着这两块沉重的大石头走了十几里路，才找到毛兆晃老师家。这时莫言已经累得不行了，他再一打听：毛兆晃老师家还住在六楼！

莫言鼓起余勇，背着石头哼哧哼哧地爬楼梯，筋疲力尽地敲开了毛兆晃老师家的门。对于自己走上文学道路上的第一个领路人毛兆晃老师，莫言一直心存感激。毛老师可说是手把手地把莫言带出来的，他为了帮助莫言写好"水乡风情"，甚至带着莫言去白洋淀农村体验生活，无功利，认真负责，正是那一代文化人的高尚品质。

莫言接着在《莲池》上发表了另一个短篇小说《民间音乐》。机缘凑巧，老作家孙犁读到了这篇小说，并在《天津日报》上发表文章予以赞扬："去年的一期《莲池》，登了莫言一篇小说，题为《民间音乐》。我读过后，觉得写得不错。他写一个小瞎子，好乐器，天黑到达一个小镇，为一女店主收留。女店主想利用他的音乐天才，作为一种生财之道。小瞎子不愿意，很悲哀，一个人又向远方走去了。事情虽不甚典型，但也反映当前农村集镇一些生活风貌，以及从事商业的人们的一些心理变化。小说的写法，有些欧化，基本上还是现实主义的。主题有些艺术至上的味道，小说的气氛，还是不同一般的，小瞎子的形象，有些飘飘欲仙的空灵之感。"

孙犁在文坛上地位崇高，他的推崇，对莫言后来的成名有重要推动作用。

《莫言评传》的作者叶开说：1984年秋天，莫言就"拿着孙犁先生的文章和《民间音乐》敲开了解放军艺术学院的大门，从此走上了文学创作的道路。这在莫言的文学创作中，在他的人生中，又是一次重大的变化。莫言正儿八经成为作家，应该是从这个时候开始的，他的创作风格和创作趣味，也是进入了解放军艺术学院之后，产生了质变。"

从上小学时赏识莫言作文的"狼老师"，到《莲池》的毛兆晃，再到军艺的老作家徐怀中，莫言在创作起步阶段屡屡有"贵人"相助，他们像是接力传递一样，把莫言推向前去。但静而思之，归根结蒂，是内因在主导，是莫言对文学创作的"永不放弃"，才取得了后来巨大的成功。

2014.5.3

伯乐：莫言和徐怀中

谈名著、讲伯乐，最经常听到的便是法国福楼拜培养莫泊桑之类的外国故事，其实，这样的事到到处都有。都很感人的。

莫言在《我的大学》中写道：就在我的大学梦彻底破灭了时，大学却突然对我敞开了大门。那时我已经参加了党政干部基础课的学习，半年内很轻松地通过了四门，再有一年就可以得到大专文凭。这时，解放军艺术学院文学系恢复招生的消息传到了我的耳朵，我带着已经发表的几篇作品跑到军艺时，报名工作已经结束。我的恩师、时任文学系主任的徐怀中先生看了我的作品，兴奋地对当时在系里担任业务干事的刘毅然说："这个学生，即便文化考试不及格我们也要了。"参加文化考试时，政治和语文我很有把握，没有把握的是地理。但机缘凑巧，考试时，在我面前的墙上，挂着一张世界地图，还有一张中国地图，有一道题是让回答围绕着我国边境的国家，我自然准确无误地答了这道题。还有一道关于等高线的题我则是凭着直觉也答对了。这样，我就以作品最高分、文化考试第二名的优秀成绩进入了解放军艺术学院文学系，成了一名年近三十的大专生。大家常讲人一生中的"天乙贵人"，徐怀中即是。没有徐怀中一锤定音的那句话，便没有地图挂在考试教室的"运气"，便自然没有以后中国第一位"诺贝尔奖"得主竟会是莫言的"福气"。但反转来看，你没有天赋，没有莫言呈给徐怀中看的那几篇文章，一切也就都是白搭。慧眼识英雄，徐怀中不会青睐和照顾一个庸才的。所以，就一个人发展来说，内因是本质的，是第一位的，也是最终起决定作用的。

当然，徐怀中也不会想到，他破格录取的这个相貌平平的考生 20 多年后会获得诺贝尔文学奖，极尽荣光，可说是"青出于蓝而胜于蓝"。但更令文坛崇敬的是莫言获奖后徐怀中淡然的态度。《文学自由谈》2014.2期李美皆的文章《一个奖引起的戏谑与凛然》中讲道：莫言获诺贝尔奖了，最感谢的人是徐怀中，在颁奖礼上，唯一提到名字的也是他。但是，徐老师拒绝任何以莫言为自己贴牌的行为，他甚至一句话都不愿多说。这不仅是一个人的自尊自重，也是一个作家的独立品格。同为作家，徐老师希望别人尊敬他是因为他的作品和人格，而非因为他是莫言的老师。事实上，徐怀中的确是一位优秀的作家，他以八十四岁高龄拿出《底色》，依然令人敬佩不已。

我称赞莫言有感恩意识，我钦佩徐怀中的明智，师不必胜于弟子，弟子不必不如师，为人处世讲人品，应是令高山仰止的品格。

2014.4.13

视角：乔治·桑和福楼拜

行万里路，读万卷书，这是中国人的表述方式。于外国作家，其实也一样，到处走，到处看，随时想，做生活的有心人，勤于观察，某人某事或是某一句话激活了创作的灵感，作家便调动起往昔积存在胸的生活素材，写出了一本书，一本名著。读《外国名作家谈写作》有两段内容很好，无妨在此作一介绍。

乔治·桑，法国十九世纪著名女作家，活了72岁（1804-1876）却写了140多部小说，她的作品的主人公不是国王和王子，而是穷人和受轻视的阶级，构成小说内容的，是生活底层群众的日常生活和命运，欢乐和痛苦。恩格斯称赞这种表达和写作"在小说的性质方面发生了一个彻底的革命"。《安吉堡的磨工》正是乔治·桑的重要代表作，对法国王政时期农村社会的矛盾做了深刻的揭露。作者在创作谈《安吉堡的磨工》原序中强调，艺术的想象是以事实为基础的，并且认为描绘时一定要简朴，从简朴中"的确看到而且也感觉到了美"。并说，在艺术的虚构里，即使是最简单的虚构，也是凭借了想象来把孤立的事实加以联系，加以补充，加以美化。下边所引的文字即可见其一斑。

在我们的山谷里，有一座漂亮的磨坊，大家叫它作安吉堡。我不认识那里的磨工，我只认识这个磨坊的业主。那是一个老先生，自从他在巴黎和德·罗伯斯庇尔先生（他常常这样的叫他）有了来往以后，便任凭他水闸的周围生长一些野草、榛树和荆棘，橡树和芦苇都一样地滋长起来了。听其自流的溪水，日久在泥沙和乱草当中冲洗成一条条的、小小的急流。在夏季水浅的日子里，水边的植物用它们茂盛的枝叶，把这些急流掩盖起来。这位老先生现在已经死了；人们在那里进行了不少的砍伐工作。在这座小型的处女林里，有许多可以砍伐的树枝、可以锯板的木材。今天那里还剩下几株美丽的树木，几条小小的溪流，一个颇为清凉的小水池和几丛高大的荆棘，这对于我们这儿的气候来说，那是微不足道的。不过这个荒野的乐园，这个被我和我的孩子们在一八四四年带着欢乐的心情和惊异的呼叫发现了的乐国，现在和许多别的地方一样，只是一块小小的美丽园地了。

布朗西蒙堡寨，同它的美丽的风景、养兔林、庄园，正像我忠实地描绘出来的一样，至今还依然存在；只是它的名字不叫布朗西蒙罢了。布芮可南那一家人也是一些虚构的典型人物；在这个故事里表现了一个疯女，是我在别的地方看见过的，她也是一个因为爱情而发了疯的女人。她给了我和我的旅伴那样深刻的、痛苦的印象，以致我们虽然走了二十里去探寻一所文艺复兴时代的宏伟的寺院的废墟，但是我们在那里连一个钟头也没停留下来便走开了。这个不幸的姑娘，选择了那个凄凉的地方，作为她机械的、经常的、永恒的散步的场所。她身上的高烧，绝望的高烧，把她不停地践踏着的草都烤焦了。

福楼拜，法国十九世纪著名批判现实主义小说家，如鲁迅一样先学医后改行从文，1856 年所作《包法利夫人》是其代表作。福楼拜强调对生活的观察，在《给尚特比女士的信》中也谈到了这一点，这段文字写得诗意盎然，完全是一段很好的小品随笔：

夫人，我很久就在过着你的生活了。我也好些月以来，完全一个人在乡间过活，冬天听不见别的噪音，除非是风从树木间掠过的呼啸，和塞纳河在窗外载着冰块流过，冰块发出冲击的响声。假如我对生活有所认识的话，这是因为我在"生活"这个字的寻常意义上很少活过，因为吃得很少，但是嚼得很长；我出入各色会社，游历不同地带。我步行，也骑骆驼。我知道巴黎的免费生，也知道大马士革的犹太人，意大利的流氓和黑种人的杂技家。我是圣地的一位香客，在巴那斯的雪地也迷过路，这可以看作一种象征吧。

不要抱怨，我多少见过一点世面，我清楚你所梦想的巴黎的底细；什么也比不上在炉旁读一本好书……读《哈姆莱特》或者《浮士德》……在有兴致的日子里。我个人的梦想就是在威尼斯的大运河旁置一座小公馆。

夫人，我满足了你的某一点好奇心了吧。添上这个，我的画像和我的传记就完备了：我三十五岁，五尺八寸高，有一双挑夫的肩膀、一种小情妇的易怒的神经。我是单身汉，过独居生涯。

读了这两段文字，我很惊叹于罗丹的那句名言：生活中不是缺乏美，而是缺乏发现美的眼睛。我更诧异于他们的文字和都德的《磨房笔记》一样的优美淳朴，难道好文章都让法国人写了不成？

2014.10.17

关于构思 延及结尾

初学者都希望自己的文章写得好些，却往往感到素材很丰富而缺乏好的构思。这里选三篇短文来谈这个问题。

第一个故事：一个排爆警察退休了，电台主持人邀他访谈，他的皮箱里装的不是军功章，而是447封给儿子的信。他说，每次排爆，他都想着可能会发生意外而牺牲，所以就很挂念家人，特别是儿子。因而每次排爆他都要给儿子写一封遗书，所幸每次都成功排爆，他便把这些信没有寄出，而是收藏了起来。平时生活中，他对儿子缺乏关爱，没有好脸色，因而儿子甚至很痛恨他。这是为什么呢？他说："我骂儿子、打儿子，是想让他恨我。万一哪一天我走了，因为恨，他能少一份难过，少一份伤心。"这是一种特殊方式的爱。儿子坐在听众席上，激动地冲上台来，紧紧地抱住父亲说："爸爸，你的爱从没有缺失过，我会永远保存好这一箱子的爱！"

第二个故事：一则沙俄时期或者是前苏联时期的故事，叙述在一个集中营里，管教人员监工托可夫斯基对工作很负责任，但对囚犯很恶毒，很不人道，终于有一天，他自杀了，囚犯们得以逃离了集中营。有人在他的枕上发现一份忏悔书，他写道："我同情你们、爱你们，但不能表现出来，反而要让你们甚至于仇恨我，所以平时我对你们很刻薄、凶恶。昨天，我接到了要把你们全部枪杀的密令，为了救活你们，所以我自杀了，不然，这里不混乱，有我行使管理职能，你们无法逃脱，只能走向死亡。"看到这封遗书，所有囚犯都明白了管教的良苦用心，深受感动。在后来的日子里，有很多囚犯重回这个地方建立新村庄，他们以这个管教命名，并开始新生活。他们说："只要有爱，再冷的地方也会有温暖。"

这两个故事有异曲同工之妙，构思接近。但仔细琢磨，除了在构思中他们采取了在文章末尾揭谜似地点名原因之外，核心其实是立意。前边的许多描写、交代都是要为完成最后的揭示所做的铺垫，是立意和构思的巧妙结合。

这种构思方式，用在小说写作上，行话叫作"欧·亨利"式的结尾，即文章末了设计出人意料。

第三个故事：《书刊报》2010年7月12日转载《青年博览》上一篇文章《如果活着，请来看这棵树》，内容是讲"二战"时候，德军的俘虏营里，每天都有战俘死去。被俘的英军士兵罗迪克被指派开卡车运死尸。罗迪克不但把尸首拉了出去，甚至把伤病未死的俘虏视为走狗、卖国贼，当作死尸拉了出去，结果被战俘们痛打致死。

其实，罗迪克是一个好人，是一位另类的英雄。原来，罗迪克将那些未死的、奄奄一息的伤员拉到半路上后，便都放在了一颗大树下，放上几块面包和一瓶水，说：如果你能活着，请来看这棵树。然后，他就开着车离去了。数十年过去了，前不久，一家英国报纸刊载了一篇文章，《救我的人是我最恨的人》，披露了这件事。写文章的人便是罗迪克救出放生的战俘中的一个。文章刊出后，其他同样被救的人纷纷写文章感谢罗迪克，并寻找他，一个月内有12个罗迪克救助过的人给报社打电话，报社便将他们组织起来去寻找那棵树。"我们找到了那条倾埋死人的山谷，找到了那棵树，发现了一个树洞，里面藏有一个大铁盒，打开铁盒，里面有一个日记本和一些相片，日记上写着：今天我又救出了一位战友，他又打了我，但我要坚持活下去，坚决不能说出真相，我还要救更多的人。"霎时，罗迪克当时所做的一切数十年后真相大白，老兵们泪流满面，原来集中营里最为人憎恨和不齿的人却是一位大英雄。

按照记载，罗迪克救出了36名战俘，他的日记和偷拍的照片都成了控诉纳粹罪行的铁证，罗迪克事迹刊出后，很多人都到这棵大树下悼念这位英雄。

文章结尾沉重地写道：每个人都希望有完美的一生，但如果他能在众人的唾弃中坚守信念完成他的历史使命，他的一生就会灿烂无比，虽前世无光，但后世却能光耀千秋。

严格说起来，这里所引的内容还只是对素材的选取和处理方法，在《金蔷薇》中，帕乌斯托夫斯基说，构思的出现始终是由作家的内心状态孕育出来的。构思一旦出现，它的生命就开始了新的阶段，进行创作酝酿，用现实生活的内容去充实构思的阶段。构思只可能逐步成熟，逐步吸引作家的才智和心灵，逐步趋于周密，趋于复杂化。帕乌斯托夫斯基同时指出，作家不能抱着脑袋向壁虚构，不可脱离生活苦思冥想。相反，只有始终不渝地接触现实构思，灌满浆汁的土地才得以绽出鲜花。而且，构思就如闪电，产生于人的满含思想感情和印痕的意识之中。所有这一切是逐步地，慢慢地积累的，等到电位差增大到一定程度时，就必然导致放电现象，也就是构思的诞生。构思产生的推动力可能缘于一次偶然的相逢，可能是印在心中的一句话，可能是一场梦，可能是远方的呼声，也可能是水滴映射出来的阳光或者是轮船上的汽笛声。要知道,有些童话，就是在一粒干豌豆，或者一只破瓶子的瓶颈这类不起眼的东西，乃至废品的启发下写成的。可见，一切事物都可以使人的思想受到启发，所以不应当轻视任何东西。

帕氏这里谈的已经接近于灵感了，那是另外一个重要的话题。

2010.7.22

构思（1）：选取一个好的角度

据说，达芬·奇是从画鸡蛋素描开始学画的，这是在刻意练习基本功。他琢磨着从很多角度来画，每一个角度的写生都是一次提升。文学写作也是如此。

2014年《光明日报》举办了首届微博和微小说大赛，这里选录其中两篇获奖作品来欣赏研讨。

最安静的地方（一等奖）

殷 茹

雨早已停了，风还在刮着。

岸上的人越聚越多，骑车的和步行的都停下来，抻长了脖子朝湖面上张望。

那个挤在人群中的孩子，像一只受到惊吓的小鹿，突然，他跑出人群，一边跑一边哭喊"妈妈，妈妈——"

我也想妈妈了，虽然才离开她两个小时，却像分别了一个世纪。

回到家，推开院门，我看见屋子里围了一群人，有亲戚、邻居和一些我不认识的人。他们把母亲围在中间，每个人的嘴唇都在蠕动，反复说着一些意思相同的话。母亲好像刚刚哭过，脸上还留着泪痕。她累了，一定累了，她的眼睛半开半合，似乎在听，又似乎睡着了。

夜幕落下来，那些人渐渐散去，我小心地守护着母亲，一步都不敢远离。

天刚破晓，我听到有人敲门，门外来了许多人，我又看到了那个孩子，他被他妈妈牵着，站在一群人身后。他的妈妈一进门就长跪不起，泪雨滂沱："您的儿子救了我的儿子，用什么也报答不了这份恩啊，以后我的儿子就是您的儿子！……"

我看见母亲又一次流下了眼泪，她说："不要哭了，不要哭了，再怎么哭我的儿子也回不来了，只要你的儿子好就行了。"

人群静下来，我看见小孩的脸上挂着泪珠，温顺地依偎在他的妈妈和我的母亲之间。我的鼻子发酸，想哭却哭不出来。

我随着一行人走出家门，往西山走去，那里正在举行着一场葬礼。我好奇地注视着这里正在发生的一切，这是我所见过的最肃穆最隆重的葬礼。

后来，他们都走了，我留在了我的墓地里。

这里，安静极了。

欣赏：这本是一个见义勇为的故事，论起来也很平常。一个小伙子救起一个落水儿童，自己却不幸溺亡。乡亲们到家里看望他的母亲，然后将他埋葬了。如果以第三人称这样写起来，即是平铺直叙，吸引不了读者。作者独辟路径，从死者的角度来写，以旁观者的观察角度来写，结果读来像是一篇悬疑小说。开始即巧妙制造气氛，描写风雨中湖边骚乱的人群，然后随着"我"的视角写到家中写到母亲，只是最后一句"后来，他们都走了，我留在了我的墓地里"，方才揭示出是"我"见义勇为牺牲了。两个"我"字用得很好，构思很奇特，角度很好。文章读来波澜不惊，读罢后却不禁令人拍案而叹了。所以此篇稿件评为"一等奖"可说是实至名归。

德福老汉学画（三等奖）

牟喜文

五十岁的德福开始学习画画了！

这一消息不亚于重磅炸弹，在莲花新村上空炸响。

"就他那捏了一辈子锄头的手，五根手指都不分叉，还画画呢，画个鸭蛋都费劲！"

"可不是，八成脑袋坏掉了吧？"

"就是有俩钱烧包了，刚领回动迁款就开始得瑟！"……

面对村里人的冷嘲热讽，德福就像没听见似的，右手拿个画笔，整天画啊画的，一摞摞的废纸沾着黑黑的墨汁，不停地往垃圾箱里送。

其实，教画画的王老师也对德福连着参加了三期书画班有意见，好像王老师的画工有多差似的，这直接影响王老师的声誉啊！无奈架不住德福死磨硬泡，后来干脆赖在画室不走了，王老师也拿他没办法。邻里邻居的，也曾变着法地给德福涨学费，可只要说出数来，德福立马掏钱。这年头，哪有谁和钱置气呀，王老师也就睁一只眼闭一只眼，随他去了。

德福学得极认真。

可有一样，自始至终，德福就画一个场景：三间低矮的茅草房，一个用板杖子当篱笆圈起来的大院，院门口一棵粗壮的老榆树，树上一个鸟窝，一条黄狗摇头摆尾。

　　就这几样，德福一会儿把房子画歪了，撕了，重画；一会儿又把篱笆画大了，撕了，再画……整个一幼儿园水准啊！

　　王老师问："德福叔，您这是画的哪呀？"

　　德福抹了一把脸上的汗说："家呗！"

　　"前面的楼房不是您家吗？"

　　"以前的！"

　　"我记得以前您家住砖房啊？"

　　"再以前的。"

　　再问，德福就不吭声了。

　　历时十八个月，德福的大作终于完成了。

　　这天，德福兴冲冲地来找王老师，"你能把我的画传到网上吗？"

　　"干啥呀？"王老师喉结上下动了两动，硬把揶揄德福的话生生吞了回去。

　　"有用。"

　　德福的画传到网上没过半个月，远在南方的一个小伙子看到后大叫一声，喜极而泣。

　　他是德福被拐走的儿子，当年五岁。

　　欣赏：一个已经50岁的老农民忽然想起参加书画培训班学素描，这已经是一奇；而老人执着地接连参加了三期，却只画一个构图的速写，又是一奇；画作完成后老人还要求将画作发到网上去，奇而又奇，发人深思：这是为了什么呢？其中必有文章。同前篇文章一样，也是最后一句话揭穿谜底，老汉用这幅画找到了五岁就遗失的儿子！其中，通过师生的对话，我们明白老人家原是茅草房，后来建成砖房，现在建起了楼房，生活水平步步提升，这是不显山露水地歌颂新农村的变迁，是为新农村建设再唱赞歌，但作者歌颂得多巧妙啊！这篇小说的语气和对话设计也很好，文字传神，干净利落，可作为文学爱好者的范文。

2015.3.26

构思（2）：契诃夫的《打赌》

再谈构思，我想到了 20 世纪 50 年代我上小学的时候读到的一篇小说。那是一本没头没尾的竖排本小说集，我那时只是个小孩子，十来岁吧，没什么欣赏力，看书只是看热闹，但其中一篇故事的奇特却让我深深地记住了。它是讲一个穷读书人和一个富人打赌，穷人要是能孤独地在一个房间里读十几年书而不逃走，富人届时期满就给穷人一大堆金钱。而这期间，穷人要是耐不得孤独寂寞则可以随时离开。多少年后，富人到约定时间去兑现诺言时，穷人在期满的那一刻自动离去了。这 10 余年穷人是怎么生活过来的呢？那就是读书，读书使人明智。他读书，他满足了，他认为这比领取那一堆金钱还更有意义。于是，他选择了出走。我觉得这故事很有趣，这个人很有个性，他还竟然不爱钱，他很爱读书，看重知识，这个故事的立意深刻，构思奇特，而且这个结尾多好啊，出人意料。后来，我隐隐忽忽记得这个短篇故事是莫泊桑抑或是契柯夫写的，而它的结尾则是典型的欧·亨利式的结尾。

前几日偶然得读秦牧写的《艺海拾贝》，书里讲到了这样一个故事：

一个银行老板和一个有些文化的人打赌，要是那人能住在一间房子里看书，不出门，不和人来往，这样一直住满十五年，他就愿意给他两百万卢布，那人答应了。于是，一场为期十五年的赌赛就进行了。他们立了合约，由银行老板在后花园搭起一所房子，房子门户封闭，只开了一个窗，饮食用品都从一个窗口递进去。那人需要什么东西，只要写张字条放在窗口就可以了。就这样，那人在房子里静静地读书，从窗子口递着条子要各种书看。起初，他要的都是娱乐性很强的书籍；接着，他阅读古今文学作品；往后，他读历史、传记、自然科学，而经过相当长时间以后，他需要的书的范围变成很不固定，有时上午要一本文学，下午要一本自然科学，各种内容的书籍阅读常常交叉进行。十五年期限界满的时候，银行老板破产了，他深夜里摸进花园的小屋，准备杀掉那个自动接受关闭了十五年的合约的朋友。但是，却发现那人在期限马上就要届满的时候留下了字条，说他经过了十五年的苦读深思，悟破了人生的道理，已经不愿再领取巨款，因此决定一走了之，这使银行老板很惭愧。

秦牧介绍，这篇小说是契诃夫所写，题目即为《打赌》。秦牧说，这篇小说表现的思想是相当复杂的，既嘲笑了所谓的"上流社会"，也寄予了一些虚无思想，给他的印象很深。秦牧先生没有就小说的主题、结构、表现手法再作分析。但我认为，单纯地打赌，而不要银行老板想赖账企图杀死朋友的构思即已很好了，而且主题更集中、明晰、没有节外生枝的感觉。

这篇小说为什么能为人喜爱，根源于他的主题，人是可以战胜孤独的，只要有坚强的意念和毅力。人要有爱好，要渴求知识，要耐得寂寞。这篇小说又为什么会在50多年前为一个作为小孩子的我记住、所打动，那全是他的表现手法，这就是构思奇特的魅力。

准确地说，两人赌什么？赌的就是意志，就是世界观，就是定力。一个热爱文学创作的人难道不正需要这种精神和意志吗？不要期望值过高，想取得什么大奖和名声——即那200万卢布，坚持下去，丰富自己，提高自己的修养，就应当感到满足，会像那个打赌者一样的洒脱。

2009.10.6

构思（3）：莫泊桑的《项链》

谈到欧·亨利的构思，便会想到莫泊桑的《项链》。莫泊桑生于 1850 年 5 月，《项链》作于 1884 年 2 月 17 日，时年只有约 34 岁。生于 1862 年 9 月的欧·亨利，小莫泊桑一轮，完全有可能看到《项链》并受其启发，形成自己的独特风格。

故事写道：教育部小职员罗瓦塞尔的太太玛蒂尔德极好虚荣，为了出席晚会，借了女朋友福雷斯蒂埃太太一串钻石项链。晚会上，"罗瓦塞尔太太非常成功，她比所有女人都美丽，又漂亮又妩媚，面上总带着微笑，快活得几乎发狂。""她陶醉在欢乐之中，什么也不想，只是兴奋地，发狂地跳舞。她的美丽战胜了一切，她的成功充满了光辉……她在一片幸福的云中舞着。"但是，乐极生悲，在回家的路上，她丢失了这一串贵重的钻石项链，直到家里才发现。夫妻二人花了很长时间寻找，没有找到，便借钱用三万六千法郎另购了一副项链还给了福雷斯蒂埃太太。"他们借钱借得很辛苦，丈夫跟这个人借一千法郎，跟那个人借五百。这儿借五个路易，哪儿借三个。他签了不少的借约，应承了不少足以败家的条件，而且和高利贷者以及种种放债图利的人打交道。他葬送了整个下半辈子的生活，不管能否偿还，他都冒险乱签借据.他既害怕未来的忧患，又怕压在身上的极端贫困，也怕各种物质缺乏和精神痛苦的远景。"为了还账，他们辞退了女仆搬了家，租了一间紧挨屋顶的顶楼。丈夫为人誊写账目和抄写文件，妻子则辞退女仆自己料理家务。家庭里的笨重活，厨房里的腻人的工作，她都尝到了个中滋味。"上街购物时则对价钱是万般争论，一个铜子一个铜子保护她那一点可怜的钱。"清贫的生活过了十年，他们连本带息还清了欠账。"罗瓦塞尔太太现在看上去是老了，她变成了穷苦家庭里的敢作敢当的妇人，又坚强，又粗暴。头发从不梳光，裙子总系着，两手通红，高嗓门说话，大盆水洗地板。"无债一身轻。后来的一天，罗瓦塞尔太太偶遇福雷斯蒂埃太太，后者依然"还是那么年轻，那么美丽，那么动人。"而她的变化则太大了，以致后者不敢相认。当得知十年来是因为买钻石项链还账，罗瓦塞尔太太才变成这般穷苦潦倒的模样时，福雷斯蒂埃太太感慨地告诉她："哎哟，我可怜的玛蒂尔德！我那串钻石项链是假的呀。顶多也就值上伍百法郎！"文章到此戛然而止，完全是典型的欧·亨利式的结尾。

从欣赏的角度来说，有两处细节是要注意的：一是原物的盒子是配的，那么贵重的项链，怎么会是配备的盒子呢？二是还项链时，福雷斯蒂埃太太并没有打开盒子查看，而只顾埋怨了，倘若此时查看了，故事便不精彩了，这是两处成功的伏笔，学习时应予以注意。

莫泊桑的许多优秀短篇小说，其结尾都出人意料而又合乎情理，想来这正是"欧·亨利式小说结尾"的源头活水吧！

2009.8.22

构思（4）：欧·亨利的《麦琪的礼物》

提到欧·亨利不能不谈到另外三个短篇小说，那奠定了他在世界文坛史上地位的三篇精致的小说佳作《麦琪的礼物》《警察和赞美诗》、《最后的常春藤叶》。任何一篇成功的作品，它在表现手法上都是多种手段的综合。这三篇小说最典型的、最一致的便是构思之奇特。

先看《麦琪的礼物》。

麦琪是谁？它不是哪个美丽的女士，它是基督出生时送来礼物的三个贤人的统称，他们是最聪明、最贤惠的哲人。

圣诞节前夜，住在贫民区里，八元钱一月的房租钱都掏不起的青年夫妇吉姆和德拉却寻思着为对方赠送一件精致珍奇而有价值的礼物，为了给对方一个惊喜，彼此没有相商。他们各自有一样值得骄傲的东西，"特别引为自豪的，一样是吉姆三代祖传的金表，另一样是德拉的头发。"作者强调，"这两样东西是会使富裕的女王的珠宝和礼物相形见绌，所罗门都会妒忌得吹胡子瞪眼的。"

文章只有两个角色，作者重点介绍德拉，以德拉为中心人物进行构思。他写德拉的头发很美丽，"披散在身上，像一股褐色的小瀑布奔泻闪亮。一直垂到膝盖底下，仿佛给她铺成了一件衣裳。"为了给丈夫的金表配个精美的表链，德拉以 20 元卖掉了自己心爱的头发，另加上自己仅有的 1 元钱，倾其所有，为丈夫挑选了一条简单朴素的白金表链。她想象着"吉姆有了那条链子，在任何场合都可以毫无顾忌的看看钟点了"。因为"那只表虽然很华贵，可是因为只有一条小皮带来代替表链，他有时候只是偷偷地瞥一眼"。吉姆也为德拉准备了最好的礼物："全套的发梳，两鬓用的、后面用的，应有尽有，那原是在百老汇路上的一个橱窗里，为德拉渴望了好久的东西。纯玳瑁做的，边上镶着珠宝的美丽的发梳。"德拉知道这套发梳是很贵重的，心向神往了好久。但从来没有存过占有它的希望。现在，这居然为她所有了，可是佩戴这些渴望已久的装饰品的头发却没有了。揭开了一个谜，未免有些悲辛。"但她还是把这套发梳搂在怀里不放，过了好久，她才能抬起迷蒙的泪眼，含笑对吉姆说：'我的头发会长得很快，吉姆。'"德拉也拿出了自己的礼品——白金表链，说："漂亮吗，吉姆，我走遍了全市才找到的。现在你每天要把表看上百来遍了。把你的表给我，我要看看它配在表上的样子。"但是表却没有了。第二个谜揭开了：原来，吉姆是为了买那套精美的发梳卖掉了自己唯一的财富，那只家传三代的金表。这真是一幕讽刺喜剧。是只有欧·亨利才能编排出来的故事，是绝妙的构思，因此而享誉百年。

需要注意的是，两个主人公的态度。他们没有哀怨，而是笑对生活，而是就此感到了家庭的温暖，爱情的宝贵。吉姆笑道："我们把圣诞节礼物搁在一边，暂且保存起来，它们实在太好啦，现在用了未免可惜。"德拉也深情地安慰丈夫："今天是圣诞前夜。亲爱的，好好对待我，我剪掉头发为的是你呀。我的头发也许数得清，但我对你的情爱谁也数不清。"作者评价吉姆和德拉是两个笨孩子，极不聪明地为了对方，牺牲了他们一家最宝贵的东西。"但是，这两个人在所有馈赠礼物和一切接受礼物的人当中又是最聪明的。而且，无论在什么地方，他们都是最聪明的，他们就是麦琪。"托尔斯泰说过，不幸的家庭各有各的不幸。其实，通过《麦琪的礼物》我们还可以感受到：不幸的家庭也有各自温暖的方式，这才是全面的。

2009.8.25

构思（5）：欧·亨利的《最后的常春藤叶》

　　这是欧·亨利小说中构思最奇妙，写得最优秀，情感最真挚，文字又干净利落的佳作，百余年来为读者所喜爱，为研究者所津津乐道。

　　故事的梗概是这样的，很简单——

　　华盛顿广场文学艺术家们聚集的贫穷小区里，住着贫困、年青的女画家琼珊。琼珊不幸得了肺炎，很严重，她以为自己必死无疑。"她的窗外有株很老很老的常春藤，纠结的根已经枯萎，攀在半墙上。秋季的寒风把藤上的叶子差不多全吹落了，只剩下几根几乎是光秃秃的藤枝依附在那堵松动残缺的砖墙上。"病中的琼珊极为绝望，她有一种"玄想"，固执地认为冥冥之中虚弱的她也和枯叶之间有种微弱的联系。"等最后一片叶子掉落下来时，我也得死去。"琼珊的楼下住着一位年老体弱、心性开朗的没有名气的老画家，他脾气暴躁，爱喝酒，老是说要画一幅杰作，但却穷得给年轻画家们当模特儿。他喜爱琼珊和她的伙伴苏艾，"认为自己是保护楼上两个青年艺术家的看家凶狗"。苏艾请老画家贝尔曼做模特时，贝尔曼得知了琼珊的奇思怪想，于是，便在风雨交加的夜晚，燃着灯笼，攀上梯子在高墙上为常春藤树画上了一片绿叶。琼珊不是担心常春藤树的叶片会落光吗，这片叶子是不会落的，他要给琼珊以活下去的希望。结果，琼珊获得了生的力量，而老画家却因画绿叶感受风寒得了肺炎两天后去世。苏艾感动地对琼珊说："亲爱的，那是贝尔曼的杰作——那晚最后的一片叶子掉落时，他另外画在墙上的。"文章到此即结束，再没有一句叙写。文章写得很含蓄，如猜谜，没有心理描写，只有三四个人物间不多的对话，却让我们感到了友情、关爱、内心世界的幸福，无声胜有声的艺术效果。我甚至以为，这篇文章的题目也可以称为"贝尔曼的杰作"，只是"最后的常春藤叶"更传神，更形象，更艺术化。

　　作者是如何寻到创作的灵感，有这些奇思妙想的呢？也许他是在街头风雨之后的墙壁上看到残画时偶发的灵感吧。不论怎样，我们需要的是多观察，勤思考，多练习，熟能生巧。

2009.9.1

欧·亨利：生活、观察和创作

1899 年，在美国俄亥俄州监狱，邮递员送来一份《麦克卢尔》杂志，收件人写着欧·亨利。这是监狱的一个看守的名字，但这个看守惯于用鞭子殴打犯人，没有提笔杆舞文弄墨的爱好和本领。监狱办公室的人排来查去，查出犯人中有一个叫威廉·西德尼·彼特的人倒是喜欢写文章，但这个人的特长是有药剂学知识和医疗工作经验，目前分配在监狱医务室当药剂师。找到彼特一问，果然是他给杂志社写的稿件。彼特自然喜出望外，但是那个叫欧·亨利的看守不高兴了，他不答应有人冒名顶替他。他有姓名权。彼特连忙解释，他正在翻检一本法国药典，作者的名字也正叫欧·亨利，他便随手取来做了笔名，并非他要和看守过不去或者恶作剧地开玩笑。看守接收了彼特的道歉，风趣地说："杂志送你啦，你请我喝一顿酒，这个名字就归你写文章用啦！""小事一桩。"彼特高兴地说："谢谢啦！"从此，美国文坛就诞生了一位短篇小说大家。

欧·亨利真名威廉·西德尼·彼特，1862 年 9 月 11 日生于美国北卡罗来纳州格林思菠萝镇一个医师的家庭。15 岁时在家乡的药房当学徒工，5 年后，又去西部德克萨斯州做了两年牧羊人。1884 年，即 22 岁后，做过会计员，土地局办事员，新闻记者，德克萨斯州奥斯汀银行出纳员。可能手脚不干净，或者账务不清被追查出有问题后出逃中美洲的洪都拉斯。1898 年 4 月被追捕，押解回美国的俄亥俄州监狱服刑，在狱中开始小说创作。3 年后，欧·亨利因为表现尚好，于 1901 年提前释放，1902 年后定居纽约，专门从事写作，1910 年 6 月 5 日去世，时年仅 48 岁，他的写作仅短短的 10 年时间。

欧·亨利和莫泊桑一样,是位令人扼腕叹息的高产而短命的小说作家,一生共创作短篇小说 300 余篇,另有一部长篇小说存世。居住纽约期间,他常常坐在自家窗前,密切观察行人。他常在街上徘徊,在小饭馆、小客栈、在排队领取救济金的失业工人中,甚至在公园的长凳上和人聊天,捕捉创作的题材。评论者说,欧·亨利的作品构思奇巧,文字生动活泼,用语通俗大众化。他善于捕捉生活中令人啼笑皆非,而富于哲理的戏剧性场景,用近似漫画的笔触勾勒人物,从细微之处抓住特点,用形象的语言描绘出来,挥洒自如,左右逢源,使人物有血有肉,栩栩如生,如观其人,如闻其声。他最为人称道的是独创的"欧·亨利式的结尾",即先在故事情节发展过程中说明一些情况,做了铺垫,埋下伏笔,但对最重要的事实却一直保守秘密;结尾时峰回路转,豁然开朗,用一个意料未及的结局向读者揭示整个故事的意义和人物性格及行为的全部真实。使读者在惊愕之余,拍案叫绝,为故事的合情合理,以及作者构思的巧妙而倾倒。

生活阅历对作家的深刻影响,在欧·亨利的作品中有较多的体现。1882 年欧·亨利在西部德克萨斯州一个牧场做了两年牧羊人,也就是 20 岁,一个标准的西部牛仔,这使他熟悉辽阔的草原和粗犷的牧人生活。后来他又流浪到中美洲,熟悉那里的风情。于是,在小说《双料骗子》中,他把二者结合了起来。故事的情节是这样的:美国西部牛仔小利亚诺因在赌场杀人,逃到南美一个叫布埃纳斯蒂埃拉斯的地方,这里恰巧有一个西班牙富人 12 年前丢失了一个和小利亚诺同岁的孩子。美国驻这个地方的领事撒克便设计要小利亚诺在右手背上刺上这个家族特有的花纹,并把他送到这个家庭当中。他精心策划想让小利亚诺扎住脚后,在还没有暴露前偷出富翁的金钱,然后两人一起逃到巴西的里约热内卢去。但是,一个月后,小利亚诺告诉撒克,他不准备离开富翁家了。撒克大怒,扬言要揭露小利亚诺,剥下皮喂鳄鱼去。小利亚诺威胁说那就要打死他,"如果我再离开这里,那将是由于你的缘故。"这是因为小利亚诺说,"我在拉潘多杀掉的那个人,右手背上也有一个同样的刺花。"这就是说无巧不成书，他在赌场杀死的正是富翁的儿子，他现在无须担心阴谋败露了。工于心计的撒克失算了，又是一个欧·亨利式的结尾——出人意料。

需要指出的是，小说没有结束在小利亚诺的那句话处，而是又用一百多字的篇幅解释了一下富翁的夫人来接"儿子"。这个补叙同样灵活漂亮，它敲实了欺骗的成功，即使是骗局，也有种花好月圆的感觉。

如果说，写短篇小说是欧·亨利的特长的话，我以为欧·亨利式的结尾在欧·亨利其实是一个天赋。不用刻意地去谋求，你只要告诉他一个故事，他写出来时结尾总会带有令你出乎意料的个人特点。再快的剑也要磨砺，再好的天赋也需要不断发挥，欧·亨利正是在通过几篇故事的锻炼之后其结尾方式才愈显成熟而为举世公认的。

2015.6.11

欧·亨利:《警察和赞美诗》中的铺垫

如何构思好一篇好作品,如何做好铺垫,欧·亨利的《警察和赞美诗》是一篇很好的范例。

小说写劳苦的流浪汉苏贝无家可归,只能在麦迪逊广场的长凳上休息。冬天来了,他想到了一个避难所,一个设有监狱和疯人院的荒岛,他想在那里住三个月,以为食宿不愁,"再没有比这更完美的事了"。但这需要犯罪,需要引起警察的注意,把他抓进去才能送到岛上的监狱里。这里作者写了六件事情层层推进来表现苏贝的无奈。

第一次,他想进一家灯火辉煌的饭馆里蹭白食,结果却因裤子太旧皮鞋太烂被侍者领班撵到了人行道上。

第二次,他砸破了商店的橱窗,因为装得若无其事,这反倒迷糊了警察,并不以为他是个坏人放过去了。

第三次,他在一个普通饭馆蹭了顿白食,他想着饭馆会将他交给警察的,但是,"两个侍者干净利落地把苏贝叉出门外,他左耳贴地地摔倒在坚硬的人行道上。这时,被捕似乎只是一个美妙的梦想,那个岛仿佛非常遥远。"

第四次,他想当街骚扰一个妇女,哪知这个妇女却是个妓女,竟然"像常春藤攀住橡树般地偎依在苏贝身旁"。

第五次,他想到了扰乱社会治安,"憋足劲尖声叫喊一些乱七八糟的醉话。他手舞足蹈,吆喝胡闹,想尽办法搅得天翻地覆。"但一旁的警察视他为发疯的球迷,不屑捉他。于是他停止了白费力气的瞎嚷嚷,"在他的想象中，那个岛简直就像是可望而不可即的世外桃源了。"

第六次，无奈的苏贝去抢一个绅士的雨伞，哪知绅士说这把伞是自己捡到的，"如果你认为是你的，那么请你拿走好了。"苏贝绝望了。"他咒骂那些头戴钢盔，手持警棍的人。他一心指望他们来逮捕他，他们却把他当作一贯正确的帝王。"

大家知道在生活中这种事是完全不可能发生的，没有谁为了想解决食宿生活而主动想去蹲监狱。但苏贝的行为我们理解，我们甚至没有怀疑他的动机而且同情这个穷人。在这里正隐含着对社会不公的讽刺和揭露。社会把人逼急了，什么事情都可以干得出来，杀人放火代价太大，小小地犯个错，蹲上三个月大狱还是可以理解的。但是作者没有给苏贝这样的机会。那么，苏贝能否被捉上荒岛送进监狱呢？

无奈的苏贝只好向回折返，尽管这个"家"只是麦迪逊广场里的一条长凳而已。他路过一个老教堂，"一丝柔和的灯光从紫罗兰色的玻璃窗里透露出来。无疑，里面的风琴师为了给星期日唱赞美诗伴奏正在反复练习。悠扬的乐声飘进了苏贝的耳朵，使他倚着螺旋型的铁栏杆而心醉神驰。"苏贝深深被感动了，用作者的话说，"风琴师弹奏的赞美诗音乐把苏贝胶在铁栏杆上了。"音乐拯救了他，"他突然憎恶起他所坠入的深渊，堕落的生活，卑鄙的欲望。一刹那间，他的内心对这种亲切感受起了深切的反应。一股迅捷而有力的冲动促使他要向坎坷的命运奋斗。他要把自己拔出泥潭，他要重新做人，他要征服那已经控制了他的邪恶。"他告诫自己"时候还不晚，他算来还年轻，他要唤起当年那热切的志向，不含糊地努力追求。他甚至想到去找工作，他有决心做一个顶天立地的男子汉。"但是他美好的希望和恶的幻想一样地破灭了。

苏贝觉得有一只手按在他的胳臂上，他霍地回过头，看到了一个警察的阔脸。

"你在这儿干什么？"警察责问道。

"没干什么。"苏贝回答说。

"那么跟我来。"警察说。

第二天早晨，警庭的法官宣判说：“在布莱克韦尔岛上监禁三个月。”

多么干净简洁的结尾啊，没有一句多余的话。

掩卷而思，社会硬是要把善良的人变成白毛女，变成祥林嫂。学坏是可以的，学好是不能的，社会行为是颠倒的，社会对穷人是不公的。这种深刻的揭露和讽刺是隐藏在故事的叙述之中的，作者无须站出来疾呼。文章不但写得深刻，而且幽默、风趣，带有浓厚的喜剧色彩，这种写法又和故事本身的荒诞结合得很好。而所有这些的成立，就是缘于作者的六次层层铺垫，使结尾的出人意料才能收到奇效，取得很好的艺术效果。市井百姓只会直白地抨击社会的黑暗和不公而文学家却可以冷静地描摹，这便是文学的力量。

关于美国穷人和老人的生活问题，欧·亨利去世后百余年来并未改观。近读寓美作家的文章称：在美国，整个社会都不会对老人露出友善的脸。公交、地铁里从来没有人给长者让座。生活中诸多不方便，都挑战着老人衰老的身体，年纪再大也得自己的事情自己做，他只能幻想自己永远年轻。作者说：这个社会崇拜强者，急于淘汰，它自顾匆匆向前，却把老人远远地甩在了后面。所以这个现状不改变，穷人、流浪汉和警察的故事就不会短少，就谈不到诗意。

2015.6.12

欧·亨利:《再生记》的结尾

欧·亨利是美国作家,写过许多脍炙人口的短篇小说,特别是以结尾时的抖包袱、转折而闻名于世,成为一绝。我对他写的《再生记》有很好的印象,这篇故事还有别的译名,如《重新做人》。但我以为这个译名传神、准确。他讲了这样一个故事:惯盗吉米·瓦伦汀专以撬保险柜为拿手好戏,为了改邪归正,他在一个小镇开了一家鞋店,一年后,鞋店开得不错,他还和小镇银行家的女儿相好上了。在结婚前夕,他决定把盗窃工具送给朋友,从此洗手不干了。就在他要送走这套工具时,银行家请家人欣赏他新安装的保险库,而且特别强调保险库的防盗装置很先进,很坚固。"有一个定时锁和三道用一个把手同时开关的钢闸。"正在银行家洋洋得意地解说时,身边的五岁的小外孙突然被关了进去,所有的人都登时愣了、慌了:小孩子不被吓死也会被憋死,而这个镇上却没有人能打开保险锁。银行家和女儿——小偷的未婚妻安娜贝尔都无望地、下意识地求救于这个准新郎官——一个决心金盆洗手的盗窃者。而他隐藏和自我改造得很好,一年来循规蹈矩。在严酷的现实面前,小偷吉米面临着艰难的两种选择:要么无动于衷,眼看着小孩子憋死,自己稳当银行家的好女婿,反正从前那些偷盗的事情这里谁也不知道;要么开锁救人,这样就面临着被暴露,从而婚事告吹的危险。关键时候,良知占了上风。他脱去上衣,卷起衬衫袖子,"把手提箱往桌子上一放,打了开来。从那一刻开始,他就仿佛没有意识到周围的人了。他敏捷而井井有条地把那些闪亮而古怪的工具摆了出来，一面照他平时干活的脾气，轻轻地吹着口哨。周围的人屏声静息，一动不动地看着他，似乎都着了魔。不出一分钟，吉米的小钢钻已经顺利地钻进了钢门。十分钟后——这打破了他自己的盗窃记录——他打开钢闸，拉开了门。"小姑娘得救了。在大家还处在庆幸之中而未多想之时，他已经意识到他不能再在这个生活圈里呆了，便转身毅然离去。最妙处就在于，为追踪逮捕他而专程远道赶来的侦探本·普赖斯目睹了解救的全过程，却在他表示要投案自首时说："你认错人了吧，别以为我认识你。"然后他转过身，朝街上走去。全文至此，戛然结束，多余的一个字也没有，由读者去品味。 这里在构思上有两个成功之处，就全篇布局，写了一个决心改邪归正的小偷不得不撬保险锁救人；而在小的枝节上，写了追踪的侦探放弃了逮捕，两者都闪现着人性的光辉，类同于大环节套小环节，值得琢磨。

这篇小说我最早大约是在 1980 年的《贵州青年》上看到的，印象很深刻。最近在读《欧·亨利小说选》时又读了一遍，依然觉得很美、很深刻，闪烁着人性的光辉。现在特意再介绍给大家供写作构思时参考。雨果的《悲惨世界》，结尾写了一直在追踪逮捕冉·阿让的侦探沙威，最后时刻放走了冉·阿让，体现了人性高尚的一面，这两个结尾太相通了。我以为这是欧·亨利学习老雨果的成绩，因为雨果已是文学前辈了，而欧·亨利又是那么有悟性。

2009.6.8

特罗亚：关注社会

作家的构思就是作家的创意。建筑师用砖瓦，作家用文字。

亨利·特罗亚是法国当代著名的小说家和传记作家，1978 年法国《快报》周刊的一份读书调查报道，称最令读者欢迎的作家排名，巴尔扎克第一，特罗亚第二，足见特罗亚在法国文坛的影响。

特罗亚曾写过一篇短篇小说《最好的顾客》：厄泰尔普夫妇在市民公墓附近开了一个花圈店。一天，一位 70 岁的顾客来购买了"一整套"的花圈，有送给亲爱的父亲、儿子、兄长、伯伯、外甥、岳父、女婿、表兄、同事、房东，等等，仿佛是死了一个大家族！而且都是男性。厄泰尔普太太怀疑这个人要谋杀整个家族，她想阻止这次谋杀。她报了警，但警察不理睬，因为没有形成事实，无法认定从而予以制止。于是厄泰尔普太太便跟踪至这个老年顾客家中。这才弄清，原来这个老顾客孤单地生活着，异常凄凉，他担心自己死后无人送葬，所以虚拟了一个庞大的亲属团来为自己送葬，这些花圈其实都是自己买给自己的。厄泰尔普太太很感动，她和老人交上朋友。数月后，老人离去，那些花圈堆在灵车上，"看上去像巍峨的高山。一条条紫色的飘带显示出一个繁茂而忠实的家族的痛苦。在花圈当中有一个由厄泰尔普夫妇献的特大花圈，飘带上写着一行金字，'献给我们最好的顾客'"。没有过多的笔墨，厄泰尔普太太的认真、友善的性格便跃然纸上。

特罗亚还有一个短篇《绿皮本》：一个彩带公司的小会计马塞尔在树林中拾得一个装有 4000 法郎的绿色笔记本，笔记本上写有失者姓名、住址、电话。马塞尔穷怕了，现在天上掉馅饼，他大喜过望，遂领着一家人去海滨度假。但这时，他发现失主已经登报悬赏找这个笔记本，金额从一万、一万三、一万五、两万法郎一路走高。马塞尔怀疑这个笔记本里看似随意写的数字、符号、公式、地名可能记的是一种秘方，一个藏宝图。他神经质地去研究，希望能独吞，收获更大。但就在此时，失主的筹码又渐渐降低了，终于回到4000法郎的价位上。无奈，马塞尔只好去会见失主，并想弄清原委。原来这是一个富豪的恶作剧，富人拿穷人开玩笑，他存心要看拾得绿皮本人的反应——道德良心水平。他每年都要这样抛几次，只是这一次被马塞尔偶然捡到了。文章到此本可打住，形成一个欧·亨利式的结尾。但是特罗亚又向前滚动了一步，写到马塞尔得知这个秘密以后，辞掉了自己的工作，专意去碰拾得绿皮本的机会，实际上已经成了精神病患者。而在此之前，他已牺牲了整个家庭。儿女堕落，老婆另有新欢，这个揭露应该是深刻的。

从这两篇小说可以看到、特罗亚取材和构思作品，首先关注的是文章的社会价值取向，构思是从整体上把握，他采取的"欧·亨利式结尾"只是一种技术处理手段。

莫言在1993年谈创作体会时曾讲道："过去写作时，总还是有个大概的构思，然后再下笔，而1992年写作《梦境与杂种》时，都是在完全不知道要写什么的情况下开笔的。当时我正在读一本法国作家特罗亚的书，我想，就让我从特罗亚开始吧。于是特罗亚就成了小说中的一个穷困潦倒的传教士。我对梦境十分迷恋，我认为好的小说应该有梦的境界。"莫言所说的是莫洛亚，我以为即是特罗亚，叫法不同是因为翻译所致。莫言看重特罗亚，我便在此作一介绍，供文学爱好者了解其人。

2015.6.22

都德：《最后一课》及其他

法国作家都德和莫泊桑一样都是以写短篇小说见长，都德的短篇小说《最后一课》和《柏林之围》享誉世界。另外，他的散文写得也非常优美，一本《磨坊笔记》优美清新，一篇篇读过，犹如啜饮了一杯杯清香的龙井茶。都德作品的翻译者李玉民评论道：如果说雨果，巴尔扎克所搭的是天地人间的大戏台，那么都德就像在集市上圈场子耍小把戏的了。又说：都德的大题小做，以小制作表现大主题，低调、温和、舒缓、动情和深沉——这些构成了都德小说的独特的艺术魅力。

《最后一课》以小学生弗郎兹自述的形式叙写。弗郎兹上学晚了，不想到学校去，但终于没有逃学，还是到学校去了。结果，他奇怪地发现，法文教师阿梅尔先生并没有训斥他，而是非常和蔼地说："到你的座位上去吧，我们不等你的话就要上课了。"他这时才意识到，老师穿上只在学校来人视察和发奖时才穿的绿色礼服。教室里还坐着老村长欧赛尔等村民，他们全都表情严肃，忧伤，膝上摊着旧的识字课本。开课了，老师首先叮咛："孩子们，柏林方面来了命令，从明天起，只准教授德语，今天，这是你们最后一堂法语课，请注意听讲。"原来，1870—1871 年普法战争后，法国东北部和德国接壤的阿尔萨斯和洛林地区被割让给普鲁士，故而占领者取消了法语教学。

小弗郎兹懊悔了，因为他还不怎么会写字呢！而以后却再也学不成法文啦！他这时才明白村民们为什么今天都赶到了学校里，阿梅尔先生沉痛地讲了许多历史故事，强调法语是世界上最优美、最清晰，最过硬的语言。他语重心长地说：一个民族沦为奴隶，但只要牢牢掌握自己的语言，就等于掌握了打开监狱大门的钥匙。这一堂课，老师讲得很认真，小弗郎兹学得特别的好。看着老师，他想"这个可怜的人，就好像在离开之前，要把他的全部知识教给我们，要一下子全灌输到我们的脑子里。"下课时间到了，阿梅尔老师转过身去，拿起一截粉笔，用尽全力，尽可能地在黑板上写了几个大字：法兰西万岁！然后，他头顶着墙壁，呆在那儿不说话，只是摆手向我们示意："下课了……都走吧！"文章至此，戛然而止，留下的是一副剪影画，一个强大的震撼。于无声处听惊雷，小故事表述了深刻的主题。所以，百余年来《最后一课》不仅是法国小学生的启蒙读物，也是外国人学习法语的启蒙读物，是世界文学宝库里一朵小小的奇葩。

都德虽以写小东西为主，但在法国享有很高的威望。1992 年，李玉民先生访问法国时，曾同法国作家夏尔·撒吉谈到法国文学，当问到夏尔先生最喜欢哪一位作家时，他不假思索的回答是都德，因为他是一位大师，上学时念他的作品至今不忘。在我个人的阅读经历上。小时读过的印象最深刻的两篇儿童文学作品，一篇是俄国作家契诃夫的《凡卡》，另一篇就是都德的《最后一课》。两篇小说就艺术上说，写得各有千秋，但就其思想性，内涵上来说，我以为还是都德的《最后一课》要厚重得很多，深刻得很多。

但是近年来对《最后一课》另有一说，说是其实法国人并不看重这篇小说，许多人不知道，小学校里也不讲授。所谓的"爱国主义"也不是那么回事，说这才是事实的真相。因为，阿尔萨斯位于法国的东部，是法国本土面积最少的行政区域，隔着莱茵河与德国相望。在 17 世纪以前，阿尔萨斯其实是德国的领土，150 万居民中，只有 5 万人说法语。也就是说，德国人的占领或说是法国人的割让，实际是故土的收复，理所应当。小费郎兹和他的老师及村民们终于在被法国占领 200 年后回归祖国了，应当高兴才是。看来要重新解读这段历史和小说的关系还真费思索。但无论怎样，我想作为一篇优秀的文学作品，《最后一课》将会魅力永存。

需要补充说明的是，1918 年第一次世界大战后，阿尔萨斯重新划归法国，但第二次世界大战期间，被德国纳粹占领，而战争结束后，阿尔萨斯才重新归还法国。翻来覆去近百年，阿尔萨斯可真是一块多灾多难的土地啊！

2010.7.22

都德：《柏林之围》的构思

提到都德写普法战争的著名的短篇小说《最后一课》，就不能不提到同样是写关于普法战争的另一篇同样非常出色的短篇小说《柏林之围》。

《柏林之围》实际上是反讽，因为是写的普法战争中法国巴黎之围。年逾80岁的老上校茹沃患上了中风病失语和瘫痪，但他头脑清楚，总幻想着法军的胜利。孙女便煞费苦心地每天编造着法军向德国柏林进军的战况。老人在这种欺骗中生活着，甚至用他的军事知识，描绘着战事的进展，幻想着"再有一周，我们就能打进柏林了"。老上校的医室里也全是他当年参军时的纪念品。他便在这种氛围和幻想中坚持着活了过来，而且，语言功能有所恢复，竟至于可以行动了。这样，照料他的孙女和大夫要想再欺瞒他就很困难了。老人为胜利所鼓励，用餐时坐在床上，胸前围着餐巾，笑吟吟地，满面红光，独自享用而又不知内情。可是坐在旁边的孙女，则因营养不良而面色苍白。但是，现实是残酷的，真相是不能隐瞒的。就在德军攻破巴黎城实行占领时，老上校却以为是他期盼已久的法国军人凯旋归来。第二天，普鲁士军队进城时，"上校那扇窗户悄悄打开，他出现在阳台上，戴着头盔，跨上大马刀，穿上在约米部下当 骑兵时那身光荣的旧军服……这是何等坚强的意志，是何等生命力的突发！"但他看到的是什么？街道空阔、寂静，巴黎一片凄清，"从凯旋门的后面，一支黑乎乎的队伍开了过来，头盔闪亮，军鼓敲响，伴着队伍的重重步伐，传来军刀的撞击声。"

蓦然穿来一声骇人的呼号："拿起武器啊，普鲁士军队来啦！"

"这时，走在排头的四名枪骑兵，望见楼上阳台有一个身材高大的老人，身子摇摇晃晃，挥动着双臂，又直挺挺地倒下去。这回，茹沃上校可真的死了。"

文章到此结束，干脆极了，没有多余的一句话，留下的只是给读者的品味。这个结尾和《最后一课》结尾那句"下课了，都走吧！"的处理方式完全相同，真可谓意犹未尽，耐人回味，这就是经典作品的魅力！

《柏林之围》是以第三人称讲述方式进行的，《最后一课》是以主人公自述方式进行的，在心理描写和细节描写上，《柏林之围》要比《最后一课》更极细致。老上校先是中风患病，倒在地上，然后在对胜利的幻想中恢复，满面红光，喜笑吟吟，后来穿戴整齐地站在阳台上，欢迎法军凯旋。层层递进，形象饱满。最后敌军进城，真相明了，便失望至极，"直挺挺地倒下去了"。

多大的反差，多高明的写作技巧！

我想，要是由莫泊桑来写，也许不会这么处理，会含蓄得多。

老茹尔上校曾说，法国要是胜利了，"只要德国战争赔款，别无他求，割他们几个省份有什么用，难道能把普鲁士变成法兰西吗？"这可以视为法国战败后，被迫把阿尔萨斯割让给普鲁士后都德的看法。喻意"难道能把法兰西变为普鲁士吗"。

2010.7.24

117

联想：都德的老磨房

提到都德，愿再多说两句。

在散文《金头发的故事》中，我写了一个幽默故事，一个爱美容的女人使用了一种染发剂后，满头黑发竟然变成了真正的金发，轰动全城，大家都为了寻找这种染发剂而奔忙。由于担心歹徒会谋财害命，夫妇俩生活在恐怖之中，其实这完全是南柯一梦。这个构思并非我独创，是在我读了法国作家都德《磨房书简》中的《金脑子》后受到的启发，产生的联想。

《金脑子》写一个人"脑髓纯粹是金子"，结果，父母、朋友、女友纷纷骗取和盗挖了他的脑髓，这是一篇有寓意的故事，风趣的故事，传说的形式，严肃的笔调。我阅读时偶发奇想写了《金头发》，版权其实是老都德的。

都德的老磨房

文 / 张小平

19世纪中期，法国青年阿尔丰斯结束了流浪生活，回到家乡普罗旺斯。他平时很少出门，总喜欢在屋里发呆。寒冬的一场大雪后，情况不同了，他每天都会去郊外山冈上的一座老磨房里，直到冻得脸色铁青才回家。

乡亲们注意到他的异常举动，都说他脑子出了问题。阿尔丰斯也无心理睬，依旧大清早去老磨房，到了深夜才下山。老磨房荒废了20多年，处处长满了杂草，阿尔丰斯不理会，反倒找了块平整的石头当书桌，在那里开始专心写作。

有一天，有人看见他在老磨房埋头写作时，全身被屋顶漏下的雪水打湿了也浑然不知，于是各种传言很快流传开了，许多人都跑来磨房看他又在干什么傻事。各种干扰影响了阿尔丰斯的写作，于是他去找磨房主，要高价买下老磨房。所有人都嘲笑他愚蠢，家人更是百般劝阻，可阿尔丰斯还是执意买了下来。此后，他在磨房四周竖起"闲人勿扰"的标识，成天呆在里面写作，直到写成了著名短篇小说集《磨房书简》。在书中，人们读到了一幅幅从老磨房观看到的优美风景，这才明白了他买下磨房的真正用意，而老磨房后来也成了知名景点。

阿尔丰斯的全名叫阿尔丰斯·都德，这位作家说："人生在世，无须太在意他人的评价，心里明白自己在做什么就行了。"

已经忘记了这篇短文是在什么杂志上剪切的，补录于此，以使文学爱好者更好地了解都德其人其文。

2016.10.28

托尔斯泰：战士和文学

《写作趣谈》一书中有一则短文介绍托尔斯泰：

《塞瓦斯托波尔》是托尔斯泰描写一八五四年英法军队进攻俄国时，俄国军队奋勇保卫塞瓦斯托波尔战斗的纪实小说。一八五一年，托尔斯泰以志愿兵的身份参加了高加索军队。一八五四年十一月，他被调到克里米亚，投入萨瓦斯托波尔保卫战。他坚守的阵地马拉霍夫岗是同英法军队战斗最激烈的地方，面对强大的敌人，托尔斯泰指挥着一个炮兵连的五门大炮，英勇地抗击着。他亲眼看到士兵们为了保卫祖国，即使战斗十分艰苦，但并不气馁沮丧。相反，士兵们慷慨激昂地准备为国家去牺牲，这使托尔斯泰很崇敬。同时，那些军官们个个像恶魔，一心只想捞到一枚额外的宝星勋章或者增加三分之一的薪水，从而不惜挑起一场冲突，杀死上百个人，这使托尔斯泰异常的鄙夷。他自己呢？在爱国热情的鼓舞下，一直在前线，并表现出罕见的英勇。后来，由于敌人太强大了，托尔斯泰只好从塞瓦斯托波尔撤退下来，目睹火光中的城市和升起在残破城堡上的法国国旗，他痛苦的眼泪流在脸上，滴落在焦灼的土地上。这些亲眼观察到的事实和亲身体验到的情感，便成了他写作的素材。正因为他有了亲身的体验，因此，写出来的小说便格外的真实、深刻，具有震撼人心的艺术力量。所以，屠格涅夫读了后也感动得流下了泪水，称赞是个"奇迹"。

这里实际上讲到了作家经历和创作的关系。有经历的人未必去创作，因为他没有创作爱好，缺乏创作能力；有创作能力的人，又会因为缺乏生活经历而写不出好的作品，不形象、不生动、不深刻、自然也不会感人。由战士而作家成就文学事业者大有人在，如海明威，如塞万提斯，如奥斯特洛夫斯基，正是由于他们的艰苦经历才使他们作品的故事性强，人物丰满，真实感人。作品经受了时间的考验，所以为人乐道，互相传颂。这几则外国作家的创作逸事常被人提及，在我们中国人看来，讲得多了，总有"言必称希腊"的感觉。其实，建国以来由战士而作家的故事是很多的，杜鹏程之于《保卫延安》、吴强之于《红日》、梁斌之于《红旗谱》、欧阳山之于《三家巷》，等等，都是很经典的，很感人的，我们缺乏的只是宣传罢了。对此，今后我们在阅读中要多加注意。

学习他们的奋斗精神，吸取创作经验，激励自己的创作勇气。

2014.3.20

托尔斯泰：修改出精品

谈到文章的修改，人们经常引用托尔斯泰的故事，且转述两则欣赏。

托尔斯泰写《复活》中的玛丝洛娃，初稿写道："她是个瘦削而丑陋的黑发女人，她所以丑陋，是因为她那个扁塌的鼻子。"但随后又改成："高高的个子，带着凝视和病态的样子……"他还不满意，又多次修改。据说十多年间关于玛丝洛娃的肖像描写，托尔斯泰修改了不下二十余次，最后的定稿为：

"……她头上扎着毛巾，明明故意的让一两绺头发从头巾里溜出来，披在额头。这个女人的面色显出长久受着监禁的人的那种苍白，叫人联想到地窖里储藏着的番薯所发的芽……两只眼睛又黑又亮，虽然浮肿，却仍旧发光（其中有一只眼睛稍稍有点斜视），跟那惨白的脸儿恰好成了有力的对照。"

这是一幅受尽欺骗、侮辱、折磨、损害的外貌，她是美丽的，却又留下伤痕，也仍保持了一些过去卡秋莎的纯真。一幅外貌就把玛丝洛娃的遭遇、气质、眼前的精神状态都传达出来了。

据说，托尔斯泰写《安娜·卡列妮娜》时构思了四年，总没有找到好的开头。一次看到儿子在读普希金的小说《宾客齐集在别墅中》，他随手翻阅，只见小说是这样开头的："节日前夕客人们开始到齐了。"托尔斯泰大受启发，称赞道："普希金总是这样直截了当地接触问题，一下子就进入了情节。文章就应该这样写。"于是，他回到自己的书房，在稿纸上写道："奥布朗斯基家里，一切都混乱了。"找到了好的开头，就为整部作品定了调子，故事发展的思路都要明晰了。托尔斯泰作品研究家们都称这个开头，"一下子就形成了情节纽结，开门见山，使以后的事情很快开展了。也是一下子就进入了情节。"但是，托尔斯泰还是不满意，作品完成后又不断修改。现在这部作品的开头，是在这句话前边又加了一句话："幸福的家庭是相似的，不幸的家庭各有各的不幸。"这句话已经成了经典语言。仅仅一个开头句式，托尔斯泰就如此改来改去，何况全书呢！这也正证明了修改才能出精品，成名著。说几题外话，读陈忠实的《白鹿原》，开头那句："白嘉轩后来引以为豪的是一生娶过七房女人"，便显然有和《安娜·卡列妮娜》开头的同一性，有提纲挈领之妙，只是我们需要认真体会才是。曾有材料说，托尔斯泰的作品送印刷厂后，每次校对都要修改，而且有时是大改动，以至工人们都很有意见。但托尔斯泰总是精益求精，追求完美，直到最后修改付印方为止。他奉行的是"不满意，便修改"的原则。

谈到作品的修改，链接一段材料。托尔斯泰没有得过诺贝尔文学奖，但是他创作的高度并不是一些诺奖得主可以企及的。他光辉灿烂，后来者总是仰观。《文学自由谈》2016年第一期介绍作家徐则臣时谈到，徐说"很多年里我都喜欢托尔斯泰，他是我最早拜读的大师之一。因为他写得太好了，好到所有人都在说他好。我越来越喜欢这个倔强的老头，在文学上他是大师，在世俗中他是圣人。朋友送我一幅托尔斯泰的画像，我立刻把他放在自己的书桌前，以期托翁能听见我敲打出的每一个字。"这是真正的文学粉丝对偶像的虔诚。

前几天，读到契诃夫论小说写作的文章，内中有一段从技术手段角度谈到修改出精品的问题，讲得很生动、具体。契诃夫说：写作的技巧，其实是删掉写得不好的地方的技巧。凡是跟小说没有直接关系的东西，一概得毫不留情地删掉。要是您在头一章里提到墙上挂着枪，那么在第二章或者第三章里就一定得开枪。如果不开枪，那管枪就不必挂在那儿。契诃夫还指点初学者：得把小说写得生动些吧，用动作来插在谈话中间。主人公喜欢说话，这没什么，可是他不该一连气说上整整一页。您可以让他说上一点话，然后写到：他站起来在房间里走来走去，点上烟，在窗口站住。——这真是过来人语，的确之言，手把手的指教了。

功利地看待文章的修改，请记住陀斯妥耶夫斯基的教诲：作家最大的本领是善于修改。谁善于和有能力删改自己的东西，谁就前程远大。

2016.3.19

托尔斯泰：安娜为什么自杀

　　小说中，主人公的形象一但形成，确立，便有自己的发展逻辑，甚至会偏离作者原来的构想，到头来作家只好无奈地跟着笔下的人物走，写她的哭，写她的笑，另外编排添加主人公的故事。看似奇怪，其实这是文学创作常见的现象，非常正常，可视为创作规律的。

　　帕乌斯托夫斯基说：一旦作家开始动笔，作品中出现了人物，一旦这些人物按照作家的意志获得了生命，他们就会开始对提纲提出异议，与提纲作起对来。作品开始按其本身的内在逻辑展开，而给予这种逻辑以推动力的，不用说，是作家本人。作品中的人物是按他们各自的性格行动的，虽然这些性格的创造者是作家。

　　如果作家硬要作品中的人物不按内在逻辑行动，如果作家迫使他们回到提纲的框框中去，那么他们就会开始失去生气，变成公式化、概念化的东西，变成机器人。

　　托尔斯泰写到安娜·卡列妮娜卧轨自杀，他的朋友、法官加安·鲁萨诺夫埋怨道：伯爵，你太残忍了，你为什么要让安娜自杀呢？托尔斯泰耸耸肩膀，摊开双手，无可奈何地说：我的男女主角们，常常闹出一些违反我本意的把戏来。但是，他们做的都是他们觉得应该做的事，也是实际生活常有的事，但并不是我计划中希望或安排他们做的事。

　　托尔斯泰还以普希金举例道：有一回，普希金对朋友说，你瞧，塔吉亚娜跟我开了一个什么样的玩笑。她竟嫁人了！我怎么也没有料到她会做出这种事。托尔斯泰还说："每当我思如泉涌地写作的时候，我不知道我的主人公们在五分钟之后将要说些什么。我怀着一种诧异的心情亦步亦趋地跟着他们走。"

有时，次要人物竟会排开众人，擅自当起主要人物来，从而改变了作品的整个进程，使之跟着他跑。

一部作品只有当作家动手去写它的时候，才开始真正地、有力地活在作家的意识之中。所以此前的提纲被冲破或者推翻，没有什么可大惊小怪的，更没有什么可伤心的。

相反，这倒是很自然的事，恰恰证实了真实的生活突破了、充实了作家的意图，以其充满生气的咄咄逼人的攻势，扩展了、砸烂了最初的写作提纲。

但这么说绝非贬低提纲，因为作家的作用远非仅仅表现为依样画葫芦地记录下生活所提示的一切。因为作品中形象的生命是受作者的意识、记忆、想像、经验制约的，是受他整个内心系统制约的。

一般来说，人物是作家塑造的，人物的故事，故事的发展，人物的变化、结局、性格都是作家动笔前就构想好了的。但是当作者把人物写"活"了的时候，也就是我们常说的人物"立"起来的时候，人物往往就按照自己的个性逻辑而发展，迫使作家放弃原来设想的人物个性，迁就人物性格发展的逻辑，反而被笔下人物牵着走了。托尔斯泰写安娜·卡列妮娜时，最先并没设计让她自杀，但人物活起来后，就只有卧轨自杀是合理的结局了，不让她自杀，不合她的性格发展逻辑，所以托尔斯泰说他只好违心地让主人公自杀。而实践证明，安娜卧轨自杀有震撼性，非但强化了故事性，更加强了作品的思想深度，从而成了世界文学中一个有血有肉的经典人物。

另有一则文学逸事。讲法国作家巴尔扎克写作《欧也妮·葛朗台》时，朋友来访，只见巴尔扎克满脸恼怒地斥责朋友："你使这不幸的少女自杀了！她的死亡全怪你！"朋友感到莫名其妙，但因为经常来往，知道巴尔扎克是沉迷在小说中，不能自拔而产生了幻觉。果然清醒后，巴尔扎克解释道，他原来的构思中并没有安排欧也妮自杀，写到后来，欧也妮自杀了。这是故事发展的必然，是合乎故事中人物性格发展的逻辑，他也只好顺其自然这样写，所以难过地哭了起来，把埋怨的情绪撒到正好来访的朋友身上。

还有一则创作逸事，是讲法国作家小仲马的。小仲马的剧作《私生子》是描写资本主义社会里私生子这种人的苦难遭遇的。剧中，父亲对私生子说：孩子，当我们单独在一起的时候，你可一定要允许我叫你儿子，你要叫我爸爸！儿子则回答：是，叔叔。又有一种说法讲小仲马是大仲马的私生子，这段对话实际上是发生在大小仲马父子间的故事。但是，无论怎样，这说明文学作品中人物性格的发展，他们的行动、语言都有其特殊性，有时确实不是写作者所能左右的。

2014.3.20

托尔斯泰：《复活》简介

　　《复活》的故事是 1887 年 6 月间，彼得堡区法院检察官阿费柯尼在托尔斯泰家中做客时讲的一件真实的案例，但在托尔斯泰的笔下，主人公的爱情故事、关系根本不占重要地位，作者把全部注意力集中在对现实制度的揭露上，对社会问题的挖掘上。

　　在《复活》中，地方法院的陪审员，30 多岁的聂赫留朵夫是一个有钱的贵族地主，在他参加审理的一起命案中，黑眼睛的妓女卡秋莎·玛斯洛娃被诬毒死逛妓院的商人。聂赫留朵夫认出玛斯洛娃原是他姑妈家的使女，曾被他诱惑失身后又遭抛弃。玛斯洛娃被判处服四年苦役，她当堂哭喊自己无罪，这使聂赫留朵夫很内疚，决心向她赎罪，尽一切努力来减轻刑罚以求宽恕。他多次探监，但玛斯洛娃并不宽恕他，认为他同所有的嫖客一样，只是在需要的时候把自己拿来使用一下而已。聂赫留朵夫在多次探监后了解了监狱的黑暗，不公正和残忍。聂赫留朵夫为了解救玛斯洛娃，还在首都彼得堡到处访亲告友，会见官僚，又由此看清了这些人的虚伪和丑恶。卡秋莎被判到五千俄里以外的西伯利亚服刑，聂赫留朵夫相随着，并通过疏通，为卡秋莎改换了生活环境，使其和有文化有教养的政治犯在一起生活。在他们的熏陶下，卡秋莎精神复活了，她接受了聂赫留朵夫的好意，理解了他。但她不愿意聂赫留朵夫为自己作牺牲，她爱上了政治犯西蒙松，聂赫留朵夫为此而高兴。后来卡秋莎的苦役改为流放，她可以就近选择地方自由生活了，这使聂赫留朵夫稍感欣慰，两人便做了最后的会面。会面是沉痛的，卡秋莎再也不需要他了，这使他又伤心又惭愧。聂赫留朵夫后来是在《福言》书中找到了精神的寄托。

在《战争与和平》《安娜·卡列尼娜》中，托尔斯泰曾写了贵族中一些优秀人物，而在《复活》中这些优秀人物不存在了，代之以昏暗的官僚。被凌辱被压迫的下层妇女是女主人公，而贵族男主人公则是一个罪人和赎罪者，这反映了托尔斯泰世界观的深刻转变，对社会问题认识的深化。所以俄国评论家斯塔索夫指出：《复活》是一部铁面无情的书，整个十九世纪还不曾有过这样的作品，它高于《悲惨世界》，因为这里没有一点幻想的、虚拟的、编造的东西，全都是生活本身。

评论家李美皆指出：不仅仅是聂赫留朵夫需要"复活"，玛丝洛娃甚至作者都同样存在"复活"问题。《复活》最初是从聂赫留朵夫写起的，托尔斯泰找不到感觉，陷入写作瓶颈，直到有一天，他意识到应该从玛丝洛娃写起，才脱离了瓶颈，自己也感到了复活。这是《复活》创作中的一次重大的飞跃。从玛丝洛娃写起，意味着站在弱势女性的立场，感同身受地考虑问题。然后，他看到了不同的人世，不同的男人女人和自己。这是一个极具启示意味的案例。

2009.11.15

《玉堂春》和《复活》辩

世界很大，故事很多，有些故事类同得有些让人惊讶！

中国有本戏叫《玉堂春》，讲妓女苏三和文人王景龙相恋，后分手，被卖给山西洪洞商人沈彦林为妾。沈妻毒死沈，嫁祸于苏三，告至官府。审理苏案时，王景龙为参审官，在其他官员的帮助下，苏三得以明冤，遂以喜剧结局——王景龙接回苏三。

19世纪80年代的俄国，彼得堡法院审理了这样一件案子，妓女罗萨莉娅·奥尼被控告偷了"客人"一百卢布。陪审员中有一个贵族青年，几年前占有过罗萨莉娅，后来又抛弃了她。现在这个贵族青年受到良心的谴责，想娶她为妻。但事情进行中，罗萨莉娅却在狱中患病死去，贵族青年亦不知去向。故事以悲剧结束，其结果是托尔斯泰据此写出了长篇小说《复活》。托尔斯泰说这是一部"像《安娜·卡列尼娜》那样广阔的、不受拘束的小说"。

为什么中国的文人没有把《玉堂春》写成中国的《复活》呢？这是值得深思的。但托尔斯泰是怎么写作这部书的，对一般文学爱好者却更有启迪。

《复活》反映的生活面非常广阔，写了法庭、监狱、官场、乡村、贵族家庭、教会，为此，托尔斯泰细致地做了调查采访。有这样一个故事：莫斯科布莱尔监狱看守维诺格拉多夫晚上回家时，被一个身材高大、驼背的老头儿拉住，寒风中，老头儿穿一件短皮袄，帽子低低地压在额头上，要和他谈谈监狱犯人的情况。看守说这是保密的，不能外泄，但老头儿很固执,说他非常需要这方面的材料来写东西。看守这时认出了托尔斯泰,马上改变态度,把他领进家中,详细地讲了监狱内特别是关押犯人的情况,为托尔斯泰提供了最有用的创作素材和细节。

1889 年,托尔斯泰 61 岁时,动笔写《复活》,历时十年,1899 年完成。列宁指出,托尔斯泰晚年作品,"对现代一切国家制度、教会制度、社会制度和经济制度都做了激烈的批判。"

2009.11.15

高尔基：初学写作

每一个著名作家成长的故事都会对初学写作的人有着很大的鼓舞作用，对文学爱好者有很强的吸引力，他们是怎么走上文坛的？是如何受前辈作家扶植的，他们的作品又是如何得以问世的，等等。在一本通俗小册子《高尔基及其创作》中，讲到高尔基走上文坛的故事就很吸引人，有必要为大家转述。

高尔基曾两次漫游俄国，1891年11月，他经过长途跋涉，到了高加索的第弗里斯，在铁路机器厂打工。这时他认识了民意党人卡柳日内。卡柳日内看到高尔基有丰富的生活经历，又善于讲故事，就劝高尔基从事写作，写出自己的亲身经历和见闻来。高尔基告诉卡柳日内，自己在比萨拉比亚流浪时，听到一个叫马卡尔·楚德拉的老吉普赛人讲的拉达和左巴尔的传说很有意思，他可以先把这些故事写出来。卡柳日内要他不要处理成一般的故事，仅仅好听而已，那不行，要有变化，加进自己的想象，丰富内容，写成小说。

1892年9月，高尔基把小说写成了，题目就叫《马卡尔·楚德拉》。也许是初学写作，还不善于选取表达形式，同时也为了简洁，高尔基以老茨冈人马卡尔讲故事的形式以很浪漫主义的笔触刻画了两个坚强不屈的性格。写了青年左巴尔和少女拉达的热恋。自由高于一切，左巴尔为了自由不惜牺牲爱情和生命。歌颂了坚强勇敢，弘扬了英雄主义。

小说写成后，卡柳日内很是欣赏，立即把它介绍到《高加索报》发表。他带领年轻人进了编辑部，作了介绍。大家都劝高尔基起个笔名，这是当时很时髦的做法。高尔基原名阿列克赛·马克西莫维奇·彼什科夫，他像胸有成竹一样，当即就说叫高尔基好了。马克西姆·高尔基，这在俄文中的意思是"最大的痛苦"。这个"痛苦"后来感染了整个世界。1925年，高尔基致信卡柳日内，深情写道："三十多年来，我遇见过的人数以万计，其中有不少伟大和个性鲜明的人物，但谁也不能挡住您在我心目中的形象。因为您第一个真正像对待人那样对待我，第一个不把我看成奇特的青年，不把我看成是无目标的流浪者和虽然怪有趣然而也可疑的人。您第一个使我严肃地看待自己。我感激您使我走上为俄国的艺术服务的道路，在这条路上我已经走了三十多年。"读着高尔基的这段话，我真感动不已，我为高尔基的人品折服。是的，一个人要学习一门知识——不单是文学创作，就要拜师学艺，就要有一个"同学圈"。你不能学成了欺师灭祖，也不可嫉妒同学有成就比自己强而在背后放暗箭，这是小人行为。清心寡欲，沉下心来，向师友学习，坚持下去，你就会做出成绩来。

2013.8.7

高尔基：走上文坛

高尔基认为他的一生中有四位导师，对他的成长起着重要作用。这四个人依次是厨师史穆来，律师拉宁，民意党人卡柳日内和文学家柯罗连科。卡柳日内对高尔基的鼓动起到了强大的作用，而柯罗连科则是在启动了的机车后又重重加推了一把。

高尔基最初见过柯罗连科，作家对他的《老橡树之歌》不看好，鼓励他多多熟悉生活。那时他不叫高尔基，叫的本名儿。开始以高尔基为笔名进行写作后，文章发得多了，受到了柯罗连科的注意，他尽管不认识，还是想提携这个有发展前途的高尔基，予以指导。这和中国人的观念相同，得英才而育之，诚乐事耳！1894年夏天两人见面了，柯罗连科这才发现高尔基便是当年那个文学小青年阿列克赛。他高兴地说："你的作品开始发表出来了，向你道喜！原来您很固执，还老是爱写讽喻，当然这两点并不都是缺点。看过您最近写的几篇文章，很好，很有独创性，就是结构安排得不是完全妥当，有些粗糙，但是，写得倒是很有趣味的。"

高尔基这时还只是个初学者，在大作家面前不免惴惴不安，小心地问道："您认为我有写作前途吗？"

柯罗连科认为这根本就不是问题，所以诧异地说："您不是已经写了，而且发表了吗？要是您想听我的意见，那就把稿子带来我们谈谈。"

高尔基当然喜出望外了，他没有想到柯罗连科是这样的平易近人，乐于助人，注意提携文学新人。

两人在大清早的郊外边走边谈，柯罗连科告诉高尔基，他有写作功底，很好。只是写得匆忙，太多，有些地方写得不完全，表达得还不清楚。当然，这要经过一段练习，边写边琢磨。他劝高尔基写更长一些的东西，不要纠缠在、停留在满足于小故事的发表，要向中长篇小说写作方向去发展。高尔基还担心自己的能力，柯罗连科则鼓励道："是该动手的时候了，孩子你写吧，我帮你发表！""这就是真正的大作家的胸怀和气度啊！"高尔基暗想。

两天后，高尔基写了短篇小说《切尔卡什》送给柯罗连科，作家看后高兴地说："一气呵成，真正的一篇好小说啊！您所写的人完全是按照自己奇特的逻辑发展行事，自然、真实。我要把他发表在《俄罗斯财富》的头条。"这个杂志是当时莫斯科的一种大型月刊，能发表而且放在头条表示着一种尊重和荣誉，证明文学界已经承认他的文坛地位了。

柯罗连科极力扶持有希望的青年作者，他不但帮助高尔基发表文章，而且帮助他在萨马拉报社找到工作。就此，写作成了高尔基终生的事业，俄罗斯有了自己的文学新秀。

高尔基知道，是柯罗连科最后举起双手把自己托起来的。师父引进门，修行在自身，师不必胜过弟子，弟子不必不如师，高尔基后来的文学成就大于柯罗连科，但他永远感谢这位老师。

2013.7.19

高尔基：简洁、细腻的文笔

知道高尔基是在中学时期，课本里选有《海燕之歌》，记住了那一句名言："让暴风雨来得更猛烈些吧！"了解高尔基是在上大学和在陕南工作的时候，两次读他的《在人间》，每次都有收获。深深地为高尔基描写世态人情，写景之优美，写人之鲜活，行文之流畅，语言的风趣幽默所折服。看得极为认真，字斟句酌，对我后来的散文写作影响极大。可以这么说，高尔基的作品随时拿起都可以读下去，随便翻到哪一页都会被吸引。近日读"同心出版社"为青少年编选的高尔基小说散文集《海燕》，随手抄记了一些段落，从中也可以看出高尔基的写作风格和对读书的重视。

拉吉姆胸膛朝下地伏在沙滩上，头朝着大海，两只胳膊肘支着身子，下巴颏搁在手掌心上，沉思地望着阴暗的远方。(《鹰之歌》)

丹柯忽然用双手撕开自己的胸膛，从里面挖出自己的那颗心，把它高高地举在头顶上。

那颗心正像太阳一样明亮地燃烧着，甚至比太阳还更明亮，整个森林静默无声了，都被这个对于人类伟大的爱的火炬照得通亮。而黑暗也因为它的光亮向四面八方逃跑了，躲进森林的深处战栗着，或者坠入到泥沼的深处去。人们呢？大惊失色，变得像石头一样。"我们走吧！"丹柯高叫着，他冲到所有人的前面的位置上去，高高地举着那颗炽燃的心，给人们照亮着道路。《伊则吉尔老太婆》

外祖母说话好似在用心地唱歌，字字句句都像鲜花那样温柔、鲜艳和丰润，一下子就牢牢地打进我的记忆里。她微笑的时候，那黑得像黑樱桃的眼珠儿睁得圆圆的，闪出一种难以形容的愉快光芒，在笑容里快活地露出坚固的雪白的牙齿。虽然黑黑的两腮有许多皱纹，但整个面孔仍然显得年轻，明朗。但这面孔却被松软的鼻子、胀大了的鼻孔和鼻尖儿给弄坏了。她从一个镶银的黑色鼻烟壶里嗅烟草，她的衣服全是黑的，但通过她的眼睛，从她内心却射出一种永不熄灭，快乐的，温暖的光芒。她腰弯得几乎成为驼背，肥肥胖胖的，可是举动却像一只大猫似的轻快而敏捷，并且柔软得也像这个可爱的动物。(《童年》)

我读的越多，书籍也就更加使我和世界接近。生活对我来说也就愈加光明，愈加有意义。我看见有许多人。他们生活得比我更坏，更困难，这就稍微给了我一点安慰，不去和凌辱人的现实妥协。我同样看见有许多人，他们善于有趣的和快乐的生活。而我的周围却没有一个人会这样生活，差不多在每本书里面，都有某种令人不安的，吸引着人到未知的地方去和触动着人的心灵的东西在发出轻轻的呼唤，所有的人这样或那样地受着苦。大家都不满意生活，想寻找某种更美好的东西，于是他们就变得更加亲近和更加容易理解了。书籍用对于美好事物的忧虑，笼罩整个大地，整个世界。其中每本书都是用符号和单词印在纸上的心灵，只要我的眼睛我的理智和他们一接触，这些符号和单词就复活了起来。

我读书的时候，经常读得哭起来，书中那样好地讲到人们的情形，因此这些人也就变得可爱而又亲近了。而我这样一个被愚蠢的工作弄得异常苦恼和受尽愚蠢的辱骂的孩子，对自己立下庄严的誓言，当我长大的时候，我要去帮助别人，真诚地去为他们服务。这些书籍就像神话故事中奇异的鸟儿一样歌唱着生活的丰富多彩，歌唱着人在追求善和美的勇敢，这样愈是听下去，心里就愈加充满了健康的和奋发向上的精神，我变得更加平静了，更加对自己有信心，更加有条有理地工作着，而更少去注意生活中无数的屈辱了。

每一本书都像一个小的阶梯，我沿着它向上爬，从兽类上升到人类，上升到更美好的生活的境界和对这种生活的渴求。我脑子里装着读过的

东西，觉得那像是一个装满了能使人起死回生的琼浆的瓶子。(《我童年的读书故事》)

热爱书籍吧，他会减轻你们的生活痛苦，它会友爱地帮助你们辨明五光十色和混乱纷杂的思想，感情和时间，它会教会你们去尊敬别人和你们自己，它会用对于世界和对于人类的爱为你们的理智和心灵插上翅膀。

热爱书籍吧，这是知识的源泉，只有知识才有救人的力量，只有它才能使得我们成为精神上强有力的、真诚的、有理智的人。这样的人才能真诚的爱人，尊重人的劳动，衷心地赞赏人类不断的劳动所产生的美好的果实。(《我童年的读书故事》)

2012.7.4

高尔基：向法国文学汲取营养

在新中国，大家公认受苏俄文学影响巨大，而在苏俄作家们则又认同受法国文学影响很深。高尔基在《谈谈该怎样学习写作》(《论文学》人民文学出版社，1978年版)中用较大篇幅热情地就此做了解读。他说——

外国文学曾给我丰富的用来比较的材料，它的卓越的技巧使我惊奇。它把人物描写得那样生动和优美，以致我觉得仿佛是肉体上都可以感触到他们，而且我认为他们总比俄国人更积极些，——他们讲话少，做事多。

"优秀的"法国文学——司汤达、巴尔扎克、福楼拜的作品对我这个作家的影响，具有真正的、深刻的教育意义；我特别要劝"初学写作者"阅读这些作家的作品。这是些真正有才能的艺术家，最伟大的艺术形式的大师，俄国文学还没有这样的艺术家。我读的是俄文译本，然而这并没有妨碍我体会到法国人的语言艺术的力量。在读了许多"低级趣味"的长篇小说，在读了玛伊恩·李德、古柏、库斯塔夫·埃玛尔、彭松·杜·台拉伊尔的作品以后，这些伟大艺术家的小说在我心里引起了一种奇异的印象。

我记得，我在圣灵降临节这一天阅读了福楼拜的《一颗纯朴的心》。黄昏时分，我坐在杂物室的屋顶上，我爬到那里去是为了避开那些节日的兴高采烈的人。我完全被这篇小说迷住了，好象聋了和瞎了一样——我面前的喧嚣的春天的节日，被一个最普通的、没有任何功劳也没有任何过失的村妇——一个厨娘的身姿所遮掩了。很难明白，为什么一些我所熟悉的简单的话，被别人放到描写一个厨娘的："没有趣味"的一生的小说里去以后，就这样使我激动呢？在这里隐藏着一种不可思议的魔术。我不是捏造，曾经有好几次，我像野人似的，机械地把书页对着光亮反复细看，仿佛想从字里行间找到猜透魔术的方法。

我熟悉好几十本描写秘密的和流血的罪行的小说。然而我阅读司汤达的《意大利纪事》的时候，我又一次不能了解：这种事怎么做得出来呢？他所描写的本是残酷无情的人、复仇的凶手，可是我读他的小说，好像是读《圣者列传》或者听《圣母的梦》——一部关于她在地狱中看到人们遭受的"苦难的历程"的故事。

当我在巴尔扎克长篇小说《驴皮记》里，读到描写银行家举行盛宴和二十来个人同时讲话因而造成一片喧声的篇章时，我简直惊愕万分，各种不同的声音我仿佛现在还听见。然而主要之点在于，我不仅听见，而且也看见谁在怎样讲话，看见这些人的眼睛、微笑和姿势，虽然巴尔扎克并没有描写出这位银行家的客人们的面孔和体态。

一般说来，巴尔托克和其他法国作家都精于用语言描写人物，善于使自己的语言生动可闻，对话纯熟完善，这种技巧总是使我惊叹不已。巴尔扎克的作品好像是用油画的颜料描绘的，当我第一次看见卢本斯的绘画时，我想起的就正是巴尔扎克。当我阅读陀思妥耶夫斯基的疯狂似的作品时，我不能不想到，他正是从这位伟大的长篇小说巨匠那里获得很多教益。我也喜欢龚古尔兄弟的像钢笔画那样刚劲、清晰的作品，以及左拉用暗淡的颜料描绘的晦暗的画面。雨果的长篇小说没有引起我的兴味，甚至《九三年》我也很淡漠地就读过去了。这种淡漠的原因，我在读到安那托尔·法朗士的长篇小说《神们在期待》以后才开始明白。我读司汤达的长篇小说，是在学会了憎恨许多东西之后，他那沉静的语言，怀疑的嘲笑，大大地坚定了我的憎恨。

从以上所说的关于各种作品的全部意见中可以得出这样一个结论：我是向法国作家学习写作的。这虽然是偶然造成的，可是我想这并不是坏事，因此我很愿意奉劝青年作家学习法语，以便阅读这些巨匠的原著，并向他们学习语言的艺术。

我在相当晚的年代才阅读"优秀的"俄国文学——果戈理、托尔斯泰、屠格涅夫、冈察洛夫、陀思妥耶夫斯基、列斯科夫的作品。列斯科夫的惊人的知识和丰富的语言，无疑曾影响了我。一般说来，这是一个杰出的作家和精通俄国生活的专家，这个作家对我国文学的功绩还未得到应有的评价。安·巴·契诃夫说过，他从列斯科夫那里得到许多教益。我想，阿·列米佐夫大概也会这么说的。

我之所以指出这些相互的关系和影响，为的是要重说一遍，一个作家必须具有外国文学和俄国文学发展史的知识。

2015.7.7

马克·吐温：笔名的故事

马克·吐温，美国作家，著名的以幽默讽刺见长的文学大师。他的《哈克贝利·费恩历险记》《竞选州长》等作品脍炙人口。这个笔名的意思一般说法是指 12 呎，这是轮船航行时的最小水深，马克·吐温以此取了笔名。其实，在此之前已有人以此为笔名了，马克·吐温不过是继承而已。

马克·吐温（1835—1910），原名塞缪尔·朗荷恩·克莱门斯。1857年 6 月，马克·吐温在密西西比河上学习领航，开始了四年之久的航行生涯。1858 年，他在高速客轮"宾夕法尼亚号"上领航，23 岁，年轻气盛，好开涮别人以为乐事。船长叫埃塞亚·塞勒斯，年近七旬，头发乌黑，身材高大，仪表不凡，是密西西比河上的老水手，年高德重，才智超群。任何狂妄自大、目空一切的领航员，都不敢在他面前指手画脚。塞勒斯船长阅历丰富，喜欢文学，平时写点小品文寄给报社，报纸也乐意发表他写的那些奇闻趣事。他发表作品的时候，署名就是马克·吐温，12 呎，最浅水深了。1859 年，塞勒斯船长在《新奥尔良小人物报》上发表一篇文章，预测第二年新奥尔良街上水深将达 40 呎，大黑岛上种植园将全部被水淹没，而且，这是自 1815 年以来前所未有的。这篇文章本也只是猜测而已，却在市民中引起恐慌和不安。赛缪尔——即后来的马克·吐温——不赞成这种预测，他想开老船长一个玩笑，竟不知天高地厚，写了一篇尖刻的讽刺小品在《新奥尔良三角洲实况》发表。两份报纸，两种观点，引起人们极大的兴趣，纷纷参与，众说纷纭。塞勒斯船长看到赛缪尔的挖苦文章很伤心，加之年事已高，便灰心了，不再写作。赛缪尔没有料到竟如此伤害了老船长，很是后悔，但后果已无法更改。

1862 年，赛缪尔离开航船到费吉尼亚城的《事业报》当记者，一天编辑部收到电讯，通报用马克·吐温做笔名的塞勒斯船长去世。赛缪尔对自己以前的恶作剧深感内疚，为了表示赎罪，他决定继承"马克·吐温"这个笔名，以此表示自己对这位老前辈的敬意。

从此，赛缪尔成了后来广为人知的那个真正的马克·吐温，纵横文坛。山寨版形成了正版，这自然是马克·吐温有这份天赋、才能和灵气。

马克·吐温写了多部长篇小说和 90 余部中短篇小说，每一部书都是传世佳作，其中最为世人和评论家看好的是《哈克贝利·费恩历险记》。有论者说，这部书是美国文学史上一座里程碑，也是美国民族文学语言风格确立与成熟的分界线。这是一本能满足不同层次阅读需要，引发不同深度理解的好书。名著经久不衰的魅力也正在于此。

1935 年，海明威曾无比崇拜地写道：一切现代美国文学来自马克·吐温写的一本书，叫作《哈克贝利·费恩历险记》。这是我们最好的一本书。美国文学创作从这本书来。在这以前没有什么好东西，打它以后的东西也没有这么好。

学习马克·吐温，海明威提高了自己，1952 年他写出了最著名的作品《老人与海》，1962 年获诺贝尔文学奖。比起马克·吐温他青出于蓝，毫不逊色。

美国另一位诺贝尔文学得主威廉·福克纳对马克·吐温更是推崇备至。他说："马克·吐温是第一位真正的美国作家，我们都是他的后继人。"

2015.7.19

马克·吐温：我将生活在文学中

　　很少有商人成为作家的，同样，也很少有作家成功地做成商人的。美国著名作家马克·吐温从小做着发财梦，当过水手、排字工、淘过金，就是成为了著名作家，依然为经济困扰，依然想着经营实业，多种渠道取财。1884年，他出资组建了韦伯斯特出版公司，这样，单是出版自己的著作，每年至少收入25000元，而让别人出版，每年版费收入还不到3000元。韦伯斯特公司接连出版了《哈克贝利·费恩历险记》和《格兰特将军回忆录》，大获成功。1885年成了韦伯斯特公司最辉煌的一年，前景灿烂，马克·吐温还分得4万元利润，发了大财。但好景不长，自1886年春开始，公司即因经营不善走了下坡路。延到1891年，马克·吐温抵押掉居所，全家心境凄凉地远移意大利，在佛罗伦萨租房度日。这时又逢美国经济危机，韦伯斯特公司陷入了绝境，不得不于1894年4月宣告破产，债务已达94000美元。从法律上讲，马克·吐温只是个投资者，不是经营人，不负有偿还这些债务的责任，但他还是决定分文不少地还清这些债。尽管这时他没有钱，他需要挣出这些钱。他的债主多达96个，大多是经营墨水、纸张和图书装订业的小业主。马克·吐温同情和怜悯他们，不想让这些人因为自己的公司而连锁式地破产倒闭。美国的房产本是夫人莉薇名下的财产，莉薇和丈夫一样厌恶欠债，便硬是狠着心把房子彻底卖掉了还账。同样糟糕的是马克·吐温还投资了排字机的发明，发明亦宣告失败，又是十几万元打了水漂。困难完全可以击倒他。但是，马克·吐温是条硬汉子，他具有一般人没有的勇敢、坚定和毅力，为了维护自己的尊严和荣誉，他依然要奋斗，一切从头开始，辛勤地写作、演讲，借以还账。他高呼："再见吧，长久的再见吧，商务！我将永远不和你发生关系了，我将生活在文学中，我要埋头于文学，我将浮游于墨水之中。"就是在这段时间，马克·吐温顽强拼搏，努力写作，在异国他乡，相继完成了《汤姆·索亚历险记》《傻瓜威尔逊》《百万英镑》《亚当日记》以及部分《贞德传》。他先后在瑞士、瑞典、奥地利等国辗转演讲写作，他最出色的中篇小说《败坏了赫德莱堡的人》就是这时写作的。1898年1月，马克·吐温终于全部还清了韦伯斯特公司的债务，当他把最后一笔钱从邮局寄出后，长长地出了一口气，兴奋地大声喊道："在我一生中，我第一次觉得非常愉快，我付出金钱的快乐比我收入金钱的快乐更大。"美国报纸把他偿还债务，承担责任，维护荣誉的勇敢行为同英国作家瓦尔特·司各特相提并论，称他是美国的司各特。无债一身轻。1900年，马克·吐温一家结束了长达九年的流浪生涯，重返美国，这时，马克·吐温已是66岁的老人了。

马克·吐温于1835年11月30日出生于美国密苏里州的佛罗里达村，这一年哈雷慧星划过太空。哈雷慧星每76年拜访一次地球。所以，长大后的马克·吐温预言，他将随着哈雷慧星的再次到来而离开人间，一语成谶，1910年有4月19日哈雷慧星出现在地球上空，四天后，马克·吐温去世。弥留之际，陪在他身边的是二女儿克拉拉。大作家的生与死的确与众不同。

2015.7.20

阿·托尔斯泰：观察眼光要独特

阿·托尔斯泰的长篇小说《苦难的历程》前后写了有 20 年。作者自称"这是我全部创作中一部主要的作品"。并说：《苦难的历程》就是作者的良心所经受的一段痛苦、希望、喜悦、失望、颓丧和振奋的历程，是对于整整一个巨大时代的感受。这个时代从第一次世界大战的初期开始，直到第二次世界大战的初期才告结束。1934 年，阿·托尔斯泰在和青年文学爱好者座谈时讲自己的创作经验，讲到了对人物的观察，和法国作家福楼拜讲观察事物的经验同样有益，可相互参阅。

阿·托尔斯泰说：

请你们把眼前所看到的东西写出来，请你们站在山岗上俯瞰一下城市四周或者观赏一下自然景色。在这幅自然景色的中央地区，有一座湖，一幢房子，一家工厂，一座森林，这一切尽入你们的眼底。至于其他方面的景物，那就比较模糊不清了，而且那些处在你们背后的景物，你们是根本不能看见，也是不能去加以描绘的。可是，在有些青年作家的作品中却是这样的情况：你读着，思索着，感到这样的东西在这儿事实上是根本不可能看见的。所谓要找一个直接的立脚点，道理也就在这里。

其次，还有一个更为重要的东西，——就是人物本身的观察。比方说，你们去描绘一个叫依凡·依凡诺维奇的人。他正在街上走，可是，你们知道，他当时的心情是非常阴郁的。因而当你们去描绘依凡·依凡诺维奇的时候，你们就应该用那心情阴郁的依凡·依凡诺维奇的眼光来刻画大街的景色，这是因为他是决不会在大街上看到什么令人感到愉快的情调的。即使有着绚丽的阳光，然而在他看来，却是一片迷蒙、阴暗和泥泞。如果你们在描写依凡·依凡诺维奇，那就应该知道：他有什么样的身体，他走路的姿势怎样，他的胃好不好（如果他有胃炎，那么他讲话的口气就会是不愉快的，而且形诸于色）。这一切，你们都应该看在眼里。在没有把这些看清楚之前，千万不要动笔去写，然而，一旦当你们把这些都看清楚之后，你们的语言就具有精确性了。你们也就会运用依凡·依凡诺维奇的手势动作了。

这种立脚点和人物本身的观察，对于写作来说，是绝对必需的东西，而且，这个立脚点也可以转移。

如果你们去描绘一幅有两个人的场面，那你们就会时而从这个人，时而又从另外一个人那里看到各种对象所处的位置，但是，你们却一定得从某某人的眼睛去观察才行。当你们在写一句话的时候，你们就应该了解，并且应该十分明确地知道，这是谁在观察，是谁的眼睛在看，因为不能"笼统地"去写。笼统地描写自然也会抓住一些东西，可是，一旦你们决定了一个立脚点，并且能够用某某人的眼睛去进行观察的时候，那就会取得既精确而又鲜明突出的效果了。

1945 年阿·托尔斯泰去世，享年 72 岁。

2016.10.9

阿·托尔斯泰：结构和虚构

写作《苦难的历程》三部曲的苏联著名作家阿·托尔斯泰热心培养青年作者，诚恳地向他们传授自己的创作经验。在 1934 年 4 月工会出版社列宁格勒分社组织的文学辅导会上，阿·托尔斯泰结合自己的作品深入浅出地谈了创作体会。

我建议青年作家还是从短小的短篇小说写起。我们当中有些作家一开始就搞大部头的东西……这也是非常危险的事情，因为有许多青年作家在他的长篇小说还只写到一半的时候，往往就把他在小说的开头所写的东西忘记得干干净净了，从而弄得失去了方向。其实必须养成这样的习惯：要随时随地照顾到自己的整部作品。对于整个作品，应该心中有数。可是，要作到这一步，就得学习，必须从小小说，短篇和中篇小说写起。遗憾的是在我们这里像这样的初学写作者还不多见。

所以，结构，这首先是指确定目的，确定中心人物，其次，才是确定其余的人物，他们沿着阶梯自上而下，环绕在中心人物的周围。这，就如同一座建筑物的建筑结构一样。每一幢建筑物都有其目的，有它自己的正面，正面的最高点，一定的规模及一定的形式。

历史著作的写作，就跟在任何一种艺术品里的情况一样，首先需要的是作品的结构和布局。什么是结构呢？

这首先就是要确定一个中心，艺术家所注意的中心。艺术家——作家不可能以同样的兴趣、同样的感情、同样的激情来对待不同的人物，正如一个艺术家在一幅画面上不能有好几个中心一样。比方说，旁边画的是树，中间画的是人物，右边是房子，房子的后面是森林。再往下，就是一般的景物，等等。这一切都不可能用同样精确的程度，同样细致的笔力，同样色彩的力量刻画出来。在任何一幅画里都应该有一个中心。中心也就是这幅画的含义所在、这幅画的思想所在。当然，这对于艺术家来说是困难的，但却是主要的东西。

关于虚构，一般地说，虚构得愈多愈好。这才是真正的创作。但是，应该是这样的一种虚构：虚构出来的东西在你们那里已经产生出一种绝对真实的印象。没有虚构，就不能进行写作。整个文学都是虚构出来的。这是因为生活就是分散在平面、表面、空间和时间上的。举一个例子来说，有一个人在他的工作日，或者在休息日里，讲出一句对他来说有着重大意义的话；过一个星期，他讲出另外的一句话；而过了一年，他又在另外的环境里讲出第三句同样重要的话。或许，甚至就没有讲，你们就要使他在特定的环境里集中地把这样的话讲出来，这就是生活的虚构。但是，在这样的虚构里，生活比它本来的面貌还要显得真实。再举这样的一个例子；你们拿来字模，制出无数的字母，然后将它们一丢，让它们分散开来，那么根据概率论（这是一门科学）的定律，它们有可能成为人们写出来的作品，它们会变成所有的词汇、所有的文集。虽然有这样的一种可能，但是你们却想不出一种十拿九稳的办法来作到这一点，因为，要作到这一点就得花无数的时间。如果事实上并不曾有过普希金这个人，那么，根据概率论的理论，他也会存在。艺术跟这完全一样，因为它就是要把那分散开来的生活、把无数分散开来的物体收集起来、集中起来。这样，你们就看到那比之生活本身还要重大得多的现实主义了。

2014.10.12

阿·托尔斯泰：环境描写要真实

苏联作家阿·托尔斯泰还曾写有历史小说《彼得大帝》，在谈到这部小说的人物塑造时，他说：

历史小说中主要的东西到底是什么呢，那就是去塑造时代的人物。迄今为止所写出来的大多数历史小说，都把人物作为历史的推动力。可是历史人物却往往是脱离了环境在进行活动，把这样的历史人物移到任何一个时代里去，他都会做出完全同样的行为。这样来编写小说，是不对的。

人是时代的产物。人的成长，跟在肥沃的土地上的树木的成长一样，可是，强有力的巨人却反过来推动着时代的事件。虽然他只能在一定的条件下推动时代的事件，但他的确可能滞缓或加速这些事件的发展。历史上的这种人物，是文学中的新东西；因为我们是从马克思主义的观点来提问题的。但是，塑造人物是艺术家的一项重大任务。我在《彼得大帝》第二部里，就是把这个问题作为主要的任务之一来处理的。在我的长篇小说里，中心就是彼得大帝这个人物。至于所描绘的其余那些伴随他的人物，根据他们不同程度的重要性，用墨递减，刻画也逐渐粗疏。有一些这样的人物，他们只是露一露脸，作一个什么手势动作或者讲一句什么话。有的时候，碰到一个有趣的人物，即使把整整一章的篇幅用在他身上，看来好像也是值得的。但是，往往在这样的时候，却必须对自己加以克制，不能因小失大。艺术家的感情不应容许他去作这样的事情，不管这一章是怎样妙笔生辉。必须克制自己，否则就会造成很大的累赘，即使写得非常出色,也是一个累赘。在这里提醒作家的就是艺术家的嗅觉、节度感和结构感。

不要预先就把结构讲出来或者把它编出来。我可以这样说,甚至连一个艺术提纲,一个详细的纲要也是编制不出来的。你们应该有一个用来表达自己的强烈的愿望的大纲。依我看,这种强烈的愿望的社会性愈浓愈好。长篇小说应该根据规律,根据运动着的生活来进行创造。

你们所创造的人物往往一写出来,就开始独立地支配自己的生活。至于说到描绘你们所熟悉的人物,那就是相处如老友了。所需要做的只是稍稍推动推动:"你往哪儿走?别跑到这儿来,往那儿去……"

可见,对于已经达到这样境界的作家来说,当他笔下的人物开始过着独立自主的生活的时候——,开始过着活生生的人的生活的时候,这就是创作的最高境界。这时,他就有把握:这将是真正的生活真实。当然,这就需要有高超的结构感,能知道哪些事情不应当做,否则就会越出你们的长篇小说的范围;这时,结构感支配着作家的全部身心,占有了他的思想、感觉和感情。这样的结构感是可以获得的,必须学习,而且主要的是要从错误,从实践中去学习。

2014.10.12

歌德：生活之树常青

唐代大诗人刘禹锡写的《陋室铭》中有句名言："谈笑有鸿儒，往来无白丁"，这是讲人生修养，讲交朋结友的，你想当小说家照此去做就会被误导了。小说家就是要广泛结交社会上各种人，观察他们、研究他们，描写他们的生活、编成故事，演绎成作品。

美国著名小说家杰克·伦敦（1876—1916）生长在一个穷苦农民家庭，为生活所迫，青少年时代当过报童、工人、水手，要过饭、淘过金、还曾被捕入狱，罚过苦工。他的生活经历丰富，写作时取材范围就广泛，《马丁·伊登》一书就是取材于他的水手生活。而且，杰克·伦敦一生交友极广、工人、农民、流浪汉、乞丐等都是他的座上客。他请他们吃饭，和他们聊天，然后把谈话内容仔细记录下来，作为日后宝贵的创作素材。为了获取创作素材，他甚至千方百计地深入到具体的生活场景中。1902年，他为了写作揭露资产阶级对工人残酷剥削的作品，便化装成落难的水手，深入到英国伦敦东区的贫民窟，出没于工人家庭和难民收留所，和难民们一起排队领取面包，一起露宿街头和公园。他似乎什么都想知道，人们也都喜欢满足他的愿望，和他交朋友。三个月后，杰克·伦敦提着一手提箱材料回到美国，写出了报告文学《深渊中的人们》。法国小说家，"短篇小说之王"莫泊桑活了45岁，世人无比惋惜，杰克·伦敦可惜只活了40岁，可是他写了多少脍炙人口的好作品啊！他最著名的短篇小说《热爱生命》，据说无产阶级革命家列宁就是在夫人克鲁普斯卡雅读这篇小说时缓缓死去的！

人生短促、不可能事事都亲历，正如写妓女不可能当妓女，写小偷不可能去偷窃，都需要间接取材以研究社会。写过《风雷》的安徽著名作家陈登科有一句名言：好打听是非是作家的基本功。这话说得老到、扎实，确属经验之谈，因而他的小说写得很好看。所以一个人要想当作家，就得既有鸿儒好友，又与白丁为伍才行，还是德国大作家歌德说得好：生活之树常青。

帕乌斯托夫斯基在《金蔷薇》中谈到如何向民间学习生动的俄语时的一段文字，其实也谈到了在生活中采风的必要性和方法。他写道：要想听到农村中的——而且不仅是农村中的——形形色色的新闻，要想听到闻所未闻的机智的格言，以及难以置信的故事，只有到用草屑填没一道道缝隙的摆渡船上去，只管坐在一边，在两岸之间渡来渡去，一边抽着烟，一边竖起耳朵来听。

所有渡船的船主都是闯荡江湖的过来人，他们几乎都喜欢讲话，而且无不妙语连珠。特别是黄昏的时候，他们就益发饶舌了。这时人们已不再有事没事来来回回地渡河，太阳静静地往陡岸后边落去，蚊子成团地在空中旋舞，发出聒耳的蚊雷。

这时，他们已可以消消停停坐在木棚旁的长板凳上，用暗示的办法向某个不急于上什么地方去的外地客人讨支烟，一边伸出由于拉钢缆而变得粗糙的手指接过烟来，一边照例要说："这烟真淡，纯粹是抽着玩儿的，连烟瘾都刹不住。"可是他们尽管嘴上这么说，却津津有味地抽着，同时眯起眼睛望着河，打开话匣子。

总之，在渡口，在码头上（人们称它们为浮码头或者轮船码头），在趸船上，都聚集着众多的船民。他们有特殊的习俗和传统，那里的生活是热闹的，形形色色的，这种生活为我们研究俄语提供了丰富的养料。

2014.3.17

乌斯曼：经历是创作的富矿

高尔基、狄更斯、马克·吐温的丰富经历促成了他们创作的丰富，这是尽人皆知的了，他们是大家，是经典作家。其他一些著名作家同样如此。可以这样说：有丰富的经历虽然不能保证你成为作家，但你拥有的阅历却一定会提升你创作的水平。

在杜渐写的《书海夜航》中，他讲到了许多亚非地区的作家，讲到了他们丰富的经历和创作关系，对业余作者同样很有启迪。

非洲塞内加尔的小说家塞姆贝·乌斯曼 1923 年 1 月 8 日出生，家庭以捕鱼为业，他自幼即跟随父亲在家乡的卡萨曼斯河打渔，父亲悉心培养他，希望他长大后也成为一个捕鱼能手，但他希望去当工人。他说服父亲，进了一所技术学校，但又因经济困难辍学，离乡背井到达喀尔去做工。他干过不少工作，当过铅管工人、泥水匠、技工学徒、火车头仓库的技师，是一个完全的体力劳动者。

第二次世界大战爆发后，他被强征入伍，在意大利和德国打了四年仗。战后，他到了法国的马赛港，成了一个码头工人，参加了产业工会，当上了工会领导人。这时他一有空闲就如饥似渴地读书，并开始用法文学习写作。1956 年写出第一部自传体长篇小说《黑色码头工人》，立即引起法国文学界的重视。后来他又写了许多长篇和短篇小说，享誉欧洲和非洲，将文学活动与非洲人民争取民族独立运动结合起来是他创作的宗旨。他强调：作家并不是住在象牙塔里的，他们是战士，是政治家，是革命者。

乌斯曼的经历还启迪我们，不要因身份低下自卑，不要因没有高的学历就沮丧，没上过文学院校只要刻苦学习，就有成功的机会，而丰富的经历正是帮你提升的阶梯。所以不要小看街头的小贩、学校的普通教员，工厂的执勤工人，商店的保安，保不准，在什么时候，他们就会捧出一部惊世的作品来。

2009.10.20

肖洛霍夫：《静静的顿河》波澜70年

　　《今晚报》2012.3.24日载：1928年23岁的肖洛霍夫开始写作八卷本小说《静静的顿河》，用了十二载春秋，1940年35岁时出版齐全。作品后来获得包括诺贝尔文学奖在内的十几个奖项。但作品一直被种种质疑纠缠，质疑者包括后来的诺奖获得者，同胞作家左琴科、索尔仁尼琴等。他们认为作者当时如此年轻，而且并未受到过良好教育，怎么可能创作出如此厚重的史诗巨著？甚至，有人指责肖洛霍夫是不光彩的剽窃者。由于战乱原因，肖洛霍夫拿不出手稿自证清白，只能保持沉默。直到作者死后12年，即1999年，悬置七十年的疑案，终于有了结果。俄罗斯文献鉴定专家委员会对新发现的《静静的顿河》手稿做了笔迹鉴定，确认当属肖洛霍夫所作。

　　《静静的顿河》我知道但没有读过，因为是"苏修的"东西，不好找。但这桩文坛官司我知道，大概是"文革"初期"批修"时候。我当时也有一个疑惑：小说那么厚重，事件那么多，反映社会那么复杂，思考那么深刻，据说文笔也不错，一个年仅23岁的文学青年怎么可能去完成呢？至少，他哪里会有那么多的社会经历呢？除非他是天才！而且初稿应是很厚重的，怎么竟会找不见了呢？记得这桩官司的原告是一个作家的遗孀，她除了言之凿凿，而且拿出了丈夫的手稿和小说对证，证明肖洛霍夫千真万确是个鄙劣的抄袭者！

　　真相大白时，除了证明《静静的顿河》确是肖洛霍夫的作品，而且证明肖洛霍夫确是旷世的天才，不服不行！

还是陈忠实先生说得对：创作需要天赋。

2012.7.11

契诃夫：写作需要埋头苦干

《契诃夫论文学》，人民文学出版社 1958 年版中的"同时代人回忆录"中记有契诃夫关于文学的访谈录，读来生动，颇有收益，录部分内容供缺少机会见到原书的读者参阅。

……"您写得多吗？"有一回他问我。

我回答说我写得少。

"这不应该，"他用低而细的中音差不多忧郁地说，"您知道，人得工作……不让两只手闲着……工作一辈子。"他顿了一顿，并没有明显的联系就接下去说："依我看来，写完小说，应当把开头和结尾删掉。在这类地方，我们小说家最容易说假话。……而且要短，要写得尽量的短。"

……有一天傍晚我到安·巴家里去，看见写字台上放着一张纸，只写了半张，安·巴自己把两只手插在衣袋里，在书房里走来走去。

"哪，我无论如何也抓不住雷雨的场面！我写到这个地方就过不去了！"

过了一个星期我又到他家去，桌子上还是摆着那张写了一半的纸。

"怎么样，雷雨写出来了吗？"我问安·巴。

"您瞧，还没有写出来呢。我始终没找到合适的颜料。"

"头一个条件是必须写得多，总会有所成就的。"他说，"必须写，写，写。一篇小说没发表，那您就写第二篇，第三篇，总有一篇会发表出来。起初人们不注意您，后来忽然留意到了，这以后就容易了。……只是得不屈不挠地、顽强地写……"

"可是如果没有才能呢……"

"您不写作，怎么能知道您没有才能？不劳动，就连才能也没法发现。您既选中了一种工作，那就抱定宗旨干下去，由别人去下判断。……"

……契诃夫永远主张青年作家必须尽量多写，有一回他对我说："也许发表出来的并不多，可是写的却应当尽量多。在将近三十岁的时候务必要定型，在快到这年纪的时候一切人都得定型。您知道应当怎样写才能写出好小说吗？在小说里不要有多余的东西。这就如同在战船甲板上一样：那儿多余的东西是一样也没有的——在小说里也应该这样做……"

"必须多工作！"他庄重地压低喉咙说，"每天一定得工作。我以前每天写一篇小说。后来就成了习惯。……平时注意观察人，观察生活……那么后来在什么地方散步，例如在雅尔达的岸边上，脑子里的发条就会忽然咔的一响，一篇小说就此准备好了。"

"您得写，尽量多写，"他对新近的小说家说，"要是您完全没写出成绩来，也不要紧。日后自会好起来的。要紧的是不要白白浪费青春和弹性：现在您要埋头工作才好。您看，您写得倒好，可是您的词汇少。这就得搜集字眼和探索表现方法，为了这个非每天写东西不可。"

"您听我说，您得一年写五个剧本。您是个健康的人嘛。五个剧本里头大概总有一个是好的。只是务必要让剧本搁一搁，不要把它马上送到世界上去。您写完它，就放在一旁，有好几个月不理这份稿子。您开始写新东西。以后，等到您回到原先那个剧本上去，您永远会发现许多要改的地方。剧本搁在一边的时候，有许多新想法和恰当的辞藻会来到您的脑子里。您就大改一番，再把稿子搁在一旁。必须这样，您的东西才完整，才是经过深思熟虑的。"

"您听我说，"他把书递给我说，"为什么您写得少？您应该多写！我在临别时候。想跟您说的就只有这一点！现在您本来可能已经出四本书了，可是不知怎的您出了头一本书就停住了。我自己也很懒，现在为这个很后悔！……务必要写，务必！您本来像夜莺那样开始唱您的歌，不过要是老停在第一本书上，那就像麻雀一样了！我跟您谈一谈我自己吧：

要是当初我写了头一批小说就停下来，那人家简直不会把我看作是作家。契洪捷！一小本书，净是些逗笑的小故事！人家以为我就是这么回事了！严肃的作家会说：'这个人跟我们是两路人，因为他老是笑！在我们这时代怎么能笑呢？'"

"反正，赶忙是要不得的。那个剧本搁上一年反而有好处。大作品永远应当摆一个时期，在这个时期甚至不妨写点别的东西，然后再回到那个作品上去。务必要工作！多工作！作品越是有价值，对待它就越得小心。其次，我还要跟您谈一件事！为什么您把剧本在没有排演以前就拿出去发表呢？这不应该！在排演的时候可以看出许多毛病。……甚至在头几次彩排的时候也一样。……演员一道白，您立刻觉着这地方虚伪，那地方伊凡·伊凡诺维奇不是用自己的腔调讲话，甚至讲的是不该讲的话。您以为现在谈到这点已经迟了。不然，这正是时候。务必要工作！工作！真的，这样才好……得能够吃点苦才成！……"

"您知道我在做什么？"他快活地迎着我说，"十多年来我一直在这笔记本上记下我自己的一切见解和印象。铅笔字已经开始淡了，于是我决定用墨水笔把它重描一遍。您看，我已经描完了。"

他好心地拍了拍那个本子说："还没利用的材料，足够写大约五百个印张。足足可以写五年呢。……"

契诃夫告诫青年：为了做一个真正的作家，必须把自己完全献给这个事业，玩票态度在这儿就跟在别处一样，不会使人有什么成就。在这种艺术里如同在一切行业里一样，需要才能，可是也需要劳动，得真正埋头苦干才行。

2014.10.12

帕乌斯托夫斯基：各具特色的写作状态

创作是个体的，个性化的，所以中外古今有许多名人轶事讲到，有的作者要苦思冥想，有的则倚马成文；有的要躲到人烟稀少处去苦写，有的则专在闹中取静；有的要列表写提纲，有的则在"厕上"都可写文章。有的人甚至要立着写，单腿站着写，真是形形色色，不一而足。但剥去这些外壳，他们自有独特的叙事方式。"他山之石，可以攻玉"。中国作家受俄苏文学的影响是很大的。经典作家，经典作品的魅力是永存的。这里，我们略摘几段帕乌斯托夫斯基关于苏俄著名作家的介绍，体会他们的叙述方式，看看他们的写作习惯。

普希金喜欢在秋天写作。他写作时，凡遇到不顺手的地方，从不去苦思冥想，耽搁时间，而是跳过这些地方，继续往下写。直到有灵感的时候，再回头去补上，但他绝不勉强地去唤来灵感。

盖达尔写作时，一边踱方步，一边想句子，想好后，就去写下来，然后再想。他整天在屋子和果园之间进进出出。我觉得很奇怪，并且深信，盖达尔的那部中篇小说一定写得很慢。直到后来，我才发现，他这是在耍滑头，他写的远比走一句想一句多得多。两个星期后，他写完了《鼓手的命运》。

陀思妥耶夫斯基总是在交稿期十分紧迫的情况下写作。他没有一部作品是静下心来，全力以赴地写成的。他总是草草地缩短他的长篇小说（不是指篇幅，而是指描绘的广度）。因此他写出来的作品低于他能够达到的水平，比构思时要差。陀思妥耶夫斯基曾说过："构思和想象一部小说，远比将它遣之笔端要好得多。"他总是竭尽全力使他的未完成的小说尽可能在他头脑里多逗留一些时间，以便随时随地加以修改、充实，因此他总是尽量延长写作的时间。他说：要知道，每一天，每一个小时，都可能产生新的想法，等到小说已经脱稿，生米煮成了熟饭，再想加进去就不可能了。

阿·托尔斯泰在很大程度上是即兴作家。每个作家在写作时想必都出现过这样一种美好的状态：不落窠臼的新的思想或者新的画面像闪电似的从意识深处迸发出来。要是不立即把它们写下来，它们就会消失得无影无踪。其中有光华，有战栗，但它们像梦一样稍纵即逝。这种梦，我们在刚醒来的一瞬间还能记得一些片断，但随即就遗忘了。此后不管我们怎样绞尽脑汁地想追忆这些梦，也什么都想不起来了。这些梦只留下一种异样的、像谜一般神秘的感觉，或按果戈理的说法，只留下一种"奇妙的"感觉。应该及时写出来。不能有分秒的耽搁，否则思想闪耀了一下便会永远消逝。

最有趣的是费定的写作，他写作的窗外的一摞藤椅上，总是蹲着一群狗，它们居高临下地望着坐在桌旁奋笔疾书的费定，低声吠叫着。费定每夜都在喧嚣不息的海涛声中写作。对这喧声，他已习惯，这不但不影响他写作，甚至有助于他的文思。相反，寂静倒使他心烦意乱。他在动笔写一个章节之前，总是先对这个章节一丝不苟地加以思考、检验，用沉思与回忆充实它、丰富它，甚至连具体的句子也都要打好腹稿，否则决不下笔。按照费定的意见，一部小说必须锤炼得达到最高限度的准确度和钻石般的硬度。

帕乌斯托夫斯基语重心长地说：应当珍惜作家的时间、精力和才能，不要把它们浪费在虽与文学有关但毕竟在文学之外的繁杂的事情上和会议上。作家写作时需要安静，尽可能不要有烦心的事。要是已经知道将会遇到什么烦恼，哪怕这种烦恼一时不会发生，还是不要动笔的好。否则即使写了，也不会得心应手，甚至还会荒腔走板。

可惜，对作家时间、精力的浪费，对于我们已不单是外加的因素了。我们正生活在一个浮躁的时代，作家们为金钱、评奖、物质刺激等利惑所诱，而且已愈陷愈深，难以拔足了。

2015.8.18

绥拉菲摩维支：尊重生活的真实

绥拉菲摩维支是杰出的苏联无产阶级作家，自小参加革命，写了大量的小说和剧本特写，其中以长篇小说《铁流》最为著名。中国五十年代的文学青年大都读过这本书。小说以其豪迈的革命气魄生动地描绘了革命人民如何在斗争中成长壮大。出色地塑造了红军游击队领袖郭如鹤的光辉形象。小说于 1923 年出版，曾受到列宁的高度赞扬。在《我怎样写＜铁流＞的》谈话中，作者谈人物塑造时，讲到了尊重生活真实的问题。

　　一位同志说："在《铁流》里有这样的矛盾，把郭如鹤描写得他完全把自己牺牲了，完全牺牲了自己不是为着叫人去赞美他，不是为了自己的光荣，而是实实在在地为着理想而奋斗的。可是忽然有几页上说他怕他的光荣会暗淡起来了。"

　　不，同志们！这里连一点矛盾也没有的，因为不能想着一个人完全是用一种颜色涂出来的。请你拿一个最纯洁、最高尚、一生都献给革命的一个革命者来说吧，如果你告诉我，说在他心里连一点虚荣心的种子都没有，那我要说你是不对的。这一粒种子是有的，这玩艺儿在每一个人心里是不可免的。一切问题只在分量上。郭如鹤的虚荣心逐渐地化为乌有，而献身于革命的斗争的准备扩大到极大境界。而有些是适得其反：虚荣心逐渐增大，而献身于革命的心愿却逐渐缩小了。取人应该取活生生的，他是什么样就取什么样，带着一切内心的矛盾，这样才算真实的，才算有深刻的教育的真实，尤其是在文艺作品里。

另一个字条说道："把水兵们写得好像土匪一般，这是不对的。"

同志们，从歌曲里不能把词挖掉的，我最怕的是不真实。可是，实在说，怎么去写水兵呢？我们晓得很清楚，在沙皇时代的海陆空军里，水兵们是最革命的分子。十月革命时，他们毫不畏惧地投到革命斗争里，成群结队地牺牲了，可是此地突然来了这样一种调子。不过，显而易见，革命不是照着直线发展的，在革命里有好多迂回，有好多内心的矛盾，这部分地就表现在水兵身上。他们毫不犹豫地献身革命，为革命牺牲。可是，水兵们在诺沃露西斯克把军舰凿沉的时候，那军舰按照"布列斯特条约"应该交给德国人，他们就把军舰上会计处的钱都取去，那钱在每只军舰上都是很多的。他们是按着大家的意见这样做的，做了之后，大家就把钱均分了。此后他们就堕落起来，饮酒、玩女人，挥金如土，仿佛他们想赶快把这痕迹消灭掉似的。水兵们开始腐化、瓦解起来了，于是当哥萨克的反革命暴动开始的时候，当广大的难民群众开始撤退的时候，水兵们都感觉到哥萨克要把他们一个个地杀光。一部分水兵留在诺沃露西斯克，白党军官们就把他们都活埋了。另一部分水兵们混入到郭如鹤的部队里，就开始起瓦解作用了，这一种瓦解好像死神一般，时时刻刻削弱着部队。这些水兵们不是反革命者，可是他们都没有充分觉悟到郭如鹤在自己部队里所定的铁的纪律是对的。水兵们就开始扰乱起来，煽动群众说郭如鹤在沙皇时代当过军官等，而且水兵们还想谋杀郭如鹤呢。只有到末了的时候，他们看到自己是不对的，他们才都后悔了。

同志们，那时是这样的事实。在文艺作品里首先要免除的是撒谎和粉饰现实。

　　农民是一个私有者：他有牛、马、土地、房屋。农民是一个
有家产的人，虽说常常是很小而且是很贫穷的家产，但总是一个
有家产的人，这就根本和工人不同了，这就完全使他对于革命发
生另一种关系。他的生活是很苦的，可是他大概这样想：最好把
地主打倒，把土地弄到自己手里来；最好把地主的用具，两头牛、
两匹马和犁弄到自己手里来，其余什么也不要。我活着，发着财，
光景慢慢就好起来了。这是小私有者的思想结构。因此，当革命
一爆发的时候，农民为着这很快把地主打倒，把他的财产夺来，
为着这就都起来了，至于关于革命前途的发展，他们连想都不曾
想到，也不曾想到将来还要前进呢。

　　农民有着这样的思想结构，怎么会终于投入到革命斗争里，
怎么会终于组织到极庞大、极惊人、给无产阶级革命带来了胜利
的红军里呢？

　　正是在《铁流》中，绥拉菲摩维支回答了这一问题，他没有粉饰他们，
他忠实于写真实，因而才更感人，才更具有教育作用。

2014.10.15

塞万提斯和《堂·吉诃德》

    1571 年，地中海上空战云密布。10 月 7 日，西班牙人抗击土耳其舰队的著名的雷邦多海战爆发了。年轻的塞万提斯满怀爱国热忱，积极响应祖国号召，毅然决然地参加了战斗。那天清晨，塞万提斯正发着高烧躺在床上，听到枪声后，他立即请战。舰长见他病得很重，命他休息，他却坚定地说："我宁愿为王上作战而死，也不愿躲在船舱里偷生。舰长先生，请您把我放在最危险的岗位上，我一定在那里坚持到底，流尽我最后一滴血。"舰长深受感动，同意他参加战斗。在战斗中，他表现得非常勇敢，胸部和左臂都受了重伤，他简单包扎了伤口后，一直坚持到战斗结束。10 月 30 日，塞万提斯被送到墨西纳的医院去治疗，结果被截去了左手，成为残废，后世尊称他为"雷邦多的独臂人"。塞万提斯把参加这次战役并负了伤这件事，看成是他一生中最值得纪念最光荣的事。正如他自己所说："伤口看来也许可怕，我却认为很美，因为我是在空前绝后的最值得纪念、最伟大的时刻受的伤。"塞万提斯不仅用铿锵有力、慷慨激昂的语言，而且用自己英勇无畏的实际行动表现了崇高的爱国主义和英雄主义。在伤愈后的几年里，他继续服役，参加了多次战斗，受到西西里岛总督和舰队司令堂·胡安的嘉奖。这用丧失左手博来的一点功名，是他暮年常常引以为荣的乐事。因而有了这样一句妙语："世界上最好的一部小说是用一只手写成的。"这只手创造了世界文学中的不朽典型——堂·吉诃德。

    塞万提斯（1547–1616 年）是欧洲文艺复兴时期西班牙杰出的现实

主义作家，被誉为"欧洲近代小说之父"。在西班牙语世界中，迄今仍然没有一位作家能出其右。塞万提斯于1547年出生于马德里附近的阿尔卡拉·德·埃纳雷斯镇，确切的出生日期已无法考证，只知道他受洗的时间是10月9日。其父是个潦倒终生的外科医生。由于家境贫寒，塞万提斯只上过中学。但他勤奋好学，饱读经典著作，为后来的文学创作奠定了基础。他一生命运多舛，颠沛流离，几经缧绁之祸。从1592年至1605年的10多年间，塞万提斯多次被当权者以莫须有的罪名关进监牢，饱尝牢狱之苦。《堂·吉诃德》第一部就是饱经沧桑的他在年逾半百时的1602年于塞维利亚监狱里开始构思的，并动笔写了开头的几章，所以他在小说第一部"前言"里自称这部作品是在"监牢里诞生的孩子"。出狱后，于1603年移居瓦尔亚多里一条污浊小街的低级公寓小屋里，成天在喧闹声中继续写作。1605年初，《堂·吉诃德》第一部在卡斯蒂利亚出版。这部脍炙人口的小说立即引起轰动，风靡全国，当年就再版6次。宫廷里、大街上、小酒店、客厅里、火炉旁，到处都有人在抢着读这本书。各种各样的人把它翻得稀烂，读得烂熟。小说还被译成英、法等多种语言文字，流传到国外。由于塞万提斯把版权卖给了出版商，他自己没有得到版税，所获稿酬不多，一家人住在贫民区，生活贫困。同时，在高雅的文坛上，他也没有因为小说的出版而改变自己的社会地位，依旧是一个贫困潦倒的文人。而且就在小说出版的当年夏天的一个晚上，一个放荡的宫廷贵族青年在他家附近被刺，身受重伤。善良的塞万提斯把他抬进屋内细心照顾，不料病人死去，全家人被当作嫌疑犯投进了监牢。后来虽被释放，却给塞万提斯的声誉造成了极大的伤害，成了被人攻击的口实。

塞万提斯为何要写《堂·吉诃德》呢？用他自己在小说第一部"前言"中的话来说，"这部书是攻击骑士小说的"，宗旨"是要消除骑士小说在社会上、在群众之间的声望和影响"，"把骑士小说的那一套扫除干净"。对此，德国诗人海涅评述道："他非常成功，教堂里的儆诚和官府里的威吓都不管事，然而穷文人的一支笔见了效验。他断送了武侠小说。《堂·吉诃德》出世不多时，西班牙人全觉得那类小说索然无味，再也不出版了。

不过，天才的那支笔总比执笔的人还来得伟大，笔锋所及总远在作者意料之外。"

　　塞万提斯生前贫困，身后悲凉。由于天主教会对他积怨颇深，他死后埋葬在一家修道院的墓地里，连一块墓碑也没有立。1635 年，这家修道院迁址，原来墓地里的遗骨都被挖出来进行火化，所有的骨灰混在一起掩埋了。但是，塞万提斯的光辉名字却永远铭刻在人们的心上。他的伟大、不朽的著作《堂·吉诃德》，不仅是西班牙文学的瑰宝、世界文学的奇珍，更是西班牙人民的骄傲。在民间流传着这样一句感人至深的话：即使我们到了一无所有的时候，我们至少还有一部《堂·吉诃德》。这是西班牙人民对这位伟大作家的最高奖赏。1835 年，在塞万提斯逝世二百年后，终于在马德里为他建起了一座纪念碑。堂·吉诃德和桑丘·潘沙的雕像也矗立在马德里广场上。

2013.4.7

伏尔泰和大仲马：关于写作的借鉴

伏尔泰（1694—1778），大仲马（1802—1870）都是法国作家，伏尔泰更是伟大的哲学家、思想家，但他们不是同一时代的人物。

我之知道伏尔泰还是上世纪六十年代初上中学的时候，偶尔在一张报纸的补白上看到的。文章是一件伏尔泰轶事：他途经某个教会，和主教畅谈了一个晚上，对宗教知识和主要观点等内容无所不知，议论深刻，让主教叹服，只是在最后，主教才知道此人竟是批判宗教至为激烈的大哲学家伏尔泰。这则小文对我的启迪便是知己知彼才能战无不胜。愈是不喜欢，你愈是要深刻地了解对方。

最近才有幸读了一本《伏尔泰小说选》，其中有篇中篇小说《天真汉》，叙述一个名叫赫格利斯·特·甘嘉蓬的法国勇士，正在等待国王的御赐，期盼和情人结婚的时候，突然被人诬告下狱，关押在都奈尔城的监狱中。狱友是一位让森派教徒，学问渊博，名叫高尔同。高尔同胸襟旷达，他从精神上安慰外号叫天真汉的甘嘉蓬，并且教给他历史、文学、宗教、天文学知识。"博览群书扩大了他的视野，一个有见识的朋友安慰了他的心灵。"天真汉感动地对老修士说"亲爱的高尔同，要没有你，我在这里就陷入一片虚无了。"一年后，天真汉的情人美女圣·伊佛通过努力终于将天真汉和老修士营救出狱。

大仲马于1844年在巴黎西部远郊的圣日尔曼昂莱地区写成长篇巨著《基督山伯爵》，并于《辩论日报》上连载发表。故事讲水手埃德蒙·唐代斯正要和恋人海蒂举行婚礼时，遭人诬陷被关进伊夫堡监狱。在这里巧遇意大利学者法利亚神甫。神甫教授唐代斯各种知识，并和他挖通了逃跑的地道。临要逃离时，老人病重，临终，他把基督山岛藏有价值200万罗马银币的秘密告诉了唐代斯。唐代斯出逃后挖取财富并改名基督山伯爵，演绎了后来书中写的那些传奇故事。

《基督山伯爵》篇轶巨大，我没有看过原著，看的是光明日报出版社出版的"六角丛书"缩写本，只知其大概轮廓。但说来颇为传奇的是，40年前正是"文革"中期，一次，我去安康出差，在一个澡堂旅馆住宿，隔壁房间一个人讲述着一个长长的传奇故事，颇为吸引人。后来"文革"结束，书籍解禁了，我才知道那晚听到的便是基督山伯爵复仇记故事。大仲马出生时伏尔泰已经去世24年，以伏尔泰的影响大仲马或许读过他的《天真汉》。我猜想天真汉的故事也许启迪了大仲马的创作灵感，由是才有了他的巨著《基督山伯爵》，我记下这两件事，供文学爱好者参考。

2010.7.25

忘情：走进自己创造的氛围中

小时候读《毛泽东的故事》，我很佩服毛主席专门选择在大街上读书，以培养自己的爱好、毅力、性格的故事，激励我自己也要在各种条件下努力学习。长大后学习文学，更注意无论条件如何艰苦都要坚持读书写作，不苛求环境，而努力培养和环境氛围的和谐一致。法国诗人贝朗瑞和俄苏作家在蹩脚的咖啡馆，契诃夫在澡堂里都可以写作。他们并不是刻意如此追求，而是偶尔为之，认为只要无人打扰，纷扰的人流中觅得的清静是最好不过的清静。在《金蔷薇》中，帕乌斯托夫斯基介绍道，俄国著名作家费定每夜都在喧嚣不息的海涛声中写作。对这喧声，他已习惯，这不但不影响他写作，甚至有助于他的文思。相反，寂静倒会使他心烦意乱。而且费定清晰、坚定的头脑和一丝不苟的目光，是容不得构思有半点儿模糊之处的，更不要说去表现这种模糊的构思了。按照费定的意见，一部小说必须锤炼得达到最高限度的准确度和钻石般的硬度。

在《艺苑趣谈录》一书中，讲述到法国作家巴尔扎克和福楼拜写作时的忘我状态，读来令人感动。

文章说，巴尔扎克在创作名著《高老头》时，对生活在资本主义社会冷酷的金钱关系中，最后孤零零地死在公寓顶上一间冷屋子里的高里奥老人寄予了深切的同情。有一次，巴尔扎克的朋友去看他，发现他从椅子上滑倒在地，脸色苍白，脉搏微弱，赶紧叫来医生急救。巴尔扎克苏醒后叹息说："哪里有什么病啊，刚才我写到高老头死时心里难受极了，一下子就晕过去了。"朋友走到桌前，看见稿子上洒满了巴尔扎克的泪水。

　　福楼拜的名著《包法利夫人》，描写法国内地一个富裕农民的女儿爱玛悲剧的一生：她先是初被上流社会引诱，最后又被抛弃，在绝望中悄悄地服毒自杀了。福楼拜在谈到创作经过时说："我想象的人物感动我，追逐我，倒像我在他们的内心活动着。描写爱玛·包法利服毒的时候，我自己的心里有了砒霜的气味，我自己仿佛服了毒。我一连两次消化不良，两次真正消化不良，当时连饭都全吐了。"他在谈到创作体验时写道："写书时完全把自己忘却，创造什么人物就过什么人的生活，真是一件快事。比如，我今天同时是丈夫和妻子，是情人和她的姘头。我骑马在一个树林里游动，当着秋天的薄暮，满林都是黄叶，我觉得自己就是马，就是风，就是他俩的甜蜜的情话，就是他们的填满情波的眼睛眯着的太阳。"福楼拜一生都苦苦追求文体的尽善尽美。他强烈渴望自己的小说能像水晶一般纯净，以至翻来覆去精雕细琢地修改稿子，有时到了无法自制的地步。在某些情况下，改稿对他来说，已不再是使小说臻于完善的一种手段，而成了目的本身。他失去了正确判断的能力，失去了耐心，在绝望中把自己的作品改得枯燥乏味，或者用果戈理的话来说，"画呀，画呀，画得入了魔。"在《金蔷薇》中，帕乌斯托夫斯基称赞道，福楼拜深具文学批评家们称之为"人格化"的那种作家的气质，说得简单一些，他身上有一种禀赋，能完完全全地同他笔下的人物融为一体，而且融合得那么紧密，以至凡是他们（按照作家的意志）所遭遇到的一切，作家本人也都感同身受。

　　我们常把这种体验称作设身处地，这是每一个写作者都会体验到的。我自己在写《情与仇》结尾被害姑娘的母亲和哥哥祭奠死者的情景时，就既是她的母亲，又是她的哥哥，呼号着，哭泣着。妻子为我送茶时颇为惊讶，知道我已进入了创作的痴迷状态。那天，我写了结尾的 12000 字，难过了半天，久久回不过神来，以至我在电话中给远方的朋友读这段文字时，竟至泣不成声，不能卒读。写作要在自我感觉安静、愉悦的状况下进行。佛曰："境由心造"，写作时尤其需要这种心态。

2009.9.30

批评：前进的动力

还是在上世纪八十年代初，我在县广播站工作，一天下乡后住在一位经常写稿的朋友家里，他拿来自己的稿子要我"指正"。我依习惯很负责任地看着，并且用笔认真地做了勾画，给他分析所以然。不料他很不高兴，过后给人说我"他还以为我写不了稿子呢"。我只能叹我不谙世事，太老实，而他又未免"叶公好龙"了。

王吉呈是西安电影厂的总编剧，本县人，我便托他的朋友送去两篇短篇小说请他"批评、指教"。他给朋友写信对我的批评很尖锐，甚至说："如果不是真正搞文学的人，就请他走开。"我以为他说得对，我没有走开，而是再多读、多练，多请人指正。后来吉呈每每回大荔，便在我处休息，常谈话至夜深，给予了我很多的指教。

说这两件小事是今天读到了两则文学小故事，都是讲如何看待别人批评的。

果戈里17岁时上中学，写了一部长诗，出版后在书店寄卖，几个月过去了，一本也没卖出，反倒有批评嘲笑的评论文章，幸好，封面印的是假名字，他忙和要好的同学到书店去把书抱回来统统烧了。这是小青年时候的事。后来果戈里坚持写作，成名了。有一次他给当时著名的老诗人茹科夫斯基朗读他新写的剧本，老先生有午休的习惯，听着听着就睡着了，果戈里以为这是对他最严厉的批评，当下就将书稿扔进壁炉里烧掉。茹科夫斯基小憩醒转，直感遗憾。

还是这个茹科夫斯基，1840年看后来的大诗人、当时年仅19岁的涅克拉索夫的手稿时，委婉地批评他："不要急着出版，你以后会写得更好，如果真要出版，也不要用你的真名，因为将来您一定会为这些诗作感到惭愧呢！"这时书稿其实已经发排了。涅克拉索夫幻想着成功，但书出版后两个月也卖不动。他反思，认识到茹科夫斯基的批评是正确的，他的诗作形式上过分地模仿了别人。于是，他跑到各个书店，把所有的书统统收回，全部烧掉，重新下决心认真写作，从头再来，最后终于成功了。

还是 19 世纪法国诗人贝朗瑞说得好："没有什么能比勇敢地投进火炉里的手稿的火焰更能照出一个作家了。"

当然，这种事也只能发生在国外，以中国的礼仪道德教化，那样做是学生给老师难堪，恐怕会被打断一条腿的。

2009.10.3

赏识：自信的力量

学写文章，广而言之学习艺术的人应当于己不自负不自卑，于人不颐指气使，白眼待人，这里讲几个故事。

《艺苑趣谈录》记有这样一段文字：1920年客居北京的齐白石有一次到一个大官家去应酬，满屋的达官贵人，他们看齐白石衣着简朴，又没有一个熟人同他打招呼，也就谁都不理睬齐白石。齐白石非常尴尬，后悔不该赴这样的宴会自讨无趣。这时，大名鼎鼎的梅兰芳来了，看到齐白石，特地走上前去很恭敬地寒暄起来，和适才众人的态度恰成对比。众皆大惊，冷落尴尬的局面顿时改变，犹如救了场，为齐白石挽回了面子。事后，齐白石为了表示感谢梅兰芳的赏识，很用心地画了一幅《雪中送炭图》送给梅兰芳，上面题了一首诗，有句说：而今沦落长安市，幸有梅郎识姓名。情真意切。

另一则故事是美国的斯陀夫人写了小说《汤姆叔叔的小屋》，深刻揭露了19世纪美国的蓄奴制度，客观上为南北战争造了舆论。美国总统林肯就曾会见斯陀夫人，并称赞她"一本小说酿成了一场大战争"。但斯陀夫人仅是个家庭主妇，不涉足于社交场合，知之者甚少。一次，她应邀出席一个文学聚会，因为少为人识，她进去后无人搭理，便默默地坐在房间一角。后来一个作家坐到了她的旁边，这人高谈阔论，说自己多么了不起，写了多少书，很骄傲地问斯陀夫人：你也来开会，你写了多少书？斯陀夫人回答他只写过一本书，那人更骄傲了，不屑地问：写了什么书？当听到是《汤姆叔叔的小屋》时，他惊讶了，肃然起敬。这本书1851年

6月在《国民时报》连载。1852年3月出版，几天之内就卖了一万册，且当年就销售了30万册，并被译成多国文字，受到全世界读者的欢迎，海涅、狄更斯、乔治·桑、托尔斯泰都给予了高度赞扬，可说是一出手就是经典。后来我读这本书，也深为震撼，随手写了一段读后感：林肯总结说一个女人写了一本小书，导致了一场南北战争，推动了废奴运动，但这个女人并不是一个简单的家庭妇女，她有思想，有学识，有教养，有博爱之心，有热情，有强烈的正义感，有顽强的写作精神，有千方百计搜集素材的坚韧毅力和心思，有文采，所以才有了这本书。书写得很大气，只有在素材的组织和表达风格方面，你才能感觉到这是一个女人在写作。

1878年春天，贝多芬17岁，他去维也纳拜望大音乐家莫扎特，并为莫扎特弹了一曲。他虽然弹得很好，但莫扎特不为所动，以为不过是平时多练习罢了。于是，贝多芬请求莫扎特再给他一个机会，他愿意即兴演奏。莫扎特给了他一个旋律，贝多芬顺势弹下去。莫扎特很欣赏，当即激动地对朋友介绍说："请注意这一位，他将迫使全世界都谈论自己！"这真是慧眼识英才，但贝多芬的努力争取无疑也是应当肯定的。

李白也有一则轶事与此相仿，《随园诗话》中记有李白有一枚闲章，上刻"钱塘苏小是乡亲"，某大官看后不悦，批评李白轻浮，李白讥道：诚恐三百年后，世人只记得苏小小记不得大人的。这实际上是李白很自信的一个类比，历史已证明李白的伟大。

2009.9.13

"落榜作家"三人谈

大学不培养作家，或者说大学不教写作。这是沈从文、汪曾祺等名作家说的，意在要重视写作的实践。但高考不青睐作家似乎也是常见的事，不管他们后来会有多大的成绩，命运也不买他们的账。

恢复高考那年余华去参加了，但他落榜了。后来，上了一年卫生学校，在一个小镇上给人拔牙。他不甘人生的寂寞，决心用写作来改变命运，积极地收集创作素材，练习写作。他成功了，写出了《活着》《许三观卖血记》和长篇小说《兄弟》。

迟子建高考落榜了。令人惊讶的是这个后来文坛上赫赫有名的女作家偏是作文只得了5分，只好去上专科学校，真是令人匪夷所思。课余，她便泡在校图书馆里，接触了大量的中外名著，眼界大开。学校处地有山峦和草甸，风景优美，她便学着描写风景作为练笔。她早期的代表作《北极林的童话》就是在大兴安岭创作，反映大兴安岭生活和民风的。她后来说：图书和大自然对我的帮助很大。

麦家的高考成绩也不理想。虽然他的物理和数学成绩较高，但总分偏低，仅够提档线。他去医院体检时跌入了一个传奇故事中。他在一棵小树下乘凉，过来一个戴眼镜，胖墩墩的老同志，两人攀谈起来，很是投机。岂料此人正是某军事院校负责招生的首长，便破格录用了他。所谓破格，大约他的高考分数不够这个院校的招生线。他是幸运的，更幸运的是这个学校专门培养特工，搞情报工作，麦家的天性和兴趣在这里得到了激发。他热爱工作，同时收集了大量的故事，于是写出了《暗算》，拍成电视剧，扩大了影响。

其实这样的例子还很多，"塞翁失马，焉知非福"，至今已觉不新鲜。如沈从文、如陈忠实、都没上过大学。如贾平凹，只是一个"文革"中的工农兵大学生。我不是为落榜的学子宽慰的，我是说：如果有志于文学，在生活中坚持写作就是。如果与文学无缘，上大学亦无益，且看身边的文科毕业大学生，有几人是搞文学的？

山西作家韩石山有感而发地说，很长一个时期，中国的文学，是靠高考落榜生支撑的。越是上不了大学的，越是有文学的天赋，越能写出优秀的文学作品——是耶，非耶？

2012.7.11

场景速写：闲情偶记

对事物的场景描写是写作的基本功，这些场景是组成一篇文章的零部件，写得生动准确优美是起码的要求。练笔应当从这里开始。犹如记日记，形成一种习惯。场景写好了，稍加丰富，便可以成为一片很好的短文。

《中国电视报》有一版"闲情偶记"专栏，专发表短小的怡情散文和随笔，其中有很多的好文章可资初学者借鉴。

这是一段写妇女在河边捣衣的场景：

"母亲在岸堤熟悉的位置蹲下，衣服抖开，放在水里浸湿，用手扬起一些水将面前的青石浸湿冲净，铺开衣物，均匀的抹上肥皂，打好了一面再把另一面翻过来，团揉几把。然后，手臂一起一落，棒槌落在衣上，衣服里的皂液流溢出来，再放到水里漂，让衣服重新吸足水分，漂过再捣。如此反复，直到捣出清水。"

这是一段写豆腐脑的文字：

老刘抄起勺子，豆腐脑便如滑溜的白鱼，三两下便游进了大搪瓷碗，他顺手放上各种调料，动作一气呵成，纯熟至极。末了，再加两滴麻酱，这豆腐脑就能下肚了。豆腐白软细腻，微有苦味，辣子星星点点，夹着细碎的香菜，红白绿三色相间，谁见了都会食欲大开的。

这是一段写铁匠淬火的文字：

炉膛内的焦炭随着风箱的一呼一吸，使炉火旺得通红，不时喷出的火焰照亮了黝黑的屋顶，半空悬挂的吊罐在呼呼地冒着热气，而炉里的锻件则被烧得红中透白。老刘师傅停止了富有节奏的鼓风，两只手紧握着铁钳，熟练地从炉膛中抽出一件烧得白热的锻件，麻利地搁在独角兽形的铁砧上，顺手拿起小锤用力地敲击一下。站在一旁的徒弟心领神会地举起大锤，使劲地落在老刘师傅先前的敲点上，铁砧周围立即绽出一束束缤纷的火花。四射的火花不断散落在铁砧周围的地上，像烟花在绽放，如花蕊般打开。

这些文字形象、生动、活泼、优美。在河边洗衣的女人和打铁的师傅现在很少看到了，这些文字却可以勾起我们的无限回忆遐思。这些文字是前些年抄录的，如是现在，配以照片，发到网上，便是微信朋友圈中精美的短文了。

2015.11.15

人物速写：王几何

人物的形象描写和速记也是一项写作基本功。前几日翻阅初中语文课本，觉得有几篇文章很好，顺手摘抄了下来，作为写作时的参考。其一是马及时写的回忆初中教几何课老师的《王几何》，人物描写形象生动，语言风趣幽默。特点是人物活动的细节选用组织得好，语言个性化，读罢真有种如在眼前的感受。以为熟读之，对学习人物描写是大有帮助的。

铃声一响，全班 42 双黑眼睛一齐望向教室门。须臾一个方头大耳、矮胖结实的中年人夹着一本厚书和一个大圆规、一个大三角板挤进门，眨眼工夫就站到了讲台上。

胖人能走这么快？全班同学大吃一惊，教室里更安静了，静得只听见周围深沉的呼吸。

可是，一分钟过去了，那矮胖老师一句话不说，像一尊笑面佛一样，只是站在讲台上哑笑。眉梢、眼角、鼻孔、嘴巴、耳朵，可以说，他脸上的每一个器官，每一条皱纹，甚至每一根头发都在微笑！

矮胖老师足足又哑笑了两分钟。

太神气了，他该不是聋哑学校的老师吧？全班同学再也忍不住了，大家弯腰，摇头，挤眉，弄眼，一齐哄堂大笑！

矮胖老师依然不说一句话，却渐渐收起了笑容，用黑板刷轻轻敲击着讲台上的课桌，待全班同学安静下来，他突然面向课堂，反手在背后的黑板上徒手画了一个篮球大的圈，紧接着，又反手画了一个等边三角形。

两个图画得又标准，又好看，于是全班同学都呆呆地想：用圆规和三角板画，恐怕也不过如此吧？

矮胖老师站在讲台上，双目含笑，右嘴角微微斜翘，胖脸上一副得意扬扬的表情。待全班 42 双黑眼睛，惊讶得每一双都放大半公分后，他突然转过身去，面向黑板，挥手写下了排球大的三个字：王玉琳

"这就是我的大名。"他说，声音出奇地洪亮。

全班男女同学被他那金属般的声音镇住了，大气也不敢出，一个个睁大眼睛，屏息静听。

"上几届的同学，承蒙他们的特别关爱，私下里给本老师取了个绰号——"矮胖老师 缓缓转过身去，挥手在黑板上优雅地又写了三个大字：王几何。

真是太幽默了，全班男生、女生哄堂大笑。

王老师却毫不理会满教室的笑声，继续用他那金属般的声音说："这就是那些老同学给我取的绰号。天啦，本人太喜欢这美妙的绰号了！可惜，从来没有一位同学当面喊我'王几何'……"

看，"矮胖结实的中年人……挤进门，眨眼工夫，就站到了讲台上……一句话不说，像尊笑面佛一样……甚至每一根头发都在微笑！……胖脸上一副得意扬扬的表情，突然转过身去，面向黑板，挥手写下了排球大的三个字：王玉琳。"这是主要词句，是骨头，而其余是填空的内容，是血肉。一个"挤"字用得多好。"头发都在微笑"，读来很痛快的。最后一段，仅仅三句话还含着破折，语言个性化。感情色彩浓厚。所以，我以为这篇速写，收入中学课本是当之无愧的，不单可以作为初中学生的阅读材料，更可以作为文学爱好者学习人物速写的范例。

2014.3.3

场面速写：孙悟空

我大约是在上小学时读的《西游记》，那时是"看热闹"，后来也无暇再读。这次在中学课本上看到节选的孙悟空大闹天宫，和二郎神斗法的一段描写，觉得可以介绍出来，供文学爱好者进行场面描写时的参考。这一段写得很生动，有疏有密，不单有斗法时动作的描写，而且有两人的心理活动，结合得很好，值得反复琢磨。

（六位神将）一齐帅众挡住道："泼猴，那里走！"大圣慌了手脚，就把金箍棒捏做绣花针，藏在耳内，摇身一变，变作个麻雀儿，飞在树梢头钉住。那六兄弟，慌慌张张，前后寻觅不见，一齐吆喝道："走了这猴精也，走了这猴精也！"

正嚷处，真君到了，问："兄弟们，赶到那厢不见了？"众神道："才在这里围住，就不见了。"二郎圆睁凤目观看，见大圣变了麻雀儿，钉在树上，就收了法象，撇了神锋，卸下弹弓，摇身一变，变作个饿鹰儿，抖开翅，飞将去扑打。大圣见了，嗖的一翅飞起去，变作一只大鹚老，冲天而去。二郎见了，急抖翎毛，摇身一变，变作一只大海鹤，钻上云霄来嗛。大圣又将身按下，入涧中，变作一个鱼儿，淬入水内。二郎赶至涧边，不见踪迹，心中暗想道：这猢狲必然下水去也，定变作鱼虾之类。等我再变变拿他。果一变变作个鱼鹰儿，飘荡在下溜头波面上。等待片时，那大圣变鱼儿，顺水正游，忽见一只飞禽，似青鹢，毛边不青；似鹭鸶，顶上无缨；似老鹳，腿又不红："想是二郎变化了等我哩！……"急转头，打个花就走。二郎看见道："打花的鱼儿，似鲤鱼，尾巴不红；似鳜鱼，花鳞不见；似黑鱼，头上无星；似鲂鱼，鳃上无针。他怎么见了我就回去了？必然是那猴变的。"赶上来，唰的啄一嘴。那大圣就蹿出水中，一变变作一条水蛇，游近岸，钻入草中。二郎因嗛他不着。他见水响中，见一只蛇蹿出去，认得是大圣，急转身，又变了一只朱绣顶的灰鹤，伸着一个长嘴，与一把尖头铁钳子相似，径来吃这水蛇。水蛇跳一跳，又变作一只花鸨，木木樗樗的，立在蓼汀之上。二郎见他变得低贱，故此不去拢傍，即现原身，走将去，取过弹弓拽满，一弹子把他打个踜蹭。

那大圣趁着机会，滚下山崖，伏在那里又变，变了一座土地庙儿：大张着口，似个庙门，牙齿变作门扇，舌头变作菩萨，眼睛变作窗棂。只有尾巴不好收拾，竖在后面，变作一根旗竿。真君赶到崖下，不见打倒的鸨鸟，只有一间小庙；急睁凤眼，仔细看之，见旗杆立在后面，笑道："是这猢狲了！他今又在那里哄我。我也曾见庙宇，更不曾见一个旗杆竖在后面。断是这畜生弄喧！他若哄我进去，他便一口咬住。我怎肯进去？等我掣拳先捣窗棂，后踢门扇！"大圣听得，心惊道："好狠，好狠！门扇是我牙齿，窗棂是我眼睛：若打了牙，捣了眼，却怎么是好？"扑的一个虎跳，又冒在空中不见。

2014.3.3

心理刻画：金枪鱼的故事

　　著名作家张承志在写作实践中总是注意不断地调整书写对象与书写风格，他最初是学习苏联作家艾特玛托夫，他的《金牧场》和《黑骏马》中的风土描写，即是学的艾氏。只是他后来觉得这种抒情未免是表面性的，尚欠深刻，这才转向了学习法国作家梅里美。艾氏的作品接触的人似乎不多，这里稍作介绍。

　　伟大的俄国诗人普希金写过一首长诗：《渔夫和金鱼的故事》，是一则类似神话传说的故事。而苏联作家艾特玛托夫在其长篇小说《风雪小站》中则写了另一则渔夫和金鱼的故事，是一则生活的传奇，真实感人，作为一个较小的情节夹杂在长篇小说中，丰富了人物性格。而我要推荐的，则是作者心理刻画和景物描写的娴熟，特别是语言优美，诗意盎然。

　　故事说，渔夫叶基盖怀孕的妻子乌库芭拉，梦见一种罕见的金迈克列鱼在身边游动，她想捉住它，摸金色的鱼皮，然后放掉它，以祈求幸福。于是，为了满足妻子的愿望，风暴即将来临的时候，叶基盖驾船驶向大海。很长时间都没有见到金迈克列鱼，海浪摇得很凶，叶基盖冻得瑟瑟发抖，四下张望着，等待着他的鱼。"你干吗这么磨磨蹭蹭的，真是的，别怕嘛，"他想着鱼，"别怕，我说，我会把你放回去的。你说，哪会有这种好事？你就想想吧——会有的。我不是为了吃你才在这儿等的。吃的各种鱼家里有的是。瞧，船底下就躺着三条鱼。我才不是为了吃你等在这儿呢，金迈克列！你知道吗，我快要有个孩子了。我老婆不久前梦见了你，从此她就坐立不安了。虽然她没说出来，但我呀都看见了。我不能解释这是为什么，但很需要。要让她看看你，在手里捧一会儿，我发誓，马上就把你放回海里。事情是这样，因为你是特别稀奇的鱼，你的头和尾都是金色的。你的鱼翅和背脊也是金色的，你在我们的位子上想一想。她非常想见到你，她想摸摸你，想用手感觉一下摸你是什么滋味，金迈克列。别以为因为你是鱼，就与我们没关系。虽然你是鱼，但她像思念妹妹、弟弟一样想念你，想在生孩子之前看见你，胎儿在肚子里也会满意的，瞧，事情就是这样。救救急吧，我的朋友，金迈克列。快来吧。我不会欺负你。我保证。如果我有坏主意，你也会感觉到的。有两个鱼钩，你挑一个吧，我已经在鱼钩上挂了大块的肉。有一点肉味你就会老远闻到。你就来吧，别想的那么不好。要是我给你放鱼形金属片，那就不诚实了，虽然你见了它会来得很快。要是你吞进了金属片，等我把你放回海里，你带着肚子里的铁片可怎么活呢？那就是欺骗了。而我可是真心实意地给你下的鱼钩。只能把你的嘴挂破一点儿，别的没什么。你别不放心，我随身带来了一个大皮囊。我往里面灌了水，你先在皮囊的水里躺会儿，然后就游走。没有你，我是不会离开这儿的。可是时间不等人。难道你没感到浪越涌越凶，风越刮越狠吗？难道你愿意我的头生子生下来没有父亲吗？你想一想，帮帮我吧……"

黄昏已经降临到灰冷的辽阔的海面。小船时而出现在浪脊上时而隐没在浪谷里，向岸边漂来。它艰难地行驶着，搏击着风浪。大海已经咆哮沸腾了，它晃动着，聚集着风暴。冰冷的浪花溅在脸上，握桨的双手因湿冷而发胀。

（作者在这里没有写到底捉到金鱼没有。因为他捕鱼去时没有告知妻子，于是笔头一转，突然写到乌库芭拉老早就来到了海边，焦急地等着丈夫靠岸。拍岸巨浪猛然一推把小船带上了海滩，作者写道——）

叶基盖从船里取出那装满水的沉甸甸的大皮囊，解开它后，把金迈克列连同水一起倒在了海边的砾石上。那是一条大鱼，一条强壮美丽的鱼。它疯狂地摆着金色的尾巴，来回甩着腰蹦跶着，拍打着湿漉漉的砾石。它大张着玫瑰红的大嘴，挣扎着面向大海，想要回大海，回到亲切的自然中去，想要奔向那拍岸浪中。突然它僵直地挺在那儿，静了下来，试图习惯环境，一眨不眨地瞪着那双完美无瑕的圆鼓鼓的眼睛，打量着它意外来到的这个世界上。即使是在冬日的黄昏，陌生的光也在刺激它。鱼看见了人俯身看它的一双明亮的眼睛，看到了一段海岸，看到了天，和天边那几片薄云后面的落日。日落的霞光对它来说非常刺眼，它喘不上气来了，于是鱼又蹦了起来，重新拼命地摆动着，想到水里去。叶基盖托着鱼鳃把金迈克列捧了起来。

"伸手，拿着，"他对乌库芭拉说。

乌库芭拉像接小孩似的用双手把鱼捧了过来，搂在怀里。

"它多有弹性呀！"乌库芭拉摸着它那富有弹力的肌体赞叹着，"沉得像块劈柴！那么好闻的海水味呀！多漂亮啊！给，叶基盖，我满足了，非常满足。我的愿望实现了。快把它放回水里去吧……"

叶基盖把金迈克列捧向大海。他涉着水迎着拍岸浪花，让鱼从手中滑下水去。在把它放入水中的一刹那，它那一身的金色在深蓝色的空中闪了一下，金迈克列用那迅捷的身躯拨水游走了，游向大海深处……"

是的，金鱼捉到了，妻子的愿望实现了，叶基盖也兑现了心中的许诺，而妻子更将金鱼放生了，一切都显得那么美好。

我常常想，类似的情节、故事、现实生活中该有多少啊，业余作者及时地将它捕捉住，记录下来作为练笔，日积月累，还愁写作水平提不高吗？

值得注意的是，这本书从头到尾不下数十次地反复引用了这样两句话：

在这块土地上，列车从东向西和从西向东地穿梭……

在这块土地上，铁路两侧平躺着广袤的荒原——萨雷奥杰克，黄色草原的腹地。

作者刻意将这两句话做成整部书的背景音乐，串联起无数故事。读者便犹如坐在列车上，颠簸着穿越大草原，观看着窗外的景色逐一闪过。

2015.1.5

写作要有中心

93年是我胃切除手术后的第二年，这年的生日便是术后第一个生日，前后一年了，体力有所恢复，便坚持着到街上吃了半碗羊肉泡。归来，家中人已为我做好了过生日的饭菜，使我很感动。由此，引发一个问题：妻记着她爸的生日，女儿记着我的生日，我记着什么呢？——也就是说我竟然忘记了父亲的生日。在这种自责中完成亲情的拓展，道德的完善。前边所有关于吃吃喝喝的叙述，其实都是为了这一句话，为了这一个中心服务。虽然文章写得平淡，可能因为亲情记述感染了编辑，省报发表了，题《今天我生日》。

前几日，朋友写了篇文章《明天我生日》。讲自己人满五十，全家人都惦记着他的生日：爱人、孙女、儿子、特别是儿媳，这使他鼻酸眼热，感受着家庭的温暖。但他想到的是，五十而知天命，流年匆匆，应像庄子讲的那样，生不欢喜，死不拒绝，无拘无束地来，无拘无束地去。感叹起了人生的短暂悲喜。这样，一篇文章便有了两个主题。尽管这两个主题是相关联的，都是由"明天我生日"引发的，但要想面面俱到就会谈而不透，两败俱伤。文章讲的：什么是属于自己的节日，唯有生日才是自己的节日。由此，我建议，主题选在全家温馨聚集的方面。现在还有多少儿媳热心地惦记着公公的生日啊，所以，这一点文章做足，就会让人感动。文章就做在"节日"二字上。我在他写的妻子说"让娃娃们给你过个生日，不就图个热闹，讨个吉祥吗"后，加上了这样一段话：

儿媳说得更好："国家有国家的节日，在家里，父母亲的生日就是家庭的节日，就是家庭的感恩节哩！"我说："照这么说，你们都是天使了，都是前世有缘，今世远道而来聚合在一起的天使了。"妻子接口道："比起那些家中婆媳不合，夫妻离心的家庭来说，大家能融洽地生活在一起，那不就是天使的聚会么？"我笑着说："那我个老头子也是天使了？"儿媳笑道："你是第一天使，我们都随着你飞翔。"儿媳的话我爱听，说到我的心里了，家庭这么欢乐，我还有何求呢？我高兴地大笑，比饮了什么琼浆玉液都觉得痛快、舒畅。

　　因为作者在文章的最后写有恰巧当晚电视上歌手也在唱生日快乐的歌，我便又为之补写了一句：

　　"飞翔在荧屏上的是一群天使，她们扇动着翅膀正向我飞来祝贺，和我家的天使们合在了一起，荧屏上下，一片欢呼，那一刻，我陶醉了。"

　　然后，我将题目改为《天使的聚会》删掉关于人生哲理思考的文字。我以为，这样处理后，文章的主题就集中了，尽显家庭欢乐。

2009.7.8

点题的技巧

文章写完了，作者总要告诉读者什么，这就叫点题——点出题中之意。这是一种常用的手法。

点题有两种，明点题——直接议论，抒发胸臆；暗点题——事理尽在文章中，作者不再单独站出来说三道四的。

今天我读到两篇极短的文章，叙事的，与此有关。

其一，讲两个捡破烂的男女在一起，女的身体不好，手脚慢，待她看到一个破烂要去捡时，男的早已捡到手了。女的便大哭，这时男的就取出三件破烂——塑料瓶儿，塞给那个女的。女的则很满足地保留了一件，而把另外两件还了回去。作者写道，看到这一幕，我一直在想：一个很微弱的群体，也有自己的气场，一种善的气场。我始终坚信，每一个生命都有着自己与生俱来的气场，哪怕是一株毫不起眼的青草和小树。而有一种气场，叫作善良。很显然，作者所要点的题意就是"要讲善良"。这里是明点题，由作者以旁白者身份站出来宣科，向读者耳提面命。

其二，讲司机老陆在岷江公路上开大货车，途中捎带了老少两人。老人下车的时候，送他一桶水两条管子，说是前边路险，多是下坡，刹车片易发热毁坏，带上这水不停地向刹车片淋着，便有降温保安全的效果。情况果如老人所言，车辆安全下山。此车前后，正有两辆车在这条公路上碰撞，酿成大的车祸，老陆估计车上也许就是因为缺少了那一桶水的原因。作者写道，大家都说老陆很幸运，一般开长途的汽车司机中途带人是大忌，而老陆恰恰带的那个老人却救了他一命，实在太偶然了。老陆也说自己很幸运，但他认为幸运是善良带来的。他捎带老人其实只是因为老人在荒野的山路上走得很累，他出于同情和怜悯给捎上了。这里也在点题，仍然是两个核心字"善良"。这应当算是暗点题，尽管它并不完全隐蔽，但毕竟不是作者的议论。

这两种点题的方式并不互相排斥，文章写到哪里，自然地运用就是，刻意为之反倒不好，别扭。

在另外的时候，作者索性就不点破题意，他将一件事情叙写清楚了，他的倾向就隐含在文章中，感染着读者，影响着你的取舍，这应当是更高明的手法了。

2009.12.20

语言 (1)：大气毛泽东

——毛泽东的语言特色

著名作家，曾任《人民日报》副总编的梁衡先生写过一篇《文章大家毛泽东》，称赞主席"笔走龙蛇惊风雨，白纸黑字写春秋。那种风格、那种语言、那种气派，是浸到骨子里的，溢于字表、穿透纸背的，毛泽东的文章比肩历史上的文章大家，是一座巍峨的高峰"。

梁文说，毛泽东的文章特点首先气势凌厉磅礴。

英勇的人民解放军二十日已有大约三十万人渡过长江。渡江战斗于二十日午夜开始，地点在芜湖、安庆之间，国民党反动派经营了三个半月的长江防线，遇着人民解放军好似摧枯拉朽，军无斗志，纷纷溃退。长江风平浪静，我军万船齐发，直取对岸，不到二十四小时，三十万人民解放军即已突破敌阵，占领南岸广大地区，现正向繁昌、铜陵、青阳、荻港、鲁港诸城进击中。人民解放军正以自己的英雄式的战斗，坚决地执行毛主席朱总司令的命令。(《我三十万大军胜利南渡长江》)

诸位代表先生们：我们有一个共同的感觉，这就是我们的工作将写在人类的历史上，它将表明：占人类总数四分之一的中国人从此站立起来了……让那些内外反动派在我们面前发抖罢，让他们去说我们这也不行那也不行罢，中国人民的不屈不挠的努力必将稳步地达到自己的目的。(《1949年第一届政协会议上的致辞》)

毛文的第二个特点是知识渊博、用典丰富，以中国人熟悉的故事和文学作品当哲学思想，说理论据，以典正理，深入浅出，生动活泼。

谁人不知，两个拳师放对，聪明的拳师往往退让一步，而蠢人则其势汹汹，劈头就使出全副本领，结果却往往被退让者打倒。《水浒传》上的洪教头，在柴进家中要打林冲，连唤几个"来""来""来"，结果是退让的林冲看出洪教头的破绽，一脚踢翻了洪教头。(《中国革命战争的战略问题》)

毛文的第三个特点是充满辛辣的讽刺和轻松的幽默。

可是国民党先生们啊，这些大好河山，并不是你们的，它是中国人民生于斯、长于斯、聚族处于斯的可爱的家乡。你们国民党人把人民手足紧紧捆住，敌人来了，不让人民自己起来保卫，而你们却总是"虚晃一枪，回马便走"。(《一切政治的关键在民众》)

从十五日至二十五日十一天内，蒋介石三至沈阳，救锦州，救长春，救廖兵团，并且决定了所谓"总退却"，自己住在北平，每天睁起眼睛向东北看着。他看着失锦州，他看着失长春，现在他又看着廖兵团覆灭。总之一条规则，蒋介石到什么地方，就是他的可耻事业的灭亡。(《东北解放军正举行全线进攻》)

搞社会主义不能使羊肉不好吃，也不能使南京板鸭、云南火腿不好吃，不能使物质的花样少了，布匹少了，羊肉不一定照马克思主义做，在社会主义社会里，羊肉、鸭子应该更好吃，更进步，这才体现出社会主义比资本主义进步，否则我们在羊肉面前就没有威信了。社会主义一定要比资本主义还要好，还要进步。(1956 年在知识分子会议上的讲话)

尖锐的讽刺见棱见角，说明主席眼光不凡，总是能看到要害；轻松的幽默不慌不忙，说明他有肚量和睿智，肚子里有货。领袖首先应当是一个读书人，一个读了很多书的人，一个熟悉自己民族典籍的人，他应该是一个博学的杂家，只是一方面的专家不行；只读自然科学不行，要读社会科学，读历史，读哲学。因为领导一个集团、一场斗争、一个时代，靠的是战略思维、历史案例、斗争魄力和人格魅力。这些只有到历史典籍中去找，在数理化中和单一学科中是找不到的。

毛文的第四个特点是通俗与典雅完美的结合。

今朝九钟抵岸，行七十里，宿银田市……一路景色，弥望青碧，池水清涟，田苗秀蔚，日隐烟斜之际，清露下洒，暖气上蒸，岚采舒发，云霞掩映，极目遐迩，有如画图。今夕书此，明日发邮……欲以取一笑为快，少慰关垂也。《致萧子升信》)

赫赫始祖，吾华肇造；胄衍祀绵，岳峨河浩。聪明睿智，光被遐荒；建此伟业，雄立东方。世变沧桑，中更蹉跌；越数千年，强邻蔑德。琉台不守，三韩为墟；辽海燕冀，汉奸何多。以地事敌，敌欲岂足；人执笞绳，我为奴辱。懿维我祖，命世之英；涿鹿奋战，区宇以宁。岂其苗裔，不武如斯；泱泱大国，让其沦胥。东等不才，剑屦俱奋；万里崎岖，为国效命。频年苦斗，备历险夷；匈奴未灭，何以家为。各党各界，团结坚固；不论军民，不分贫富。民族阵线，救国良方；四万万众，坚决抵抗。民主共和，改革内政；亿兆一心，战则必胜。还我河山，卫我国权；此物此志，永矢勿谖。经武整军，昭告列祖；实鉴临之，皇天后土。尚飨！(《祭皇帝陵》)

夺取全国胜利，这只是万里长征走完了第一步。如果这一步也值得骄傲，那是比较渺小的，更值得骄傲的还在后头。在过了几十年之后来看中国人民民主革命的胜利，就会使人们感觉那好像只是一出长剧的一个短小的序幕。剧是必须从序幕开始的，但序幕还不是高潮。中国的革命是伟大的，但革命以后的路程更长，工作更伟大，更艰苦……我们不但善于破坏一个旧世界，我们还将善于建设一个新世界。中国人民不但可以不要向帝国主义者讨乞也能活下去，而且还将活得比帝国主义国家要好些。(《在七届二中全会上的报告》)

若说：何以对付敌人的庞大机构呢？那就有孙行者对付铁扇公主为例。铁扇公主虽然是一个厉害的妖精，孙行者却化为一个小虫钻进铁扇公主的心脏里去把她战败了。柳宗元曾经描写过的"黔驴之技"，也是一个很好的教训。一个庞然大物的驴子跑进贵州去了，贵州的小老虎见了很有些害怕。但到后来，大驴子还是被小老虎吃掉了。我们八路军新四军是孙行者和小老虎，是很有办法对付这个日本妖精或日本驴子的。目前我们须得变一变，把我们的身体变得小些，但是变得更加扎实些，我们就会变成无敌的了。(《一个极其重要的政策》)

一些人惯于写空洞的官样文字，讲了一万次了依然纹风不动，灵台如花岗之岩，笔下若玄冰之冻。哪一年稍稍动一点，使读者感觉有些春意，因而免于早上天堂，略为延长一年、两年寿命呢？（1958 年 9 月 2 日的一封信）

从这里的引文中即可看到毛泽东深厚的古文根底。他学习韩愈文章是下过苦功的，他早期的文字何等典雅，可以写出一手好古文。后来在长期的斗争生涯中，一方面和工农兵在一起，学习他们的语言；一方面又手不释卷，和各种书，包括文学书籍，小说、诗词、曲赋、笔记缠裹在一起，须臾不离。所以，他的文章典雅与通俗共存、朴实与浪漫互见，时常既有乡间农民的口语，又能见到唐诗、宋词里的句子，忽如老者炕头说古、娓娓道来，又如诗人江边行吟、感天动地。

梁衡感叹道，文章是一门独立的艺术，细读毛泽东的文章，特别是他独特的语言风格，足可自立为一门一派的。正鉴于此，我在这里多摘引了部分内容供大家学习参考。

2013.12.21

语言 (2):《金蔷薇》, 情深味浓的美文

上海译文出版社在《金蔷薇》出版时是这样介绍作者和文本的:

帕乌斯托夫斯基 (1892—1968), 俄罗斯当代著名作家, 有 "散文抒情大师" 之美誉, 以其代表作《金蔷薇》闻名于世。

《金蔷薇》是一部总结作者本人创作经验、研究俄罗斯和世界上许多文学大师的创作活动、探讨文学创作的过程、方法和目的的文集。作者用他散文诗的语言、小说似的铺叙、将作家的文学创作——人类精神活动中最生动、最富有创造性的活动娓娓道来, 气势磅礴而又精致入微地描绘了人类的美好感情和大自然的如画美景, 阐述了作家的使命。其内容之美、文体之巧和语言之妙, 在有限的篇幅中容量如此之大, 为文坛少见, 因而成为备受读者欢迎、长销不衰的散文珍品。

译文作者戴骢介绍道:

帕乌斯托夫斯基是一位具有鲜明创作个性的作家。早期作品富有浪漫主义色彩, 充满幻想, 自中期起, 作品开始具有强烈的心理学倾向, 着力于探讨人的情感和个性, 从写多彩而奇特的英雄人物转而写普通人, 塑造农民、劳动者和手艺人的形象, 致力于发掘他们身上的 "永恒之光"。

他不仅写出了一系列优秀的中篇小说, 而且尤其擅长写抒情色彩的短篇小说。他的许多短篇小说借景抒情, 寓情于景, 文笔细腻, 格调清新, 宛如一首首散文诗。

他创作特色中最突出的一点是善于用诗一般优美、动人的语言描写自然科学领域内的故事。他的《卡拉—布加兹海湾》和《科尔希达》曾

被高尔基和克鲁普斯卡娅誉为小说和科学结合的创新范例。

读者看重《金蔷薇》的，首先还是语言行文的优美，横看成岭侧成峰，翻到无论哪一页都是美文，朗朗上口，舒心悦情，它的语言特点就是徐缓、抒情、个性化。作者为什么能把语言文字运用到美的极致，那也许只能说是天赋了。在这一节里，我们摘引几则文字稍作欣赏。

对异国情调的向往，当然不是一下子就从我身上消失得无影无踪的。它在我身上羁滞了很久，就像丁香花浓郁的香味久久不肯从花园中消散一样。正是这种向往，使得基辅这个我所稔熟的、甚至觉得有点儿烦琐的城市在我眼睛里改变了面貌。金色的夕辉在基辅的一座座花园中燃烧。而在第聂伯河对岸黑沉沉的空中，则不时打着闪电。我仿佛觉得那边是一个神秘的雷雨之国，国中无处不响彻着树叶的喧嚣。

春把栗花撒满了基辅。栗花嫩黄色的花瓣上洒满了红点。落花是那么多，以致在下雨时，一堆堆花像水坝那样堵塞了雨水的急流，有些街道变成了小小的湖塘。

我朝农舍跑去，可是干热风在半道上撵上了我。旋风卷着漫天的沙土，呼呼地刮着，羽毛和刨花都扬到了半空中。顿时天昏地暗。太阳转眼之间变得毛烘烘的，成了个血红色的球，活像火星。爆竹柳东倒西歪，发出嘘嘘的哨声。打背后扑来的热气是那样的烫人，就好像我衬衣的后背着了火似的。我嘴里满是沙土，一咬牙就发出喀嚓喀嚓的声音，眼睛也被沙土糊住了。

我把头探出车窗，唱起歌来，用不相连贯的歌词唱着秋夜，唱着俄罗斯，对我来说，世上再也没有比俄罗斯更亲切的地方了。风像少女松散开来的芬芳的发辫，把我的脸吹拂得痒痒的。我真想吻吻这发辫，这风，这如泉水一般清冷的土地。但这是我力不及的，于是我只好前言不搭后语地唱着歌，活像个疯子。在东方的天际，出现了一线极其淡雅、极其柔和的泛出蓝光的鱼肚白，这美丽的景象使我叹为观止。

我奇怪东方的天际怎么会这样美，怎么会这样清澈，怎么会有这种淡淡的蓝光，后来我才想到这是新的一天正待破晓。

我自己也莫名其妙，我在车窗外所看到的一切以及在我心中激荡着的那股无可名状的欢乐感，竟会交织在一起，化为一个决心——写作、写作、再写作！

在这霞光初升的时刻，启明星熠熠闪光地低悬在大地上空。空气洁净得好似泉水。

拂晓时分的霞光中，有一种像处子一般纯洁的东西。每当朝霞初上时，青草披着露珠，树木散发出刚挤出来的热乎乎的牛奶的香味。村外，牧人在晨雾中吹着风笛。

转眼之间就破晓了。暖和的农舍里还静悄悄的一片昏暗朦胧。但是顷刻之间，圆木搭成的墙上就映出了几方橙黄的朝晖，一根根圆木像是一层层琥珀，灼灼地放射出光来。太阳出来了。

秋日的朝霞又是另外一种样子，不但阴沉沉的，而且行动缓慢。白昼不太情愿苏醒过来，因为反正照不暖冻僵了的土地，也无力把笑盈盈的阳光召回。

万物都在凋谢、衰败、唯独人不肯屈服。天刚破晓，家家户户的农舍里便生起了炉子，袅袅的炊烟萦绕在村子中，贴着地面弥漫开去。此后淅淅沥沥的晨雨大概就会打在蒙着一层水汽的窗玻璃上。

据译者介绍，译文出版社这本《金蔷薇》为作者的最终修订本，收入苏联国家文艺书籍出版社1982年版《帕乌斯托夫斯基文集》九卷集之第三卷。托氏还曾计划写作《金蔷薇》第二卷，但未及成书即去世。托氏九卷集，中文是否全译出，本书译者未作说明。

译文出版社出的是精装本，印发精美。就我所知，国内译本还另有几家。因为就在2013年我还购到一册漓江出版社的平装本，译者李时，薛菲，全译本。但是这本书的封面印制了一个"洋姑娘"的头像，正文版式两侧，各有一个模糊的女人头像，脚注字号又太小，老年人非用放大镜看不可。我斥之曰"败坏读者胃口，糟蹋了好书"，投诉于《中华读书报》，编辑八成有同感，文章遂很快发表。

2015.8.16

开头（1）：奠定全书的写作风格

2015 年第九届茅盾文学奖揭晓，河南作家李佩甫的《生命册》获奖，他在谈到该书创作时讲道："我是一粒种子。"这是《生命册》的第一句话，我曾经花了一年时间，废掉几万字，就为了找到它。我要通过"第一句话"来决定整部作品的语言基调和情绪走向，确立这部小说的写作方向。李佩甫的这段创作体会说明了一本书、一篇文章开头的重要，许多著名作家的创作实践都印证了这一点。

法国作家司汤达长篇小说《巴马修道院》是这样开头的："一七九六年五月十五日，拿破仑率领年轻的军队越过洛迪桥，一鼓作气挺进米兰，以示天下：恺撒和亚历山大千秋万岁后，终于有了继承者。"这段开篇文字大气恢宏，有声有色，充溢着浪漫的英雄气概，为全书的行文叙事风格定了基调。

马尔克斯的《百年孤独》则是这样开头的："多年以后，面对行刑队，奥雷里亚诺·布恩迪亚上校将会回想起父亲带他去见识冰块的那个遥远的下午。那时的马孔多是一个二十户人家的村落，泥巴和芦苇盖成的屋子沿河岸摊开，湍急的河水清澈见底，河床里卵石洁白光滑宛如史前巨蛋。世界新生伊始，许多事物还没有名字，提到的时候尚需用手指指点点。每年三月前后，一家衣衫褴褛的吉普赛人都会来到村边扎下帐篷，击鼓鸣笛，在喧闹欢腾中介绍新近的发明。"小说评论家赞赏道：这里提的是"多年以后"。其实写的是现实的情景，一开始即写到四处流浪的吉普赛人，拖着两块金属锭，走家串户展示他们磁石的魔力。全书的基调、氛围和写作手法，在这个开头中即已确定了。

余华在《灵感》一文中于此介绍得更为仔细。文章说，马尔克斯在和门多萨的对话《番石榴飘香》中说道："如果一个题材经不起多年的丢弃（陈放）我是绝不会有兴趣的。"《百年孤独》马尔克斯构思了十五年，《家长的没落》想了十六年，而那部只有一百页的《一桩事先张扬的凶杀案》想了三十年。在对《百年孤独》的构想丢弃了十五年后，有一天，他带着妻儿开车去阿卡普尔科旅行时，脑中突然出现了一段文字——"多年以后，面对行刑队，奥雷里亚诺·布恩迪亚上校将会回想起父亲带他去见识冰块的那个遥远的下午。"于是，旅行在中途便停止了，马尔克斯开始了《百年孤独》的写作，一部经典著作问世了。所以，马尔克斯认为自己之所以能够瓜熟蒂落地将这部作品写出来，唯一的理由就是那些想法经受了岁月的考验。

这是两则外国的范例，再看看国内的两部名作开头。陈忠实的《白鹿原》是这样开头的：

"白嘉轩后来引以豪壮的是一生里娶过七房女人。

娶头房媳妇时他刚刚过十六岁生日。那是西原上巩家村大户巩增荣的头生女，比他大两岁。他在完全无知慌乱中度过了新婚之夜，留下了永远羞于向人道及的可笑的傻样，而自己却永生难以忘记。一年后，这个女人死于难产。

第二房娶的是南原庞家村殷实人家庞修瑞的奶干女儿。这女子又正好比他小两岁，模样俊秀眼睛忽灵儿。她完全不知道嫁人是怎么回事，而他此时已谙熟男女之间所有的隐秘。他看着她的羞怯慌乱而想到自己第一次的傻样反倒觉得更富刺激。当他哄唆着把躲躲闪闪而又不敢违拗他的小媳妇裹入身下的时候，他听到了她的不是欢乐而是痛苦的一声哭叫。当他疲惫地歇息下来，才发觉肩膀内侧疼痛钻心，她把他咬烂了。他抚伤惜痛的时候，心里就潮起了对这个娇惯得有点任性的奶干女儿的恼火。正欲发作，她却扳过他的肩膀暗示他再来一次。一当经过男女间的第一次交欢，她就变得没有节制的任性。这个女人从下轿顶着红绸盖巾进入白家门楼到躺进一具薄板棺材抬出这个门楼，时间尚不足一年，是害痨病死的。……"

这一段娓娓道来，质朴无华的叙述奠定了全书谱写农村家族史的厚重文风。既不金戈铁马，又不纤巧舒缓，它就是不徐不疾，老老实实地讲，成功就在读者的信任中。记忆中，四川老作家艾芜或沙汀的一篇小说就是这样开头的，也许陈忠实看过，陈有悟性，脑子火花一闪，把这个手法用在了自己小说上。我现在已无力去搜索四川老作家们的作品了，写出这个猜疑，只是读书人的习惯罢了。

阿来《尘埃落定》是这样开篇的：

"那是个下雪的早晨，我躺在床上，听见一群野画眉在窗子外边声声叫唤。

母亲正在铜盆中洗手，她把一双白净修长的手浸泡在温暖的牛奶里，嘘嘘地喘着气，好像使双手漂亮是件十分累人的事情。她用手指叩叩铜盆边沿，随着一声响亮，盆中的牛奶上荡起细密的波纹，鼓荡起嗡嗡的回音在屋子里飞翔。

然后，她叫了一声桑吉卓玛。

侍女桑吉卓玛应声端着另一个铜盆走了进来。那盆牛奶给放到地上。母亲软软地叫道：'来呀，多多。'一条小狗从柜子下面咿咿唔唔地钻出来，先在地下翻一个跟斗，对着主子摇摇尾巴，这才把头埋进了铜盆里边。盆里的牛奶咽得它几乎喘不过气来。土司太太很喜欢听见这种自己少少一点爱，就把人淹得透不过气来的声音。她听着小狗喝奶时透不过气来的声音，在清水中洗手。一边洗，一边吩咐侍女卓玛，看看我——她的儿子醒了没有。昨天，我有点发烧，母亲就睡在了我房里。我说：'阿妈，我醒了'。"

这部作品尚未出版，在杂志上首刊的时候，我就为作者的写作内容的新奇，叙述手法的新颖，语言的诡谲而吸引，待出版后立即购买了。《尘埃落定》后来获得了第五届茅盾文学奖，好评如潮。现在看这段开篇文字，全书即确定以"我"的视角来叙写了，而且，读来有一种怪异味儿，洋洋20余万字，从头到尾这样写来实在不易，这是作家的本领，也是作家的"讨巧"处。

2015.6.7

开头（2）：为整体风格定调

文章的修改其实和最初的写作动议一样，应当从整体概念着手。

主旨，即意图或曰思想性，我们要告诉人们什么，我们想宣扬什么。《沙苑》杂志第四期有篇学生写的独幕剧，内容是写婆孙俩乘公交车，孙儿坐着奶奶站着，别人劝小的给老的让座，老太太爱孙子心切，说："我要是坐了，那我孙子不是就得站了么。"我编辑时，认为这个意图没有积极意义，而且事情也无普遍性，所以只改了一句话，即加了解释，说明孩子有伤，不能站，所以做奶奶的就立着得啦，只添了那么一句，结尾变成这样的形式：

老太太："他是我孙子,，怎么能让我的孙子给我让座呢？我坐着，我孙子就得站着（众人愕然）。

老太太：前天他为救同学伤了腿，站不起来，我现在是陪他去医院看病——他爸他妈都上班去了，没空。（车依然走着，人群依然拥挤，大家陷入了沉默）

乐声：只要这世界充满爱……

显然，原作的那种写法，爱的乐声只是一种讽刺。现在这样改了，便显得爱的真切，那不仅仅是婆孙之爱，是全社会对爱的认同，对老奶奶行为的认可和支持。

文章的布局就是筹划文章怎么来写，如建筑师关于建筑形状、风格的总体设想一样。而布局是最先考虑，又是和如何开头相一致的，开头文字的风格基本就确定了整篇文章的风格和基调。

我以为所有的文章其描述都是以顺序进行的，而倒叙、插叙只不过是技巧的处理，最终还得回到按事态发展的顺序来进行。

我在写《书苑游侠焦梦涛》一文时几经思考，确定还是结合孟涛本人那种豪迈外向、快人快语的风格，将文章写得热烈而大气一些，为了加强亲切感，提高感染力，索性不要导序式的开头，而是真正的开门见山。我写道："我说孟涛啊，你怎么老是不修边幅，不注意自己的仪容呢！你看你，头发如狮头，卷毛波浪迭起，黑黝黝的脸偏又络腮胡子刮不净，一件黑色皮夹克宽大得如同大衣一样，又不合扣儿，露着里边的红色毛衣，骑在摩托上，便犹如一朵晃动的黑皮红牡丹，让人忍俊不禁！莫非你的书法有了名气，便可以如都市里的导演那样胡子拉碴地在人前扮作犷达不羁状！"这样气势的开头就决定了后边的文字也都必然要照此风格、气势来写、来处理。这仍然是依时间顺序来写，即见到人第一印象应是他的相貌如何，然后我用了几个整段的"我说孟涛啊"，像框架一样，写了我对孟涛观察的几个方面：学艺、为人、书法成绩等。

但我们经常的时候总是采用导语制式，即如同寒暄一样写几行文字，然后引出正文。如我写画家解安宁的速写，开始即道："新屋落成，有朋友来观瞻，美言了几句之后，忽道：这白粉墙何不找解安宁画几幅画挂起来，一来文雅，二来亦合老兄的情趣呢。""解安宁？"我摇摇头："不认识。"这样就把主人公很快地、很自然地引了出来。在写记叙王焕友书记的《山有情、水有情》时，我是这样开头的："九九年中秋节前一天，忽有朋友告诉我，县委书记王焕友要调走了。我颇感突然,忙打电话询问。"由问答引出了我对他多年来的了解：他的身世、从政经历、在大荔来的工作内容直到旧城改造。这两篇文章都是以倒叙起式，进入自然发展顺序的。我在记叙陕南一位朋友时，虽近似于导语式开头，但其实是开门见山："周末整理书架，翻出一封信来，是寄自紫阳县的，我在那儿工作过10年哩，挺亲切！署名'张缄'，那自然是宣强了。"这里把两种开头办法统一了起来。

在另外的时候，你也可以放弃倒叙这种常见格式，而以闲聊状开始。

如我在写陕南农村一个姑娘时，便是这样开头的："不知不觉间，看书看得晚了，站在窗台上凭栏望着西边天空的新月牙，没来由地忽然想起了她。她叫香儿，姓罗，住在大山深处——"然后写回忆，进入正文。这个开头的语句都很短，确定了全文必须写得干净、利落、整洁，不能拖泥带水，借以达到全文风格的统一。又如《拾风筝》一文，是这样开头的："房内的光线眼看着暗了下来，无法写字了，我提议说：'出去转转。'妻放下手中的织物说：'出去转转。'"这个开头很自然，，它和正文中捡到孩子一只风筝又归还的事情是有机地融合在一起，看不来是在开头，也可以说是开门见山那种格式，但实际上是以一种对朋友述说事情经过的闲聊式开头的。

文无定式，文章的开头也是这样，但作为散文、随笔，大体上总常见这几种，要变化也不大，不过是根据各人要写的内容自己"填格"式地处理罢了。

2014.4.7

开头（3）：朱自清之写人

朱自清的散文很有特色，手边恰有本他的散文集，集中又集中地收录了他的写人怀旧文章，录其各篇开头集中在一起，当会有很好的借鉴和启示。

《背影》：我与父亲不相见已二年余了，我最不能忘记的是他的背影。那年冬天，祖母死了，父亲的差使也交卸了，正是祸不单行的日子，我从北京到徐州，打算跟着父亲奔丧回家。到徐州见着父亲，看见满院狼藉的东西，又想起祖母，不禁簌簌地流下眼泪。父亲说："事已至此，不必难过，好在天无绝人之路！"

《怀魏握青君》：两年前差不多也是这些日子吧，我邀了几个熟朋友，在雪香斋给握青送行。雪香斋以绍酒著名。这几个人多半是浙江人，握青也是的，而又有一两个是酒徒，所以便捡了这地方。说到酒，莲花白太腻，白干太烈，一是北方的佳人，一是关西的大汉，都不宜于浅斟低酌。只有黄酒，如温旧书，如对故友，真是坛坛有味。只可惜，雪香斋的酒还上了色，若是"竹叶青"那就更妙了。

《哀互生》：三月里刘薰宇君来信，说互生病了，而且是没有希望的病，医生说只好等日子了。四月底在《时事新报》上见到立达学会的通告，想不到这么快互生就殁了！后来听说他病中的光景，那实在太惨，为他想，早点走少吃些苦头，也未尝不好的。但丢下立达这个学校，这班朋友，这班学生，他一定不甘心，不瞑目！

《悼闻一多先生》：闻一多先生是在昆明惨遭暗杀，激起全国的悲愤。

这是民主运动的大损失，又是中国学术的大损失。关于后一方面，作者知道得比较多，现在且说个大概，来追悼这一位多年敬佩的老朋友。

《我所见的叶圣陶》：我第一次与叶圣陶见面是在民国十年的秋天。那时刘延陵兄介绍我到吴淞炮台湾中学教书。到了那边，他就和我说："叶圣陶也在这儿。"我们都念过圣陶的小说，所以他这样告我。我好奇地问道："怎样一个人？"出乎我的意外，他回答我："一位老先生哩。"但是延陵和我去访问圣陶的时候，我觉得他的年纪并不高，只那朴实的肤色和幽默的风度与我们平日所想的苏州少年文人叶圣陶不甚符合罢了。

《哀韦杰山君》：韦杰山君是一个可爱的人，我第一回见他面时就这样想。这一天我正坐在房里，忽然有敲门的声音，进来的是一位温雅的少年。我问他"贵姓"的时候，他将他的姓名写在纸上给我看，说是苏里荣先生介绍他来的……我们闲谈了一会儿，而且并没有什么重要的话；——我现在已全忘记——但我觉得已懂得他了，我想象他是一个可爱的人。

可以看到，这几篇文章的开头有一个共同的特点，自然，由事情讲起，依生活本身发展，并不刻意琢磨。俗话说的，想到哪里就讲到哪里，没有描写，没有铺垫，没有议论，自然至极，文风中便透着一层恬淡的意思。有几篇是悼念文，所以便含着一种哀伤。这是极普通，又极常见的文章开头的方法，初学写作也是最易借鉴和学习的。

朱自清还有一篇小说，也可以说是一篇人物特写《阿河》，是写一个女佣工的故事的。他写了这个女佣工的外貌之美，"一张小小的圆脸，如正开的桃李花。脸上并没有笑，却隐隐地含着春日的光辉，像花房里充了蜜一般。""她的影子真好。她那几步路走得又敏捷，又均匀，又苗条，正如一只可爱的小猫。她两手各提着一只水壶，又令我想到在一条细细的索儿上抖擞精神走着的女子。"而且，"她有一套和云霞比美，水月争灵的曲线，织成大大的一张迷惑的网。"阿河之美导致"我"愿意常在窗前偷窥她。但是，文章的开头却是一大段关于朋友家居环境之美的抒情，似乎完全是多余的，而中间这段文字本身很优美，清灵。作者在后半部

209

分写了阿河的身世，二十八岁的阿河有一个三十岁的好赌的男人，她想走出婚姻的束缚，争取自由，但她没有赎身钱，最后自卖自，嫁给了一位老板，可以想象，那婚姻依然是不会幸福的。于是，作者在最后一段写了三句话：第二天，我便托故离开了那别墅；我不愿再见那湖光山色，更不愿再见那小小的厨房！原来最先的描写就是为了和最后结尾做呼应，对全文起到对比反差的作用。

2012.7.22

细节：人物个性化的关键

人过中年，特别是趋于老龄时最易回忆童年。这种回忆的内容，大半不是具体的事件，令他毕生难忘的倒是一些实在不值一提，甚至哑然失笑的细节。这个原因无法道明，这种现象确凿无疑。文学作品也是这样，好的故事中如果没有生活化的、准确表述的、难得的细节，故事日久便会在读者的头脑中淡化，以至于忘记。我们谈《红楼梦》，称赞王熙凤先声夺人的亮相；我们读《儒林外史》，欣赏严监生临死前举两个指头，示意节省蜡烛的动作；读《三国演义》，诸葛亮西城弄险时琴音震颤而非黄钟大吕的指法，都是极好、极典型、被人们经常强调的经典描写。细节成就了情节。

帕乌斯托夫斯基在《金蔷薇》中单写了一则短文《车站餐厅里的老夫人》专论细节的作用。故事内容很简单，一个小车站上几个年轻人嘲笑一个穷苦的老人喂不起宠物狗，老人愤而用仅有的几个硬币为狗买肉夹面包。这实际上是千把字的速写，但帕氏写得很生动，年轻人、老人、狗、售货员写得都很个性化，有兴趣的朋友可以在网上查看一下。帕乌斯托夫斯基议论道：

我为什么要讲这则故事呢？

这是我在思考细节对散文的作用时，不觉回想起来的。我明白，要是把这则故事描述给别人听，却不讲那个主要的细节——不讲狗用各种方式请求主人原谅，不讲这个小生物的这种讨好的神态，那么这则故事就不如真实那么动人了。

　　而如果再把其他细节——老人身上那件证明他是鳏夫或者孤老头子的叠满补丁的短大衣、从年轻人帽子上滴下来的雪水、冰凉的啤酒、沾着碎屑儿的分币，以及从海上刮来的像白茫茫的障壁一般的风雪，也统统掷掉，统统不去写，那么这篇小说就将更加枯燥，更加乏味。

　　帕乌斯托夫斯基还特别地指出：然而没有细节，作品就没有生命。细节的意义所在，普希金曾提及过，他说小事往往会被我们的眼睛忽略，可是却能在众人眼里闪耀出光芒。

　　可另一方面，有些作家却深受累赘、无聊、琐碎的观察之苦。他们让一大堆细节充斥自己的著作——丝毫也不加选择，不懂得细节只有在性格化的情况下，只有在能够像一道光芒那样立时把黑暗中任何一个人或任何一个现象照亮的情况下，才有权生存，才不可或缺。

　　他认真地讲起了自己关于细节的经验之谈。

　　在寻找和确定细节时，必须作严格的挑选、筛选。

　　细节，总是同我们称之为直觉的那种认识能力最紧密地联系在一起的。

　　具体地说，我认为直觉是一种能够通过局部，通过细节，通过某一特性再现整体图景的认识能力。

　　直觉不仅帮助历史小说的作者再现过去时代真实的生活图景，而且还帮助他们再现当时人们的特有的色彩、感情和心理，这种心理同我们的心理相比，自然是有些不同的。

2015.7.16

叙事：张承志和他的“白净草原”

学校老师要孩子抄写景物描写文字，我随手递过去一本书，说：随便抄，哪一页都有美妙的景物描写，随你挑！这本书即是《牧人行歌》，张承志著。

张承志的文章我过去没接触过，只知道他是回族作家，写过很多书，似乎还得过什么大奖。买过他的《北方的河》，没看。买过《黑骏马》，也没看。买本《牧人行歌》却看了，因为恰在手边，又恰我在为写这本书补充材料，便反复看了两遍，学习，揣摩。最深的第一印象是让我联想到俄国作家屠格涅夫《猎人日记》中的《白净草原》。屠格涅夫笔下俄罗斯草原之夜是那么静谧，星星、月亮，三几个少年儿童，令人神往。张承志的笔下内蒙草原乌珠穆沁的夜空、星星、月亮，同样是神秘的，但它同时又是热烈的，不像俄罗斯草原那么冷峻。蒙古草原上的积雪、融冰、长风、猎狗、骏马都是灵动的，动感十足。读来是一片暖心的感受，亲切得多。

《金芦苇》的前边是这样写的：

那片芦苇荡曾经让我们那么向往。

原因很简单，草原是一种极其单调的世界。

在草原上真的扎下根来，把生计寄予蠕动的羊群以后，最可怕的就是天尽头的地平线。一切单调都生于那条静止的波纹，一切悲剧和煎熬都生于那条限制的阻拦。

植被只有牧草。连一根套马杆子的柳木都要从外界输入。这里是名副其实的草原，天穹之下，只有牧草。……不知是这草在养育你，使你自豪地成了一个牧人，还是这草在淹没你，使你变得和羊，和草慢慢没有两样。……

然而，我们公社的南缘有一条河，那河湾里密密地生长着芦苇。……每年冬天，我们都去那里割芦苇，当地行话叫打苇子。用艾镰，即俄罗斯传入中北亚的长柄巨形镰刀的改造型，刃长尺半，不装新疆式的扶手——腰部使劲，一镰扫出两米宽的半圆，于是芦苇在清脆的嚓嚓声中，整齐地跌倒伏下。然后把苇子一提，捆成硬硬的一束，在空地上排好。（《金芦苇》）

这种徐缓平和的叙事风格正是屠格涅夫式的。

张承志的语言流畅，文字充满了哲理和思想的探讨。我很喜欢这几句话：

再恐怖的寒冷，也会如此彻底地终结。再坚实的冰雪，也会如此融解着质变。再强大的不义，也会如此奇异地灭亡。

我把这种信念刻进了心里，那时的我才只有二十二岁。（《春水泛滥时》）

这里，思索不是孤立提炼出的，它结合着主人公的成长。书里这种议论很多，都很深刻、自然、给读者很多的启迪。

张承志这本书是专于记事的，是本游记，所以人物速写内容不是很多，但他记述蒙古额吉（母亲）和新疆维族老人的几篇短文还是很能展示他深厚功力的。有兴趣了解张承志文学创作的朋友，可以多去看看。毕竟，张承志著作等身，位"著名作家"的前列。上海世纪学林出版社的读者参考丛书网上《28位中国当代名作家速写》一文是这样介绍张承志的：

苦吟作家，语言巨匠。在理念和话语的镌刻苦工中，成就了早有其匹的碑铭式写作。"大地"是其梦萦魂牵并深有了悟的，但他的愿望却是描绘与之对称的升华的"天空"。这样一来，人们不得不以"天空"的维度来衡估其小说，发现了乌托邦的独断倾向。其实，不管作家想写什么，他只写了他写好的东西。张承志的碑铭是横向而块垒峥嵘的，当它立起来时，就显得摇晃了。

这段介绍文字倒像是一次颁奖词，故作学者型而又莫深高测般、费人理解。所以，还是王安忆点评得踏实：张承志的写作是表达心灵，草原上的黑骏马，蒙古额吉，北方河流，金牧场，疲惫的摇滚歌手，哲合思耶，都是他必然的替代物。

读张承志的散文，领略心灵的震颤。

2015.6.29

结构（1）：读杨朔散文

　　杨朔是上世纪五六十年代最负盛名的散文作家，他的散文小巧玲珑，文字优美，情调乐观向上，充盈着时代气息，影响了一代人。但也许正因为如此，新时期以来，又有一股否定杨朔散文的浪潮，批评他的散文是粉饰现实，是"歌德派"。又有人批评他的散文结构单调，千篇一律，缺少变化。杨朔散文确实有公式化倾向，但并非千篇一律，各篇其实都有独到之处。要求他在五六十年代政治上高压态势，文网森严下针砭时弊，显然又显过分了。撇开这些不谈，我们今天从积极意义上来考察杨朔的散文，从初学者的角度，看看他是如何结构篇章，独领一代风骚的。我们先看看他的几篇代表作品。

　　《茶花赋》：作者有一个夙愿，画一幅画来寄托自己对祖国的热爱，却又苦于难得构思。一次去昆明，看到了很多山茶花，巧遇老花工普之仁，对养花有了更多的了解，认为茶花和花工美化着我们的生活，我们应当感谢他们。这时，走来一队少年儿童，作者誉为是"童子面茶花"，以为"用最浓最艳的朱红，画一大朵含露乍开的童子面茶花，岂不正可以象征着祖国的面貌？"和文章开始相互呼应。本篇点题之处是作者由花及人的感慨："我不觉对着茶花沉吟起来，茶花是美啊。凡是生活中美的事物都是劳动创造的。是谁白天黑夜，积年累月拿自己的汗水浇着花，像抚育自己的儿女一样抚育着花秧，终于培养出这样绝色的好花？应该感谢那为我们美化生活的人。"

　　《荔枝蜜》：本篇结构简单，文字也不长，但历来为作者喜欢，也为读者重视，究其实，因为写得很优秀。记得 1965 年我高中毕业时，即购买了一个单行本的《荔枝蜜》散文集赠别同窗学友。本篇开首即写了蜜蜂虽好，但作者因为小时候被蜇伤过，所以并不喜欢蜜蜂。中间写了他在四月间春末在品尝了荔枝蜜后又参观了一个蜂场，养蜂员老梁向他介绍了蜜蜂的习性，采蜜的辛苦后，他深为感动，然后，破题地写道："（蜜蜂是）多可爱的小生灵啊！"然后又透过荔枝林，望到远处耕作的农民，"辛辛勤勤地分秧插秧。他们正用劳动来建设自己的生活，实际上也在酿蜜——为自己，为别人也为后世子孙酿造着生活的蜜。"结末回照文章开头写道："这黑夜，我做了个奇怪的梦，梦见自己变成一只小蜜蜂。"这种结尾，后来也成了一种被人喜于仿照的一种模式。1992 年，我在记叙胃切除手术后痛苦感受的散文《拨动生命的琴弦》一文结尾写道：入夜，我做了月余来难得的一个好梦，我梦见自己变作了一条巨大的海鲸，在蔚蓝色的大海里遨游……显然，这个结尾法完全是因袭了杨朔《荔枝蜜》的，但我又觉得这种写法最能简洁明晰地表达出我彼时的心情，所以还是采用了。

2012.7.28

结构（2）：读杨朔散文续

　　《雪浪花》：作者在北戴河海边，看到"礁石都是深沟浅窝，坑坑坎坎的，倒像是块柔软的面团，不知叫谁捏弄成这种怪模怪样。"几个年轻的小姑娘也感到诧异："礁石硬得很，怎么会变成这样子？是天生的还是凿子凿的，还是怎么的？"这时，渔民"老泰山"搭话了："是叫浪花咬的。"他说："别看浪花小，无数浪花集到一起，心齐，又有耐性，就是这样咬啊咬的，咬上几百年，几千年。几万年，哪怕是铁打的江山，也能叫他变个样儿。"然后，作者写了"老泰山"的身世经历，感慨地想："我觉得，老泰山恰似一点浪花，跟无数浪花集到一起，形成这个时代的大浪潮，激扬飞溅，早已把旧日的江山变了个样儿，正在勤勤恳恳塑造着人民的江山。"这就是点题了。最后结束时也写得很浪漫："老泰山姓任。问他叫什么名字，他笑笑说：'山野之人。值不得留名字。'竟不告诉我。"显得极洒脱。这段文字显然得益于古典文学中关于无名隐士的描写，读来很典雅。

　　《香山红叶》：作者讲香山红叶是北京最浓最浓的秋色。重阳节一日，他结伴去香山赏秋，通过一位老向导，知道了关于香山的许多传说，看到了香山红树发着香味的微红的绿叶，感受着生活的美好。他的着眼点在这位老向导："我不十分清楚你过去的身世，但是从你脸上密密的纹路里，猜得出你是个久经风霜的人。你的心过去是苦的，你怎么才能闻到红叶的香味？而现在，你脚步轻松，心情也应该是轻松的，还能闻不见红叶香？"作者在这里破题，他写事是为了写人，写人是为了歌颂新的生活。文章最后诗意地描述到：老向导就是一片经过风吹雨打的红叶，他要珍藏到心里去。

《秋风萧瑟》：作者在立秋日去游山海关，在长城上与一个青年军人交谈，讲长城的感情色彩，讲长城的故事，感叹长城雄伟壮丽："这是我们祖先用智慧、勇敢、毅力积年累代修筑起来的。这不仅是捍卫过我们民族的古垒，也是人类历史上绝世的创造之一。"但作者的思路延伸由自然的长城想到了思想上的长城："应该用我们的思想修筑另一种长城，修在你的肩上，我的肩上，特别是军人的肩上"。从而深化了文章的主题。结尾处作者引用毛主席的诗词照应文题："萧瑟秋风今又是，换了人间"，更增强了文章的内涵。

对照这几篇文章可以看到，杨朔散文的确结构未免雷同，有模式化之嫌。每一篇文章都选一个人作故事的嘉宾出场，借以在交谈中点题，结尾方式大同小异，总是有一段优美的话语和文章开头呼应。但就初学角度说，依葫芦画瓢还是必要的。

2012.7.29

模仿：对佳作的临摹

还是说杨朔。

我读杨朔的作品，最早是在上世纪 50 年代后期，上小学五六年级的时候，先读了他一本中篇小说《雪花飘飘》，似是一个老革命的回忆录。随后读了他的长篇《三千里江山》，现在所记得的只是志愿军战士用枪对空打美国飞机的情节了。六十年代中期，上高中，这时读他的《荔枝蜜》《茶花赋》《东风第一枝》觉得很优美，很喜欢。后来读得多了，"杨朔模式"也就植入脑海，不时在写作中显露出来，但我不以为愧，以为这只能说明我们的写作都不是无中生有，都应有师承。何况，杨朔的散文写得又是那么好，其影响又是那么大！

1992 年我患病做手术后，是死是活，不可琢磨，思虑颇多，负担很重。但我挣扎着也就过来了，回忆走过的路程，写了一篇散文《拨动生命的琴弦》，结尾写道："入夜，我做了月余来难得的一个好梦，我梦见自己再生了，是自己又非自己，似乎变作了一只巨大的海鲸，在蔚蓝色的大海里遨游，海好大好大，我浮沉翻转，快乐极了……"在杨朔散文《荔枝蜜》中结尾是这样写的："透过荔枝树林，我沉吟地望着远方的田野，那儿正有农民立在水田里，辛辛勤勤地分秧插秧。他们正用劳动来建设自己的生活，实际上也在酿蜜——为自己，为别人也为后世子孙酿造着生活的蜜。这黑夜，我做了个奇怪的梦，梦见自己变成一只小蜜蜂。"

我在散文《家有灵龟》中写道，有朋友建议我请画师为房中作画："挂只虎，挂只豹，会予居者一种刚毅，力量，争强好胜的灵性。是故老爷升堂讲虎威，武士疆场称虎将，皆源于此也。"在杨朔的《茶花赋》中，作者写道，当他把儿童的笑颜比喻做绽放的茶花时，"一个念头忽然闯进我的脑子，我得到一幅画的构思。如果用最浓最艳的朱红，画一大朵含露乍开的童子面茶花，岂不正可以象征着祖国的面貌？"

通过这两段对比，可以看到我对杨朔散文的借鉴和化解，看到杨朔文章的痕迹，但我写时并未意识到。这大约即是古人讲的：平时不可无古人，作文时不可有古人吧！

2012.7.31

学养（1）：要学会写美文

现在，各地都在忙着建设"美丽中国"，开发旅游项目，当地的写作爱好者就常常被请去写介绍文字。为西门庆叫好，为潘金莲翻案，争貂蝉故里等不着边际的建设项目是当地领导人的主意，妥否自不用评说。但是对于可供加工评点介绍的人文风物如何来做宣传文章，对于操笔者来说，却是需要认真考虑的，不可随意马虎。文字的准确、优美自不用说，我以为首要的是要让人看了听了有美感，万不可胡编乱造，破绽百出，看后倒胃口，适得其反。试举数例——

其一，有家蒸饼店是这样介绍产品的："相传汉高祖刘邦少年时代不务农桑，浪迹市井，因与人斗殴，惹下人命官司，于潇潇雨夜仓皇出逃，行前其母为其赶制烙饼，因无人烧火翻鏊，于是将饼叠放笼中蒸之。……"下边的文字当然是介绍这种饼有多么地好，刘邦称帝后都很想念，等等。问题是，要将普通的烙饼和刘邦挂钩，为什么，或又有什么必要一定要贬低这个大汉开国皇帝，将他写得行为不端，成了杀人逃犯呢？难道将他写成歹徒，这种蒸饼就有了身价了么？

其二，大荔特色小吃"带把肘子"，闻名遐迩，确实肥而不腻，男女老少皆宜，一本资料集中便收录了这样一则故事介绍：明弘治年间陕西抚台到同州府巡察，州官为了讨好抚台，便传来本县名厨师李××来掌勺。李××厨艺精湛，遐迩有名，为人正直，不畏权贵，便想借机在抚台跟前告州官一状。他故意买了块大骨头猪后腿端上宴席，抚台大人看这一道菜上边覆盖着大片肥肉，颜色鲜红，形似蒲团，下边却埋伏着好大一块骨头，甚感奇怪，便问这是什么讲究。李××说，这道菜叫"狗啃骨头"，州官大人最是爱吃。抚台大人听出了李××的话外之音，也早就知道州官贪赃枉法，搜刮民财，恶迹斑斑，当下便摘了他的乌纱帽。但品尝之下，这道菜却是肥而不腻，瘦而不柴，香醇味美，别具风味的，便建议改名叫"带把肘子"，渐渐地就传开了。

多年以来，大家都认为这个故事编得好，爱憎分明，有故事性。但今日再看时，我不免纳闷，"带把肘子"这个名优特产为什么要和贪官连在一起，不能找个清官么？为什么一定弄个"狗啃骨头"的嘲讽，不能另想个名堂么？州官会把一盘叫"狗啃骨头"的菜肴端给上级么？他傻了？他不要命了？此种典故全然杜撰，并非史实，所以编个美好一点儿的行不行？而且，向深层思索，是对当地淳厚民风的侮辱：大荔的人心眼怎么这么小、这么狭隘，竟然如此地待客和对待上级？这已经是以丑为美了，当它被传播和欣赏之时，实际上是恶俗思想的默化和毒害。我曾和本地文化学者张亚林谈论过这一则故事，他就很感慨地说，编此类故事不可草率，实际上是个很严肃的事情，要对地方史负责，要对历史负责，要考虑如何提升产品文化蕴涵，促进经济发展，要写得优美，而不能写得恶心。未吃饭先看文字介绍便倒人胃口，狗啃骨头么，形同骂食用者了。他说，宋人朱弁《曲洧旧闻》记载，苏东坡很称赞沙苑地区吃"同羊"的做法，后在黄州和杭州做官时，即以烹同羊的制作法用于猪肉的烹制，遂有"东坡肉"之美誉。如果把东坡这个故事稍加改造演义一下，和"带把肘子"联系起来，编成轶事不是更真实、更优美吗？何乐而不为，偏要弄个"狗啃骨头"呢？这只能说明，编写者认知有误，境界不高，且学养不足，没有接触到这类材料，却很认真地编写成了现在的范本。

天津"狗不理包子"名扬四海，著名作家冯骥才是这样介绍的：运河边上卖包子匠外号叫"狗子"的生意人，包子卖火后，顾不得搭理来买包子的食客，便有句闲话："狗子行啊，不理人啦！"遂一怨成名。转意却成了"狗不理"的包子，与原意相去甚远。袁世凯小站驻军，食之甚好。复带回北京，慈禧太后尝到，更喜，道："这包子老天爷吃了都要说好！"金口一开，天下大吉，"狗不理"包子方名满四海，这个传说天津人就演绎得很完满，有人文内涵。

我常常想，许多民间故事，山川风物传说为什么乐于被人接受，就是因为编者构思的时候，即有美的意识，如望夫石，望娘滩，田螺姑娘，等等。不可想象，如将梁祝故事、牛郎织女，西厢记写得色情起来耸人听闻，还能流传下来么？即如西厢记故事，本属于唐代诗人元稹的真实故事，后世编者摒弃了元稹对情人始乱终弃的本事，琢磨成了现在看到的故事优美，至王实甫手中终于情节感人、爱情忠贞的佳作。新世纪山西永济更有赖于这一故事加大了开发力度，收到了很好的经济效益，应对我们有很好的启示作用。

2015.3.25

学养（2）：写作要尊重历史

写作要尊重历史，尊重事实。

在上世纪编写的《大荔县志·风物志》部分是这样介绍大荔县沙苑子的：大荔县沙苑地区所产的蒺藜子是我国著名的药物土产。据唐代《元和志》记载，沙苑蒺藜子在唐朝时已成为贡品。宋朝以后的历代本草都有收载。《大荔县志》中记述："药品中荔邑称善者，蒺藜固著名天下。""其蔓引长如刺蒺藜，而茎叶各异。紫花结荚长寸许，荚内实大如芝麻，而色碧绿。此沙苑蒺藜子之殊于他处蒺藜子也。""味甘、性温，能补益肝肾，固精明目，主治肝肾虚、头晕、目涩、腰膝酸痛、遗精、早泄、遗尿等症。此物为药为茶，明目补肾，久服者自知。"

为了宣传本地产品，文化人便收集整理相关的民间传说，敷衍成故事。民国时期沙苑地区有个老先生叫李自反，他写的《沙苑志》中收录了一个故事，后来编写县志的同志便将这个故事修改以后刊印出来，成为一个定本，且被本县戏剧爱好工作者改写成剧本后演出。故事是这样的：唐玄宗有个女儿，人称长乐公主，因自幼多病。安禄山叛乱时，公主仓皇中逃到沙苑，在一个村庄为一八旬老翁收留。老翁熬蒺藜当茶喝将养公主，结果公主恢复了健康。安史之乱过后，公主回宫时太子李亨（肃宗）即位，听了公主的叙说，即将蒺藜子定为珍贵的贡品药材，沙苑蒺藜子遂名扬天下，为医家重视。

这个传说编成至今80多年了，大家众口称赞，从无有异议，这次大荔县整理旅游文化资料，文化学者张亚林才指谬其中人物关系设置上有重大错误。长乐公主应为万春公主，两人相差百年。万春公主为唐玄宗李隆基小女，有女才子之称。初嫁于杨国忠之子杨灿，后嫁于杨灿堂叔杨绮。如讲万春公主经历安史之乱，可与沙苑子传说相合。而长乐公主是唐太宗李世民的第五女，公元643年去世。安史之乱起于755年，其间隔了112年，何能参与其中？李隆基是李世民的重孙，时间相差太大。故事撰写者想借用长乐公主的名声却罔顾了事实，这实际上是编写者历史知识的欠缺。现在旧话重提，举一反三，意在提醒撰写此类稿件和文学作品时要特别注意作品的环境，人物关系的设置，力求准确，以免以讹传讹。

　　唐朝距今1000多年了，事实错讹尚可理解，而另一则当地小吃传说中竟说是，1900年八国联军入侵北京时，慈禧太后西逃西安，路过朝邑和大荔，品尝小吃"九品十三花"后感叹道，"同州水席最养人，未料民间竟有如此美食"，则就荒谬得离谱多了。因为慈禧西逃时并未从山西永济过黄河到陕西的朝邑，时去不远，资料丰富，是容不得为攀附名人而胡编乱造的。

2015.3.27

学养（3）：写作的文化积淀

《生死相托》是我的散文集《槐垣漫步》的第三本，亦即最后一本，在《濯足沧浪啸春风》结尾处我写道：此三本书出齐，我便当邀了张三，约了李四，唤了王五诸人，就便"山远近，路横斜"，上华山，游山河，也算是我的"江左烟霞，淮南耆旧"了。再"唤几个新知"红蚁绿焙，共卧霞舫，吟诗作画，点评世事人生，那更是我的"兰亭集序"了。

我们经常讲学习写作就要多读多写，收集材料，反复揣摩，提高文化修养，积淀文化知识，这样，落笔时方能做到"闲时读书不可无古人，写时笔下无古人"，古人意全借来融会在自己的思想中，变化成另一段文字表达出来。兹以这一结尾段为例简略说几句。此段文字是表述退休后恬淡生活态度的，即"邀了张三，约了李四，唤了王五诸人，上华山，游山河"，做"兰亭集序"了。但它的形成，在我的"文化仓库"里却是林林总总许多文化概念，知识材料的综合。

文中提到的《兰亭集序》，不用多说，一本《古文观止》我早已翻捡得破烂，王羲之那篇《兰亭集序》也烂熟于胸，数十文友约会在一起，飞羽流觞，其乐无穷。"山远近，路横斜，陌上柔条破嫩芽。春在溪头荠菜花"，为南宋爱国词人辛弃疾在《鹧鸪天》中的话语，我辑录在一起。原词中的"斜日寒林"，"桃李愁风雨"，"黄犊暮鸦"等字句因读来消极，故舍而未用。这里的"江左烟霞，淮南耆旧"，"唤几个新知"，"共卧霞舫"句则是借自吴敬梓《儒林外史》一书的篇末词《沁园春》。这首词伤时感怀，惜朋唤友之情即今之退休人员亦未能免。数十年间，这本书我通读了四遍，感慨良多。结尾这首《沁园春》也就烂熟于胸。此次写来，其意趣不用思索，便流露在笔下。这种朋友相聚，诗话游览，如竹林七贤，八仙过海，知之效之，都是一种人文的熏陶。更早、更正宗版的启示，其实是《论语·先进》篇中孔子要弟子们"各述其志"，曾子回答："暮春者，春服既成，冠者五六人，童子六七人，浴乎沂，风乎舞雩，咏而归。"

网上有对这段话的真切评论，认为曾子的回答简单朴实，富有生活情趣，寥寥数语，就勾画出一幅春日郊游图，呈献出生命的充实和欢乐。阳光下，春风里，人们沐浴、唱歌、远眺，无忧无虑，身心自由，令人向往，我们从中感到受了春的和熙，歌的嘹亮，诗的馥郁。同时，它将曾子和孔子的神态、音容笑貌，传神地表现了出来，令人回味。其实，这种三朋六友相邀赏月踏花、雅兴高高的描述在古典辞赋小品中是很多的，李白的诗，苏轼的赋即是很好的熏陶。苏轼和友人夜游赤壁的记叙何其之美。这些佳作读多了，写起自己的文章来便氤氲在美的氛围中，自己所思所想也便会快意地表达出来。

我写出那几句文字也和现实生活密切相关，和与我有相同经历或志趣的朋友相关。女作家凌琴写道："人生苦多，何堪言说？回首往事，岁月蹉跎。此生已老，雄心消磨。夕阳西下，晚霞犹烁。临清流而赋诗，眄南山以驰怀。极目于天地之间，神游于古今中外。让失意痛苦远离，与绿竹嘉树相伴。携一壶浊酒，邀三五朋侣，指点江山，放歌天涯。"李楷老师学资深厚，从教数十载，退休后写道："公事已了，家事已了，明月催人老。粗茶也好，淡饭也好，四时得温饱。拜托春风，嘱咐秋草，从此莫相扰，颠倒子丑与寅卯，不觉东窗晓。"正因如此，近年来，我常邀请文朋诗友不时聚会。正如文中所叙，黄河也去，华山也去，周围县市也去，真正地一群"江左烟霞，淮南耆旧"，把衣冠蝉蜕，濯足沧浪，吟诗作画，且酣霞觞醉一场了。苏轼在《行香子》词中曾憧憬能过上"对一张琴，一壶酒，一溪云"，"且陶陶，乐尽天真"的悠闲生活。可以想见，这张琴桌旁一定会有他的密友，文朋，畅怀同饮。不期间，此文写得便长了，所幸终于表述了我长期以来对文学青年拳拳的劝学劝读之心。

兹以李楷老师甲午年一首诗作为本文的结束：赤壁赋中月，黄鹤楼上诗。为人无城府，落笔有才思。

2015.3.8

叶永烈：贵在实地采访

现在，写纪实文学或者传记文学的人越来越多。名人明星的传说（不算新闻报道）铺天盖地出现在报刊杂志上，但大多是"歌德"的，真实性客观性不够，要再是为金钱而写作，为传主讳，可信性就更谈不到了。所以如何向老一代传记作家学习，写出于人、于社会有启迪的信史就是个很重要的问题。

叶永烈，著名作家，前期主要从事科普创作，后攻当代重大历史政治题材写作，是为权威、大家。叶永烈著科普全集计有 28 卷，1000 余万字，纪实文学作品 1500 万字，散文随笔集 21 本，500 多万字。这真让那些出了数本书便自我感觉良好，不可一世的作家羞愧了。叶永烈在谈到自己的创作经验时特别强调实地采访的重要性。他说，纪实文学创作"实"字是关键，作品必须真实，所以我把真实放在第一位。我在写作中有两个翅膀，一翼是图书馆、档案馆；另外一翼就是大量地采访当事人。因为叶永烈写的都是重大历史题材，所以他特别强调：我的写作是"当代人写当代史"，重大历史事件中的当事人都还在世，采访跟文献结合在一起，这样写出来的作品才有它真正的历史价值。一部作品里面有多少是首创性的，独家的，这个非常重要。

叶永烈写纪实文学作品并非单纯的文学爱好或出于猎奇心理，他有崇高的使命感和严肃的创作态度。就中国共产党在上海的诞生，他写了《红色的起点》，后来沿着这个路子写下去，形成了长达 150 万字的《红色三部曲》，填补了党史创作的空白。因为是谱写主旋律，采访写作都还比较顺利。但后来写作《"四人帮"兴亡》，由于难度高，头绪多，竟至长达30个春秋。叶永烈强调：文化大革命是一场带给中国人民重大伤害的闹剧、丑剧、惨剧，是极左路线的统治结果。他写这本书就是要通过写这四个人折射文化大革命的问题，防止极左路线卷土重来。为了材料的可靠性、准确性，他前后共采访了100多位当事人。其中很多人因事涉政治问题，都躲躲闪闪，不是拒绝采访，就是文过饰非，有意为自己护短。当然，由于时过境迁，当事人年事已高，记忆力下降，也常出现回忆的错误，所以如何去伪存真，也就是重要的问题。叶永烈说：口述历史非常重要，不可不听，却也不可全信。考虑到历史事件过去很多年后会变得错综复杂，有各种各样的说法，在处理这些问题时，他便采用兼收并蓄的"列法"，让读者自己去判断。谈到写作手法，叶永烈讲，纪实文学作品的文学性就是丰富的细节，虚构的对话和心理活动都是绝对忌讳的。心理活动是小说描写的一大特色，却不符合纪实文学写作要求真实的原则。在书写时，他也很少用对话，以减少虚构成分。他的创作原则是，最好保证所有的事实都有出处。

看来，从科普作家到纪实文学作家，对叶永烈来说并不是"华丽转身"，而是重大的"蜕变"，他对纪实文学创作的感悟，有志于纪实文学创作的青年应作为借鉴，深思和揣摩，自然会有收获。

2015.4.2

黄宗英：沉下心来采访

黄宗英原是名演员，后改业事创作，又成著名作家，主攻报告文学写作。近读新华社记者祖伯光采写黄宗英的文章，谈到她深入基层，不畏辛苦，和采写对象共甘苦的事迹，深为感动，以为非但对记者们，对所有的文学青年都是有效行的必要的。文章说，我曾问过她，你怎么有那么多激情，对什么都感兴趣。她说："这叫可遇不可求，你遇到了就要抓住。不然灵感就一触即逝。我就像只鹰，在天空中盘旋，一有好的素材，我就俯冲下去，一定要抓到手。我又像地质队员，不大爱走大路，专门在山沟沟里敲敲打打，去发现矿藏。"又说："我记在本子上的常常是灵感，是一些人口土地的数字，有时也记一点材料。但人与人心的交流不是能记下来的。这要靠深交。交人先交心，深交得知己，在节骨眼上才写得出文章来。"正因为这样，每到一个单位去，黄宗英不是急着摊开本子请采访对象谈情节，谈完即走，结果人走茶凉，双方仅是一面之交，根本写不出好作品来。采访南京农林学院女教授徐凤翔时，她从成都伴行到拉萨，和徐凤翔一起到政府部门要支援，要经费，逢人便讲徐专业研究的意义。甚至进林区要用到的汽车帐篷、鸭绒被，黄宗英也帮助张罗。而这一切有了结果后，她像孩子似的高兴。写报告文学《大雁情》时，她走进秦岭大山中，到秦官属工作的小县城采访。当时，左的认识对知识分子的偏见还很浓重，单位有人对秦有异议。黄宗英便详细了解事情真相，为秦正名，并在文中提出一个深刻问题：该怎样保护一个为科技献身的中年科学家。这篇文章的呼吁在当时影响很大，对于端正知识分子的认识，提高知识分子的社会地位起了很大的作用。

作者介绍，凡是黄宗英的采访对象都是她的好朋友，多年不变。她深入生活现场，流着泪写出了《星》中的上官云珠；她在医院病房发现美，写出了浑身烧伤面积百分之百的大学生杨光明；她三下西藏，写出了《小木屋》及其电视片，结果自己因缺氧而患中风症。上世纪六十年代采访邢燕子、侯隽、张秀敏时和她们交上了朋友，这些姑娘每年都要带上治头痛的天麻等药品看望她。在天津宝坻县窦家桥村，至今她去采访时带的行李卷尚在。今天的记者和作家们下乡早已不用行李卷了，但这种"行李卷"已化成一种崇高的敬业精神，留在了黄宗英热爱的农村。

也许正是因为这样地能吃大苦，下大力气采访，黄宗英的文章少有女性作家的柔媚，多的是一份大气，呈现着阳刚之美。试读她在《小木屋》中的描述并借作本篇的结束。"4个藏族人5个汉族人支起了顶帐篷。人人戴着小白帽，像少先队过夏令营似的。云、雾、风赶来了，猴子猴孙一起向这一小队扔石子。我们背上干粮一干一整天，凡是与生态有关的都有值班记录。树叶都称，一天称几千斤，树根连须也称。徐凤翔埋头数年轮，鼻子都快碰到树盘了。我抢着站在大树前为林学家当摄影时的比例标杆，像耶稣一样站成十字，我高呼：天父啊，愿人间梦想能实现！"

呵，这还是女作家的文字么？

2015.6.7

萧红：横空出世的女作家

她是我们女作家中最有希望的一位。

——鲁迅

萧红（1911—1942）的文字和人生都呈现着传奇的色彩。

萧红，原名张乃莹，十岁丧母，长大后上中学时，家庭将她许配给小学教员汪恩甲，萧则逃婚奔北京和表兄陆哲舜同居，后关系转冷，萧红被迫返回哈尔滨，又和汪恩甲同居于旅馆，怀孕。汪归家取钱一去无踪影，旅馆老板遂欲将萧红卖至妓院。萧红投书《国际协报》求助，时为编辑的萧军遂去看望，两人坠入情网。时忽大水围城，萧红趁机逃离，后和萧军同居。两人饥寒交迫，摩擦渐多，但仍不失浪漫，萧军拿着三角琴，萧红扎着短辫，两人衣履随意，在街头弹唱，做着二十世纪三十年代快乐的流浪汉。22 岁的萧红诉说自己"只有饥寒，没有青春"。两人后到上海谋出路，幸得鲁迅关怀举荐，为人注目。1935 年底萧红出版《生死场》惊动文坛，鲁迅为之写序言，称赞萧红"她是我们作家中最有希望的一位，她很可能取丁玲的地位而代之，就像丁玲取代冰心一样"。其间萧红出入鲁迅家颇为随便，于是 1939 年写出了长篇散文《回忆鲁迅先生》，评论界认为在所有纪念鲁迅的文字里，唯有萧红从零星细节和片段场景入手，写得真实、鲜活、灵动。萧军和萧红同居五年，萧军脾气暴烈，最令萧红所不能接受的是，萧军外遇不断，感情旁逸斜出。1938

年初，二萧分手，5月，萧红和端木蕻良成婚。时萧红尚怀有萧军的孩子。端木写有长篇《科尔沁旗草原》，时未婚，较萧红大一岁。为此，时人皆惊讶。先萧红和萧军同居时，就曾怀有汪家身孕，生一女，送公园看门人。此次身孕，生一男孩，三天后死亡。萧红苦笑道：我将孤寂忧悒以终生。1940年初，萧红和端木蕻良为躲战火，从重庆赴香港生活。9月，写成成名作《呼兰河传》，奠定了自己在现代中国文学史上的地位。萧红研究者认为，萧红横空出世于新文学运动早期，没有经过专业的训练，痴情于文学，像《红楼梦》中香菱写诗一样梦里都在写文章。她自学成才，写来随心所欲，全无章法，像采花仙女一样天然率性。东一朵，西一朵，玫瑰也摘，倭瓜花也采，似乎漫不经心，聚拢却是鲜活的一篮，正看侧看都赏心悦目。于松散的描写中勾勒出上世纪二十年代北方小城浑然而斑斓的乡土画面。而萧红则认为，小说创作并没有一定的公式，有千千万万个作者，就有千千万万种写法。1941年夏，萧红肺结核已很严重，带病写《马伯乐》第二部，又想写《呼兰河传》第二部。但时日军进攻香港，炮火连天，萧红对局势和自己的病颇为悲观，好友骆宾基和端木蕻良抬着萧红到处寻找安全住处和四处征医，无奈缺医少药，高烧不退，一代才女萧红1942年1月22日病逝于简陋的临时救助站。弥留之际，萧红哀叹，半生尽遭白眼冷遇，身先死，不甘，不甘。我将与碧水蓝天永处，留下半部《红楼》给别人写了。

　　研究者感叹：假设萧红依了父亲安排成为汪恩甲家中安逸的少奶奶，是绝不可能写出天马行空的《呼兰河传》。生活的脱轨，让萧红饱经忧患；文字的脱俗，却让《呼兰河传》不朽。2014年香港导演许鞍华邀李樯编剧，将萧红的故事拍成电影《黄金岁月》，并与9月6日在威尼斯电影节闭幕式首映。他们认为，萧红的作品和命运与别的作家不太一样，萧红的作品不是为了创作虚构的故事，她的作品和她的人生合而为一。而民国时期战争、动乱、饥饿、贫穷，各种主义和思潮层出不穷，政治和人文环境都比现在复杂得多，然而文坛却群星璀璨，文化人对爱、理想和自由的追求更加纯粹。我读萧红的文学作品，感叹加感动之余，只是觉得遗憾：

她倘若不死，一定还会把战火中颠沛流离的经历写成足以传世的经典作品，那将会更有震撼力！幸运的是，2014 年 11 月 15 日，习近平主席主持召开文艺座谈会，在会上提到了电影《黄金岁月》，并提出"文艺不能当市场奴隶，不要沾满铜臭气"。会后三天，全国影院增加排片 100 多场。影院放映人士感叹：讲话要早两周召开，结果会完全不同的。但能获得习主席的认同，就算一分钱不挣也值了。

现在的萧红将不会再孤寂忧悒了，萧红的故居已经建成"萧红纪念馆"。纪念馆北去哈尔滨一个小时的路程，走进大门，迎面便是一尊汉白玉雕像，一位穿旗袍的女子坐在大石上，手背托着下巴在沉思。座基上写着"女作家萧红 1911—1942"。纪念馆占地 700 平方米，青砖青瓦，土木结构的房屋星罗棋布。故居分东西两院，东院有一处近 2000 平方米的菜园，即萧红小说中的后花园。院内展出的多是萧红和祖母用过的部分物品。

现在纪念馆每天慕名而去的人很多，长眠的萧红已经成了哈尔滨一张响亮厚重的名片，这应该是对作家英灵最好的安抚了。

2013.9.27

林徽因：完美无瑕的"女神"

前年，随着电视剧《人间四月天》的播出，关注林徽因的人多了起来。林徽因名誉很多：建筑学家、诗人、画家、作家。有资料介绍，林徽因是"中国古代建筑研究开拓者奠基人之一，发现当时中国最早古建筑唐佛光寺大殿，参与中华人民共和国国徽设计，参与人民英雄纪念碑设计，主持挽救改造中国传统景泰蓝"。一般群众之关心她，则是因为她和徐志摩，梁思成以及金岳霖的多角恋和婚恋故事。生活中，林徽因是很开放活泼的，她和许多文人学者都有交往，了解她的生活、为人、行事方式对于了解她的作品是很有必要的。孙犁就主张要知人论世，实事求是，联系历史环境、具体情景、具体时间、具体分析作家及其作品，以期能做更深刻的理解，挖掘分析他人未能看到的一面。

日前，看到2013年第6期《传记文学》的一篇文章介绍林徽因的社会交往，算是文人轶事，知道一下，对理解林徽因的为人乃至诗文都是很有作用的。林徽因原名林徽音，其名出自《诗经·大雅·思齐》，大如人嗣徽音，则百斯男。后因常被人误认为另一个作家林微音，故改"音"为"因"，后以林徽因名世。徽音，意为美好的声誉，正贴合了她恬静美丽的外貌，幽兰般淡雅的气质。文章介绍，林徽因20多岁时在北京营造学社任职，住北京东城区 北总布胡同三号，在家中常举行沙龙聚会，周末时赴会的有周培源夫妇、张奚若夫妇、钱端升夫妇、陈岱孙、金岳霖、叶公超、常书鸿等名家，故林家被戏称为"太太的客厅"。林徽因的爱慕者徐志摩称赞她为中国的"曼殊菲尔"。沈从文也是至爱一朋，称她是"绝顶聪明的小姐"。胡适称她是"一代才女"。一次，沈欲将自己的一本诗集赠送于某诗人，并已在书上题"送给诗人……"恰林在侧，林也欲得到此书，沈从文即改赠林，并笑道：与其送给诗人，不如送给诗一样的人。沈和林谈及的话题从文学到个人感情无一不有，并因此惹得沈夫人张兆和甚为不快。1932年逻辑学家金岳霖搬至北总布胡同与林家为邻。金岳霖潜心治学，不拘一格，甚至憨态可掬。世传他因仰慕林而终生未娶，并写下著名诗句：一身诗意千寻瀑，万古人间四月天。金岳霖晚年有一次在北京饭店请朋友聚会，席至最后才说喝酒的原因是"今天林徽因生日"。时林已去世多年。来自哈佛大学的费正清，费慰梅夫妇也是林的好友。费正清回忆：林徽因是很有创造才华的作家、诗人，是一个具有丰富的审美能力和广博的智力活动的妇女，与人交往又洋溢着迷人的魅力。在她家或者她所在的任何场合，所有在场的人总是全都围着她转。费夫人也回忆道：林徽因的健谈是人所共知的。她总是滔滔不绝地垄断着整个谈话。当她侃侃而谈的时候，大家总是为她那天马行空灵感中所迸发出的精辟警语而倾倒。但冰心却对林徽因不满意，作小说《太太的客厅》予以讽刺。有评论为林辩解说：众口难调，莫衷一是，与文化、思想、时空等因素交杂在一起，情感的热度与标准便并不那么容易界定，往往与一代风流一并沉入史海。如果你只是从别人嘴中听说她，她无非是一个才女名号；如果只知道她和文坛的交往，无非是个风情女人；但是，真正了解后，你才会知道，她是民国的时代象征，在文学与历史的叙述主流中业已成为完美无瑕的"女神"。

这里还有一则林徽因提携年轻作者的轶事。

1933年，萧乾在燕京大学新闻系读三年级时在《大公报》副刊上发表了一篇小说《蚕》，林徽因看到后，即邀请不相识的萧乾见面。数十年后，萧乾回忆道：文章发表几天后，我即接到沈从文先生的信，说一位绝顶聪明的小姐看上了你的那篇《蚕》，要请你去她家吃茶。星期六下午你可来我这里，咱们一道去。那几天我真是喜得有些坐不住了，老早就把我的那件蓝布大褂洗得干干净净，把一双旧皮鞋擦了又擦。星期六吃过午饭我蹬上了脚踏车，斜穿过大钟寺进城了。羞怯怯地随着沈先生跨进了北总布胡同那间有名的"太太的客厅"。那是我第一次见到林徽因。那天，她穿着一套骑马装，话讲得又多又快又兴奋。她不是那种只会抿嘴嫣然一笑的娇小姐，而是学识渊博、思想敏捷、语言锋利的思想家。萧乾是在1931年21岁时采访已是著名作家的沈从文并与之相识的。沈从文对人很是热情，第一次见面就请萧乾下馆子吃饭。沈的毛笔字写得很秀逸，萧乾索要，随后沈给萧写了很多信，且以"乾弟"相称。可见沈和林一样都是很器重年轻人的。

网上有林徽因的文章摘句，可看出林的文章不唯才情美，哲思也深，数十年后读来也极为亲切的。转录几则如下：

1. 姹紫嫣红的春光固然赏心悦目，却也抵不过四季流转，该开幕时总会开幕，该散场终须散场。但我们的心灵可以栽种一株菩提，四季常青。

2. 人生需要留白，残荷缺月也是一种美丽，粗茶淡饭也是一种幸福。生活原本就不是乞讨，所以无论日子过得多么窘迫，都要从容地走下去，不辜负一世韶光。

3. 邂逅一个人，只需片刻。爱上一个人，往往会是一生，萍水相逢，随即转身不是过错，刻骨相爱天荒地老也并非完美。在注定的因缘际遇里，我们真的是别无他法。

4. 流年真的似水，一去不返，看过的风景也许还可以重来，而逝去的人却再也不会回头。任由你千思万想，他除了偶然在你梦中彷徨，其余的时间都只是恍惚的印象。

林徽因的新诗也写得很不错。去年为朋友写小传，我便引用了一句林诗："我爱这雨天，这平原的青草一片！"听听，多清新，情绪多饱满！

2013.11.11

沈从文：民国第一小说家

2013年《创作与评论》第7期胡竹峰文《记住那一湾文脉》，评价民国时期文章，内中提到沈从文着墨稍多，称沈从文为"民国小说家第一"，现摘于后，供沈迷们参考。

沈从文的人生调子，远远低于鲁迅，甚至低于郭沫若、巴金、茅盾以及其他很多作家，他似乎就没有属于自己的文学热血时代。但恰恰是这种低，使沈从文的文学有了孩子般的目光，从人性和生命底部窥探，写出了一篇篇洋溢着风俗画般的小说。当然，仅仅是这样，沈从文还未必能成为民国作家中的小说冠军。

沈从文最杰出之处，是用极富意味的情节讲述着一个又一个令人难忘的故事，在这些故事中，有一系列鲜明的艺术形象。这一下，他就成了那个时代小说家中的异类，成为一个充满自然情怀的作家。《边城》《萧萧》《长河》……这些小说，就成了中国小说史、也是世界文学史上的佳作。

此后，文学界很多有才华的小说家，遇见了沈从文，总会表现出格外的尊敬和重视，他们高傲的头颅心甘情愿地低了下来。这个现象很奇怪，对于其他民国作家，很多人或不认同于鲁迅的冷，周作人的柔、废名的奇。老舍、郭沫若、巴金等，更因为思想，观念与文笔有异，后人有了太多的主观取舍。但沈从文总是例外。迄今为止，我还没有听到一个人不喜欢沈从文写的那些故事，没有一个人会不喜欢他与山水民俗融为一体的文化精神。

在这个意义上说，人性高于政治，文学高于哲学。

……如果说很多作家用文字干预社会，而沈从文则着迷自然，高低大小，一目了然。在沈从文看来，少谈那么多想法吧，先把文章写好再说。沈从文以自己的独特的语言展示了鲜明的文学主张，以无法为大法。抛开所谓的有法可依的文学架势，以自己的面容出现，呈现出一套属于自己的文学系统，色彩祥和平静，却刺激得人睁不开双眼。沈从文创造了一种以"自然"为标识的人生境界，写出了自己的小说理想。所以，我遍览民国小说，把沈从文放在小说家第一。

这个民国第一小说家当年也是个"北漂族"。《名人传记》2015 年第二期伊北的文章《当沈从文遇见林徽因》介绍：1922 年，22 岁的沈从文从湘西到北京求学谋生，生活极为困难，先在西河沿的小客栈落脚，后住前门外的酉西会馆，再迁至沙滩银闸胡同的公寓，围绕在以红楼为中心的北大周围，开始了他的旁听生涯，且经常步行到京师读书馆苦读，其间曾投考过燕京大学国文系，因基础太差而名落孙山。文章介绍，沈从文的生活最窘迫时，曾找陈翔鹤、陈炜漠、董景天等人蹭饭，并常常欠饭店的账，欠了也无法偿还，就一直挂着。以至数年后沈从文从上海返回北平，还看到自己当年常去的沙滩饭店，水牌上还赫然写着"沈从文先生欠 ×× 元"，不免感慨系之。沈从文有"感恩"之心。北漂时写信向当时几位名作家苦苦求助。郁达夫接信后，到沈从文住所探望，将自己的羊毛围巾赠沈御寒，并请沈吃饭，饭费一元七角，郁拿出五元结账，余款悉数送沈从文。沈回到住处，大哭。数十年后，沈从文还对郁达夫侄女郁风提起此事，满怀感激之情。

需要补充的是，1988 年 5 月，沈从文去世，瑞典皇家学院马悦然惋惜地说：沈先生如果在，10 月就可以领诺贝尔文学奖了。

至今，北京小羊宜宾胡同的花园里仍有一盆虎耳草，来自湘西，种在一个椭圆形的小钧窑盆里。这是沈从文生前喜欢的草，也是《边城》里翠翠梦里采摘的草。沈从文生前喜欢的音乐在院子中轻轻回荡，那是一个女子的独唱，声音清而脆，单纯中见出生命洋溢。如一湾溪水，极明莹透澈，涓涓而流，流过草地，绿草上开遍白花。且有杏花李花，压枝欲折……

　　1988 年 5 月 10 日，沈从文因心脏病猝发在家中病逝，享年 86 岁，临终道：我对这个世界没有什么好说的。

　　1992 年，沈从文的骨灰被送回家乡凤凰县，一半撒入沱江，一半安葬在听清山的五彩石下，墓旁的大青石上刻着沈从文的一句名言：一个士兵要不战死沙场，便是回到故乡。

　　墓碑上写：照我思索，能理解我；照我思索，可认识人。碑后是其夫人张允和的挽联：不折不从，星斗其文；亦慈亦让，赤子其人。意即"从文让人"是他一生的人生写照。

2015.3.5

沈从文：要贴着人物来写

抗战时期，沈从文在西南联大教书，汪曾祺随沈学习，沈从文也热心指导汪曾祺，并将他的小说《异秉》推荐发表，将汪带上文坛。多年后，汪曾祺不无自豪地说："沈先生很欣赏我。我不但是他的入室弟子，可以说是得意高足。"沈从文也很感慨地说："我可惜年老了，也无学校可去，不然，若教作文，教写短篇小说，也许还会再教出几个汪曾祺的。"

汪曾祺说：创作能不能教，这是一个世界性的有争论的问题。大学是不培养作家的，作家是社会培养的。沈先生会出几个非常具体的题目让学生去练习写作。他认为，先得学会车零件，然后才能学组装，这样可以锻炼基本功。有些青年文学爱好者往往一上来就写大作品，篇幅很长，而功力不够，原因就是零件东西少了。他看了学生的作业，会就作业认真地提自己的意见，但从不引经据典高谈阔论地"指导"。

沈先生经常说的一句话是"要贴着人物来写"，我认为这是小说学的精髓。在小说里，人物是主要的，主导的，环境描写，抒情、议论，都只能附于人物。写农民、写市民，叙述语言就要接近农民和市民。他常常在学生的作业后面写很长的读后感，甚至比原作还长。有时谈作业的得失，有时又生发开去谈创作上的问题。他还会结合你的写作练习，介绍你看一些与你这个作品写法近似的中外名家作品，对比借鉴。这样，学生长进就快。

沈先生不长于讲课而善于谈天，常和同事及学生在宿舍或茶馆里闲聊。谈天的范围很广，时尚、物价、最多的是风景和人物。他谈到的学者一是都对工作和学问热爱到了痴迷的程度；二是为人都天真到像一个孩子，对生活充满兴趣，永不消沉和沮丧，缺心眼，少俗虑。而这也是他本人的气质。

　　沈先生读书多而杂，五花八门，兼收并蓄。所以他称自己的学问为"杂知识"。他读完书常在书后写两行题记，发一点感慨，或是记个天气和日期。

2012.7.9

汪曾祺：文章淡淡忆儿时

《散文选刊》2013 年第 8 期张守仁文章《可爱的老头儿》，讲述了著名作家汪曾祺的许多轶事，记述了汪老对写文章的看法，读来饶有兴味。

作者说，有一次我和汪老到南方水乡讲学，傍晚散步，我看见湖边青郁茂密的芦苇荡，就对汪老说：我不是京剧迷，但对您执笔写的《沙家浜·智斗》中阿庆嫂那段唱词——垒起七星灶，铜壶煮三江，摆开八仙桌，招待十六方。来的都是客，全凭嘴一张。相逢开口笑，过后不思量。人一走，茶就凉……特别地欣赏，铭记不忘。汪老手里夹着一支烟，凑到嘴边吸了一口，笑道："这段唱词你别看得太认真，我在那里故意搞了一组数字游戏。'铜壶煮三江'，是受苏东坡诗词的启发，其中'人一走，茶就凉'，也是数字概念，它表示零。"

作者称赞道："没有诗词修养，旧学功夫，是写不出这段唱词的。您的古文底子是怎样打下的呢？"

汪老看了一眼宽阔的湖面，回忆着遥远的童年，说：我祖父汪嘉勋是清朝末年的拔贡，特别宠爱我。从小就督促我握笔描红，背古文。到了小学五年级他亲自给我讲《论语》，叫我多练毛笔字。祖父说："你要耐心把基础打好了，够你受用一辈子呢。"我小学六年级和初中写的作文，都是被老师批"甲上"，作为范文在班上朗读。我 13 岁那年写了一篇八股文，祖父见了叹息道："如果在清朝，你完全可以中一个秀才。"老爷子见我有了长进，就赠我他收藏的几本名贵碑帖和一方紫色端砚。

汪老天资聪颖，从小就受到书香门第的熏陶。汪老《七十抒怀》一诗中曾写到：悠悠七十犹耽酒，唯觉登山步履迟，书画萧萧余宿墨，文章淡淡忆儿时。

汪老在西南联大上大学，师从沈从文，一生主要受儒释道三家的影响，特别对佛学有研究。作品从最初的《复仇》到他后来的名篇《受戒》，经常写到寺庙、小庵、禅房、斋戒、经文。汪老年轻时爱读《庄子》，受到过老庄的熏染，一生自自然然。随遇而安，把事情看得很淡。他上学时生活很艰苦，以至于毕业时因为没有一条好裤子穿而耽误了报考陈纳德飞虎队翻译的时间被除名。毕业后在中学任教，生活条件依然艰难，能吃上野菜或一盘煸炒的甲虫，就算是人间美味了。

讲到散文写作，汪老说：写散文应克制，不要像小姑娘的感情那么泛滥。老头写情书，总归不自然。有的散文家的作品像团火熊熊燃烧，但看完后空空洞洞，留不下什么印象。没有坎坷，没有痛苦，便写不出好文章。散文不能落入俗套，要平易自然。我希望把散文写得平淡一点，像家常便饭，像写家信那样，切忌拿腔拿调。当然也可以工笔，繁密，像何其芳的《画梦录》就别有风采，但那是另一种靓丽的花，我写不出来。

作者感叹道：像汪曾祺这种才子型的文人作家，如此可爱的老头儿，只能孕育于特定的时代背景，特殊的家庭环境，以及西南联大那样特别自由的教育方式。此等人物，往而不再，永逝矣。

2012.7.8

246

汪曾祺的"茶馆文学"

汪曾祺参与过京剧《沙家浜》的写作,写"春来茶馆"阿庆嫂那段"垒起七星灶,铜壶煮三江。摆开八仙桌,招待十六方。来的都是客,全凭嘴一张,相逢开口笑,过后不思量",都功在汪曾祺。而其根源则要回溯到汪在云南昆明上西南联大时"泡茶馆"的生活。泡茶馆让汪曾祺了解了社会上形形色色的人物,同时也让他学会了如何锤炼形成自己的语言风格。我的初步感受是和沈从文的行文比较,汪曾祺的文字明快、简洁,他很少运用长句式,多是短语,读起来如雨打芭蕉,节奏感强,有力度。汪曾祺构思文章独具匠心,深思熟虑,有独创性,所以读来让人耳目一新,兹稍作介绍。

《葡萄月令》是一篇充满趣味的散文小品,全文用月份划分段落,以葡萄的生长过程作为基础线索,从落地生根一直写到开花结果、下架入窖,有如一幅清雅的画面缓缓展开,意境优美。兹摘引几段共赏:

一月,下大雪。
雪静静地下着。果园一片白。听不到一点声音。
葡萄睡在铺着白雪的窖里。

六月,浇水、喷药、打条、掐须。
葡萄粒长了一点了,一颗一颗,像绿玻璃做的纽子。硬的。

葡萄不招虫。葡萄会生病，所以要经常喷波尔多液。但是它不像桃，桃有食心虫；梨，梨有梨食心虫。葡萄不用疏虫果。——果园每年疏虫果是要费很多工的。虫果没有用，黑黑的一个半干的球，可是它耗养分呀！所以，要把它"疏"掉。

七月，葡萄"膨大"了。

掐须、打条、喷药，大大地浇了一次水。

追一次肥。追硫铵。在原来施粪肥的沟里撒上硫铵。然后，就把沟填平了，把硫铵封在里面。

汉朝是不会追这次肥的。汉朝没有硫铵。

九月的果园像一个生过孩子的少妇，宁静、幸福而慵懒。

我们还要给葡萄喷一次波尔多液。哦，下了果子，就不管了？人，总不能这样无情无义吧。

十月，我们有别的农活。我们要去割稻子。葡萄，你愿意怎么长，就怎么长着吧。

……

《五味》一文写中国各地各民族的吃食差异，写的都不是山珍海味，但读来却唇齿留香，特别是文字简洁明快而又幽默，三言两语就勾勒出了一幅生动的画面，如风俗画：

山西人真能吃醋！几个山西人在北京下饭馆，坐定之后，还没有点菜，先把醋瓶子拿过来，每人喝了三调羹醋。邻座的客人直瞪眼。有一年我到太原去，快过春节了。到别处过春节，都供应一点好酒，太原的油盐店却都贴出一个条子："供应老陈醋，每户一斤"。这在山西人是大事。

山西人还爱吃酸菜，雁北尤甚。什么都拿来酸，除了萝卜白菜，还包括杨树叶子，榆树钱儿。有人来给姑娘说亲，当妈的先问，那家有几口酸菜缸。酸菜缸多，说明家底子厚。

辽宁人爱吃酸白菜，火锅。

北京人爱吃羊肉酸菜汤下杂。

福建人、广西人爱吃酸笋。……

汪曾祺说："我喜欢疏朗清淡的风格，不喜欢繁复浓重的风格，对画、对文学、都如此。"《夏天》一文便体现了这种风格。作者写了盛夏草间鸣戏的昆虫，花花草草，时令瓜果，随性的铺排中妙笔传神——

夏天的早晨真舒服，空气很清爽，草尖还挂着露水（蜘蛛网上也挂着露水）。写大字一张，读古人一篇。夏天的早晨真舒服。

夏天的花里最为幽静的是珠兰。

牵牛花最短命。早晨沾露才开，午时即已萎谢。

秋葵也命薄。瓣淡黄，向心，心对有紫晕。风吹薄瓣，楚楚可怜。

凤仙花有单瓣者，有重瓣。重瓣者如小牡丹。凤仙花茎粗肥，湖南人用以腌"臭酸菜"，此吾乡所未有也。

汪曾祺又是很幽默的，1987年作家出版社出版汪曾祺散文《蒲桥集》，封面有广告词：齐白石自称诗第一，字第二，画第三。有人说汪曾祺的散文比小说好，虽非定论，却有道理。此集诸篇，记人事，写风景，谈文化，述掌故，兼及草木虫鱼、瓜果食物，皆有情致。间作小考证，亦可喜。娓娓而谈，态度亲切，不矜持作态。文求雅洁，少雕饰，如行云流水。春初新燕，秋末晚菘，滋味近似。

这则广告词其实是汪曾祺应出版社的要求自己写的，汪道：广告假装是别人写的，所以不脸红。如果要我署名，我是不干的。

邓友梅成婚，汪曾祺以画作相赠。因邓友梅名字中有个"梅"字，故汪画了幅铁杆梅花。树干树枝是墨染，梅花是白色，画卷内夹有一张字条，上写："你结婚大喜我没送礼，送别的难免俗，乱涂一画权作为贺礼。

画虽不好，用料却奇特。你猜猜梅花是用什么颜料点的？猜对了，我请你吃冰糖肘子……"邓友梅夫妻猜了两个月也没有猜出，汪曾祺后来告诉他们：是牙膏！江曾祺的幽默风趣即此可见。

汪曾祺的文章写得好，是因为当年学得扎实，又师从名门。西南联大时大一国文选《论语·先进》篇，该篇文字优美，思想内涵深，意境描绘令人向往。如"暮春者，春服既成，冠者五六人，童子六七人，浴乎沂，风乎舞雩，咏而归"即在其篇内。汪曾祺时为联大学生，师从沈从文，对所学文选评价很高，认为是独具慧眼，发人深省，"这不仅是训练学生的文字表达能力，这种重个性，轻利禄，潇洒自如的人生态度，对于联大学生的素质的形成，有很大的关系，这段文章的影响是深远的。联大学生为人处世不俗，夸大一点说，是因为读了这样的文章。这是真正的教育作用，也是教授选编课文的用心所在。"

西南联大之在战乱中能培养出人才，一是因了学习风气好，有学习的氛围；二就是因了名师荟萃，学生起点高，可"取法乎上"。其实，汪曾祺当年投考西南联大，八门课程只有中文过关，是被破格录取的。而毕业的时候又因为英语和体育不及格，留校一年补考，可见尽管是在抗日时期，西南联大的要求还是很严格的，所以他能在战乱中培养出许多大师级人物。

汪曾祺书画如其人，透有仙骨逸气，常将画作无偿送人。夫人评道：他这个人有点迂，不断地画，画了就送人，还不肯马虎。常有人索汪家电话号码，汪也直告。但他又错将作家何镇邦家的电话告知别人，致何家不胜烦恼。何责问汪，汪回答：我因不给我家打电话而常给你家打电话，所以就当是我家的电话号记了告诉人。汪曾祺自我评价道："我觉得我还是个挺可爱的人，因为我比较真诚。"一个可爱、真诚的人是值得被尊敬的，不论是他的作品，还是他的为人。

2012.7.9

黄永玉：乡梦不曾休

黄永玉以书画闻名，我因不工书画，习文，所以更喜欢他的诗文，以为其功夫之深可与书画相偕比美。试看这篇《乡梦不曾休》，短短数百字，乡情何其厚。开门见山，言简意赅，时空交错，语言明快。有叙述亦有议论，一语中的，深刻，令人不能不叹服。我喜读这篇小品如收藏家喜欢一件小古董，时常念起，现全文录之，供欣赏学习。

我为曾在那里念过书的凤凰县文昌阁小学写过一首歌词，用外国古老的名歌配在一起，于是孩子们就唱起来了。昨天听侄儿说，我家坡下的一个八、九岁的女孩抱着弟弟唱催眠曲的时候，也哼着这支歌呢！

歌词有两句是：无论走到哪里，都把你想望。这当然是我几十年来在外面生活对于故乡的心情，也希望孩子们长大到外头工作的时候，不要忘记养育过我们的深情的土地。

我有时不免奇怪，一个人怎么会把故乡忘记呢？凭什么把她忘了呢？不怀念那些河流？那些山岗上的森林？那些长满羊齿植物遮盖着的水井？那些透过嫩绿叶的雾中的阳光？你小时的游伴？唱过的歌？嫁在乡下的妹妹？……未免太狠心了。

故乡是祖国在观念和情感上最具体的表现。你是放在天上的风筝，线的另一端就是牵系着心灵的故乡的一切影子。惟愿是因为风而不是你自己把这根线割断了啊！……

家乡的长辈和老师们大多不在了，小学的同学也已剩下不几个，我生活在陌生的河流里，河流的语言和温度却都是熟悉的。

我走在五十年前（半个世纪，天哪！）上学的石板路上，沿途嗅闻着曾经怀念过的气息，听一些温暖的声音。我来到文昌阁小学，我走进了二年级的课堂，坐在自己的座位上：

"黄永玉，六乘六等于几？"

我慢慢站了起来。

课堂里空无一人。

一九八二年六月十九日于凤凰

读最后这一段，其画面感是那么地清晰，其动感是那么的强烈。"我慢慢站了起来。课堂里空无一人。"是一个老人站了起来，还是一个少年站了起来？戛然而止，空谷足音。这种写法令人想到国画中的"留白"。此时无声胜有声，倘若回答便成赘语了。

我之知道黄老，是因了沈从文。恰凤凰县有网友，承蒙她寄上数本黄老的诗文集，读后爱之弥深，置枕边案头，时阅之，多有收获。日前看网上介绍黄老新出了一套散文集，数百元吧，内容自然更为丰富了。当暇时购来一阅，爽心而怡情。

2013.4.8

乡情：小说的源泉

　　叶开在《莫言评传》中讲到，作家要写自己熟悉的生活，要抒发自己真实的感情，"一旦作家跟自己的真情实感作对，试图按照某些被灌输的写作教程、遵循那些固定的审美逻辑和理论的指导来写作，一旦他有意识无意识地脱离自己所熟悉的生活，那么他的小说就欠缺精彩，失去说服力。"他肯定莫言将"高密东北乡"作为"家乡影子"，作为自己的"文学王国"，用学术语言来说，这是他的创作基地和文学源泉。作为对比，叶开又举了鲁迅和沈从文的例子，篇幅不长，切中要义，兹特引之。

　　现代白话文小说的先锋鲁迅，最早也是最彻底体会到了这一点。他的小说绝大多数都以故乡"鲁镇"为背景，写儿时朋友"闰土"的那篇小说，干脆就叫作《故乡》。其他的小说，《狂人日记》《阿Q正传》《社戏》《祝福》《孔乙己》《孤独者》《长明灯》《坟》等，都有坚实的故乡生活背景。

　　鲁迅写城市背景的小说，如《伤逝》《肥皂》等，不如故乡背景的作品，一看就别扭，就不舒服，不流畅，做的痕迹浓烈。

　　鲁迅从自己对故乡的深刻体会和痛彻情感出发，发展出一种极端社会性批判和国民劣根性认识。"鲁镇"给鲁迅提供了一个施展拳脚的舞台，在这里，他可以轻而易举地叙述，无须为寻找小说的语调而操心，也不必吃力不讨好地渲染小说的叙事背景。"鲁镇"就在那里，在鲁迅抬头望出去的地方隐隐若现。鲁迅对自己的故乡太熟悉了，写到鲁镇时，他只需用寥寥几笔，就把鲁镇的气氛惟妙惟肖地烘托出来。无论他是写"阿Q"还是"孔乙己"，是"爱姑"还是"祥林嫂"，因为气氛熟悉，人物个性鲜明，且少年时代的生活中时常看见的也是这样一类的人物，所以鲁迅小说里的这些角色个个都呼之欲出。在鲁迅的小说世界里，故乡"鲁镇"既是他的精神家园，也是他剖析国民性的手术台。鲁迅虽然声称自己的小说人物形象是从各处综合来的，这个说法却有些可疑。像"阿Q"这样的一个活灵活现的人物，虽然他的毡帽可能是绍兴的，他的嘴巴可能是南京的，他的白眼可能是上海的，但他的肉体和精气神，却肯定在鲁迅的老家出现过。他就是一个人，就是那个人，就是某个人，就是例如莫言在《红高粱》直截了当地采用了真人名字的王文义——只能是这个王文义，不能改名，他跟他的名字已经合而为一，无法分离了。"阿Q"是谁！鲁迅的脑子里，一定游荡着这样一个单薄的、瘦瘦的人物形象，他就像幽灵一样，在鲁镇的街道上、在赵庄的田野上，整日无所事事地走来走去，在鲁迅的脑子里进进出出。他是有血有肉的活生生的人物，不是鲁迅凭空杜撰的。无论他是多么高明的天才，他都无法凭空杜撰这么一个生动的人物。鲁迅在写作前，一定是拥有一个我们现在不得而知的原型坯子，在这个坯子上面，这个身架子已经打好了的模型上面，他才能精工细刻其五官和神志。其他的人物，例如"闰土""六一公公""爱姑"以及《社戏》里的那些小伙伴们，"双喜""阿发"们，都可以一一对号入座。

现代性叙事下的中国背景中，另外一个拥有自己现实和心灵"故乡"的名家是沈从文。

在沈从文的文学世界里，湘西是他想象、虚构、美化、诗性的故乡。跟鲁迅的故乡不同，沈从文的故乡充满了桃花源的气味，空气中漂浮着一种田园诗般宜人的气息。沈从文迷恋自己的"乌托邦"边城，他把这个城市的污秽都精心地挑拣出来扫掉了，剩下的全是柔美的风景、善良的人们和潺潺的流水、明朗的天空。在这里，即便是凡间以为邪恶的事情，也都能显示出美好的一面。从这个意义上来说，沈从文的写作出发点不是切入社会的深处，对其中的邪恶、不公加以鞭挞、批判，而是塑造一个想象中的美好精神空间，以备那些于战乱涂炭中的生灵、游荡的灵魂可以在那里"诗意地栖息"——在这个意义上，沈从文的"湘西"类乎一千六百年以前的敦煌。那个时候，从战乱的中原越过潼关、越过长安，沿着丝绸之路向西，来到沙漠绿洲敦煌，饱尝战乱之苦的民众们，他们心灵上的痛苦需要安慰，灵魂上的创伤需要抚平，于是他们跟新传入的佛教心心相契，在鸣沙山上开凿大大小小的窑洞。帝王将相有大财力者开凿气势宏伟金碧辉煌的窑洞，贩夫走卒之辈、一贫如洗者，好几家人凑合在一起建一个小小的神龛。虽然大小贵贱不同，但是他们心灵上得到的安慰是相等的。大慈大悲救苦救难的观世音菩萨普度众生，不应该也不会只引渡那些权贵们。

沈从文的小说是一种优美的作品，但不是后来的文学理论教材里说的那种"有力度"和"历史感"的作品。所谓的"力度"和"历史感"，包括当下流行的"底层写作"，很可能是一个相互自证的伪命题，这些命题及其他地方开放的鲜花，造成了很大的影响。历史感只能是官方的历史感，而不是民间的历史感，而像莫言后来说到的张炜的《古船》、他自己的《丰乳肥臀》《檀香刑》和《生死疲劳》这样的长篇小说，是不可能获得茅盾文学奖的。对于忠实于自己的艺术良心的作家来说，这确实有那么一点点"矛盾"。

鲁迅作品里的强烈社会批判精神，固然震撼人的心灵，但是沈从文的桃花源世界，更有可能净化人的灵魂。在现代文学的意义上，沈从文的存在，是对像鲁迅文学风格的映照和反拨。世界不一定全都是丑恶的；或者我们可以这么说，世界是邪恶的，但是文学渲染的却应该是后来被文学理论弄脏了的"真善美"，给人以希望，给人以慰藉。

2014.5.4

铁凝：忆孙犁

　　2013年7月10日，著名作家孙犁先生逝世了，不久，中国作协主席铁凝在《散文选刊》上发表了《怀念孙犁先生》。有评论指出："从题目看，貌似怀念之作，其实是铁凝回忆踏上文学启蒙之路上那一段对她来说至关重要的人生经历。孙犁先生是铁凝走向文学的引路人。"孙犁先生的为人和为文，像一粒珍贵的种子，在懵懂年少的铁凝心田里深深地埋入后植根并萌芽，最后终于苗壮成为参天的文学大树。"并感慨："一位文学青年与一位文学前辈仅有四次见面，就产生了现在的中国作家协会主席，可见孙犁先生的伟大和光荣。"

　　铁凝十一岁时候正逢文革，她在旧书旮旯里翻到"一本书脊破烂、作者不详、没头没尾的厚书"，但书中的中篇小说《村姑》中对农村姑娘双眉的描写吸引了她，对她有一种"鬼祟"的美的诱惑，"既暧昧又神秘"。后来，她知道小说的作者是孙犁。初学写作时，铁凝"写了一篇题为《灶火的故事》的短篇，篇幅却不短，大约一万五千字，自己挺看重，拿给省内几位老师看，不料有看过的长者劝我不要这样写了，说'路子'有问题。我心中偷偷地不服，又斗胆将它寄给孙犁先生，想不到他立即在《天津日报》的文艺增刊上发了出来，《小说月报》也很快做了转载。当时我还只是一个刚发表过几篇小说的业余作者。孙犁先生和《天津日报》的慷慨使我对自己的写作'路子'更加有了信心。……也使我对孙犁先生永远心存感激。"她喜欢孙犁的文风和写作风格，孙犁诗意而优美的语言。铁凝说，（2013年）春天的时候，我因为写作关于《铁木前传》插图的文章，重读这本书。我依然深深地受着感动。原来这部诗意的小说，它所抵达的人性深度是那么刻骨；它的既节制、又酣畅的叙述所成就的气质温婉而又凛然，它那清新而又讲究的语言，以其所呈现的素材之美使人不愿错过每一个字。当我们回顾《铁木前传》的写作年代，不能不说它的诞生是那个时代的文学奇迹；而今天它再次带给我们的陌生的惊异和真正现实主义的深厚魅力，更加凸现出孙犁先生这样一个中国文坛的独特存在。《铁木前传》的出版距今已 45 年了，在 45 年之后，我认为当代中国文坛仍是少有中篇小说能够与之匹敌。孙犁先生对当代文学语言的不凡贡献，他那高尚、清明的品貌对几辈作家的直接影响，从未经过"炒作"，却定会长久不衰地渗透在我的文学生活中。

铁凝说："孙犁先生对前人的借鉴沉着而又长久，他'孤傲'地发挥出独属于自己的文学表达。他于平淡之中迸发的人生激情，他于精微之中昭示的文章骨气，尽在其中了。"

评论家说：孙犁先生发现了铁凝，而铁凝，则在这篇怀念文章里发现并揭示了孙犁的伟大。

我则想说，如果将孙犁的《铁木前传》和沈从文的《边城》同时看，如有可能，再接读刘绍棠的《蒲柳人家》，在增加对乡土文学认识的同时，将会自有感悟，收获多多。至少，语言会清新优美，意境会恬然旷达，有着实用主义般的小说写作培训作用。

2013.8.12

257

王鼎钧：我要做一只蝴蝶

王鼎钧，台湾作家，台湾散文十大家之一，和龙应台，齐邦媛等齐名。近年其作品传入大陆，先后有海南大学和山东苍山其老家举行过王的作品研讨会。主要作品有《昨天的云》《怒目少年》《关山夺路》《文学江湖》等十余本书；百度贴吧建有《王鼎钧吧》；《新华文摘》2013 年第八期载有访谈录；《文学不死》；此处摘录其谈散文创作部分内容。

文学并不能直接影响或改变社会，过去关于文学对社会的巨大影响的不少说法都是夸大的。例如，说林肯解放黑奴是受到斯陀夫人《汤姆叔叔的小屋》的影响。实际上，林肯只是在一次演讲中提到了这本书。林肯解放黑奴是因为他理解黑人的痛苦。但这也并不等于说"文学业已死亡"。我写回忆录的目的，就是觉得自己活了一辈子，对生活、对后代、都应该有个说法，有个交代。我想总会有人看的，文学界和大自然一样都有"蝴蝶效应"，我写回忆录就是要做一只蝴蝶。

人的发言权和他们的社会地位成正比。但作家的社会地位很低，发言的机会却很多。比如沈从文，职位很低，作品却登在许多大报上，我读《从文自传》所受影响就很大。只有当作家才不讲学历，不限资历，人家只看你的三篇文章两行诗。我一生有好几次都是绝处逢生，化险为夷。天无绝人之路，"每一座地狱里都有一个天使，问题是如何遇见他。每一层天堂里都有一个魔鬼，问题是如何躲开他。"

关于写作指导，有一种意见认为：文学创作没有方法。我很纳闷做任何事情都有方法，写小说、写散文怎么会没有方法？我后来终于找到很多方法，写出了《作文七巧》《文学种子》《讲理》《写作十九问》等讨论写作方法的书籍，打破了某些人对写作方法的垄断。

我在台北写的第一本自传《碎琉璃》，温柔地、伤感地歌咏我的童年，其中使用了小说常用的技巧，糅合、发酵、堆高和视角变化，以加强散文的表现力。

后来出国后，受到所谓东西方文化撞击，散文写作中便改换了另外的技巧，如写现代诗一样做意象切断，节奏跳跃，语意多义，也吸收了中国文学"赋"的风格，吞吐开合，铺引扬厉。几本抒情散文以《左心房漩涡》得到的评价最好，这本书就是这样写出来的。写回忆录不能只写自己，写成个人的流水账，要小中见大，写出众人的故事，万法的因缘。倘若作品只炫示自己思想，和哲学比总是稍逊一筹；倘若只以叙述事实取胜，怎么样也会输给历史。文学自有他不可企及和不能取代的特性。而在文学的诸般体裁中，散文最适合不耐拘束，自由成文的作者；最适合性格内向，长于自省的作者；散文也适合处于被动，只能在短时间内集中注意力的作者。而我，正是这样的人。文学不会死亡，只是某种体裁风格退出主流表述。须知，风水轮流转，活鱼仍在江湖。没有作家以前就有文学，没有作家以后仍会有文学。天地有文学，杂然赋流形，上则为李杜，下则为你我。我们不必自卑。人老了也许不能写得更好，但必须写得可看，这是我们的弘愿。头戴作家的冠冕，不以写作为天职，而以搁笔为荣耀，这是心死。我今年已经88岁了，决定还是继续写下去，只有写，我才觉得我活着。

最后说一句：有一种东西似乎没有用，但是少不了，那就是文学艺术；有一种东西很有用，但是你用不得，那就是原子弹。

2013.10.19

王鼎钧：山东临沂（古兰陵，今苍山）人。

1949 年始从事文学，曾尝试评论、散文、剧本、小说、诗歌等文体。尤以散文为专门。已出版《左心房漩涡》等散文集 14 部，其他 11 种。在台湾为最早力行将小说戏剧技巧融入散文之一人。诵前人"良工式古不违时"之句，日求精进。为基督徒，佛经读者，有志以佛理补基督教教义之不足，用以诠释人生，建构作品。吾生也有涯而又才力不逮，常引为恨。曾仿佛家"四弘誓愿"作铭以励天下同文。铭曰：文心无语誓愿通；文路无尽誓愿行，文境无上誓愿登，文运无常誓愿兴。（自撰）

杜鹏程：为了心中的信念

许多人想当作家却怕下苦，或是也知道创作很辛苦，但思想准备不足。杜鹏程在《保卫延安——重印后记》中讲到这部名著的创作经过，特别强调创作的使命感，对人很有启发。

杜鹏程在 1947 年夏天，敌人大举进攻延安后进入西北野战军第二纵队，在新华社做随军记者，跟随部队从陕西打到新疆的帕米尔高原，走遍西北，写了大量的稿件。从一开始，他就计划写一部有关战争的规模较大的作品。1949 年冬，在帕米尔高原的喀什城，他白天骑马出去采访写稿，晚上在陋室里写稿。没有可参考的书籍和材料，只有部队的油印小报，战斗总结，他自己写的新闻报道等。"一捆捆材料就堆放在军营斗室的地上，要想进去，便必须跳来蹦去地'翻山越岭'。"在九个多月的时间里，他写成了近百万字的长篇报告文学，使用的稿纸都是粗劣报纸和宣传品的背面，初稿有十几斤重。一年后，即 1950 年底，草稿写成时，母亲病危，他背着书稿回韩城老家看望母亲。母亲去世后，他暂住县政府，还夜以继日用一个月时间把稿子修改了一遍，随后又带着书稿赶回新疆。为了写稿，杜鹏程夜不成眠，食不甘味，把书稿随时带在身边，因怕失火即使看电影时他也把书稿抱在怀里。他写得极为艰苦，钢笔把手指磨起硬茧，眼珠上布满血丝，饿了啃一口冷馒头，累了头上缚上块湿毛巾。前后用了四年时间，九易其稿，增删数百次，把百万字的长篇报告文学，改成 60 多万字的长篇小说，又压缩成 17 万字，再变成 40 万字，50 多万字，以致涂抹过的稿纸可以拉一马车，1953 年冬天终于定稿。在解放军总政文化部的关怀下，1954 年终于由人民文学出版社出版。时任中国作协副主席，人文社长的老革命家冯雪峰为《保卫延安》写了数万字热情洋溢的评价。55 年后 2009 年 5 月 20 日，央视一套播出《保卫延安》的电视连续剧。

是什么东西支持着杜鹏程一定要把这本书写出来呢？他写道：战争年代，干部和群众中的精华，大都集中在部队里；在你的前后左右，净是出类拔萃的人。他鼓励自己：也许写不出无愧这伟大时代的伟大作品，但是，我一定要把那忠诚质朴，视死如归的人民战士的令人永远难忘的精神传达出来；使同时代人和后来者永远怀念他们，把他们当作自己做人的楷模。

2009.10.14

路遥：写出自己最满意的作品

　　路遥的《人生》《惊心动魄的一幕》《在困难的日子里》相继获奖以后，他不满足、不骄傲，又制定了更大的创作目标，写起了百万字的长篇小说《平凡的世界》。路遥创作得很艰苦，这在他写完《平凡的世界》后写的类同于后记的《早晨从中午开始》中体现得极为充分，读来有一种悲辛的感觉。

　　路遥的决心下得很早，也很大。早在青年时代，他就曾经有一个念头，这一生如果要写一本自己感到规模最大的书，或者干一生中最重要的一件事，那一定是在四十岁以前。"在我想象中未来的这部书如果不是此生我最满意的作品，也应该是规模最大的作品。"在《人生》获奖之后，他立即投入了艰苦的、大量的资料准备工作。因为《人生》不过是十万字，而他准备完成的是"百万字的一部真正的长篇作品，甚至是长卷作品"，而这应属于"巨人完成的工作"。他告诫自己："如果不能重新投入严峻的牛马般的劳动，无论作为作家还是作为一个人，你真正的生命也就将终结。"他鼓励自己："只有初恋般的热情和宗教般的意志，人才有可能成就某种事业。"为了文学，路遥以生命为赌注，用他的话说就是"这样一部以青春和生命做抵押的作品，是不能用'冒险'的态度投入的，我也失败不起。"

　　他首先阅读了大量古今中外的文学作品，外国作品占了绝大部分，在中国的长卷作品中重点研读了《红楼梦》和《创业史》。《红楼梦》读了三遍，《创业史》读了七遍。他找来了所有能找到的自己需要的近十年

263

间的报纸和材料，房间里像堆起了山。而他"白天黑夜泡在书中，精神状态完全变成一个准备高考的中学生，或者成了一个纯粹的书呆子"。他形容自己："没日没夜开始了这件枯燥而必须的工作，一页页翻看。工作量太巨大，中间几乎成了一种奴隶般的机械性劳动。眼角糊着眼屎，手指头被纸张磨得露出了毛细血管，搁在纸上，如同搁在刀刃上，只好改用手后掌继续翻阅。"

然后，他深入生活，他要全景式地反映从 1975 年到 1985 年中国大转型期的社会生活，他对一切方面的生活都感兴趣。他知道，"占有的生活越充分，表现生活就越自信，自由度也就会越大"。乡村城镇、工矿企业、学校机关、集贸市场；"国营、集体、个体；上至省委书记，下至普通老百姓，只要能涉及的，就竭力去触及。有些生活是过去熟悉的，但为了更确切体察，再一次深入进去。有些生活是过去不熟悉的，就加倍努力，争取短时间内熟悉。""面对一切常识性的技术性的东西且不敢有丝毫马虎，一枝一叶都要考虑清楚，脑子没有把握记住的，就用笔详细记下来。"

路遥选择铜川矿务局作为自己的创作基地，他在陈家山煤矿的医院生活下来，住在一个由小会议室改成的工作间，与世隔绝。他说："写这部书我已抱定吃苦牺牲的精神，煤矿生活条件差一些，艰苦一些，这和我精神上的要求是一致的。实行如此艰难的使命，不能对自己有丝毫怜悯之心。要排斥舒适，斩断温柔，只有在暴风雨中才能经历豪迈的飞翔；只有用滴血的手指才有可能拨出绝对音符。他说："十几本我认为最伟大的经典著作摆在房里——这些书尽管我已经读过多遍，此间不会再读，但我要经常看到这些人类所建造的辉煌金字塔，以随时提升自己的精神境界。"坐在写字桌前，路遥自述是进入了"茫茫的沼泽地"，走上了"拳击台"。开始的三天，总难进入创作态势，桌上一片空白。五六天以后，才开始有了工作规律。第一部计划写 53 章，他在墙上贴了一张表格，写着 1 到 53 的数字，每写完一章，就划掉一个数字，当突破了 13 万字时，他很兴奋，甚至很庄严。"庄严又转入趋于平静"，随后"情绪为之亢奋"，以致"写作整个地进入狂热状态，身体几乎不存在，生命似乎就是一种纯粹的精神形式，日常生活变为机器人性质。""照耀你的世界的光芒是你自己发出的，你应该为你的工作自豪，就是认为它伟大无比也未尝不可。"

路遥的生活条件很艰苦，没有蔬菜，没有鸡蛋，连点豆腐也难搞到，早晨不吃饭，中午是馒头米汤咸菜，晚上有时多吃点面条，带两个馒头回来。凌晨工作完毕上床前，再烧一杯咖啡，吃下去两个冷馒头。这时，工作间如同牢房，每天的任务都限制得很死，完不成就不上床休息，这简直是严厉的"狱规"。陪伴他的是两只小老鼠，这是他孤独世界的伙伴，他用馒头饲养他们。写作中期，精神紧张、集中，连上厕所去都往往忘记放下纸和笔。反对人来打扰，以致把记者粗暴地抓住推搡出房间。这时候，路遥对写作完成的数字很在意，经常数页码，计算工作量。在他看来，"每一个数字就是一座已翻越的大山或者将要征服的大山。"凌晨起来写作时，从桌前站起来时，两眼金星飞溅，腿疼挛得半天挪不开脚步。而"躺在床上，有一种生命即将终止的感觉，似乎从此倒下就再也爬不起来"。即使这样，他也要翻阅几页床头的托尔斯泰通信录，"寻找回答精神问题的答案，寻找鼓舞勇气的力量。"路遥感慨地写道："长卷作品的写作是对人精神意志和综合修养的最严酷的考验。它能使人必须把能力发挥到极点。你要么超越这个极点，要么你将猝然倒下。"也有愉悦的时候，"雨天、雪天，常有一种莫名的幸福感。我最爱在这样的日子里写作，灵感、诗意和创造的活力能尽情喷涌。""写作最紧张的时候，情绪在猛烈地高涨，出现了一些自己满意的章节。某些未来篇章中含混不清的地方在此间不断被扩通。情节、细节、人物呼啸着向笔下聚拢。笔赶不上手，手赶不上心。自认为最精彩的地方写得连自己都难辨认。眼睛顾不上窗外的风光，只盯着书中的双水村，石圪节、原西城；只盯着熙熙攘攘的人物和他们的喜怒哀乐；窗外的风光只感觉保持着它另外的英姿。"这是创作时辛苦的回报，路遥说："写不下去，痛不欲生；写得下去，欣喜若狂。""真正地痛并快乐着"。

在拼命和痛苦中，几经辗转，1988年5月25日，路遥完成了三卷本百万字的长篇小说《平凡的世界》。他感慨："这已经不纯粹是在完成一部书，而是在完成自己的人生。"他因这部书而人生璀璨，他也因这部书而耗尽心血。1991年《平凡的世界》发表并获得第三届茅盾文学奖。1992年路遥去世，年仅42岁。他为文学献身，他完成了自己的人生使命。列夫·托尔斯泰去世时已经82岁，天假以年，假如路遥再活40年，那会写出多少厚重的作品啊！

2009.10.25

路遥：老鼠伴我写作

路遥写完《平凡世界》后，写了创作随笔《早晨从中午开始》，道尽了他自己也是所有作家的甘苦，读来真是催人泪下。他所叙述的辛苦真可以吓退一些文学青年的。二十年前读时就很感动，这次重读，我依然是含着泪满怀感慨读完的，十多年印象特深刻。那段老鼠做伴潜心写作的文字尤其令我感动。这次整理书稿，我便也将这段文字转引于此书中，以表达我对路遥的尊敬。

写作是艰苦的。与之相伴的是生活的艰苦。

一般地说来，我对生活条件从无苛求。这和我的贫困的家庭出身有关，青少年时期我几乎一直在饥饿中挣扎。因此，除过忌讳大肉（不是宗教原因）外，只要能填饱肚子就满足。写作紧张之时，常常会忘记吃饭，一天有一顿也就凑合了。

但这里的生活却有些过分简单。不是不想让我吃好，这里的人们一直尽心操办，只是没有条件。深山之中，矿工家属有几万人。一遇秋雨冬雪，交通常常中断，据说有一年不得不给这里空投面粉。没有蔬菜，鸡蛋也没有，连点豆腐都难搞到。早晨我不吃饭，中午一般只有馒头米汤咸菜。晚上有时多吃点面条，有时和中午一模一样。这是矿医院，医生职工都回家吃饭，几乎没有几个住院的，伙食相当难搞。

如果不工作，这伙食也可以。只是我一天通常都要工作十几个小时，这种伙食无法弥补体力的消耗。河对面的矿区也许有小卖部什么的，但我没有时间出去。

没有时间！连半个小时的时间都不敢耽搁。为了约束自己的意志，每天的任务都限制得很死，完不成就不上床休息。

工作间实际上成了牢房，而且给自己制定了严厉的"狱规"，决不可以违犯。

每天中午吃完两个馒头一碗稀饭，就像丢下襁褓中的婴儿一样匆忙地赶回工作间。在准备当天工作的空档，用电热杯烧开水冲一杯咖啡，立刻就坐下工作。晚上吃完饭，要带两个馒头回来，等凌晨工作完毕上床前，再烧一杯咖啡，吃下去。煤矿的老鼠之多实在惊人。据说是矿工们经常乱扔吃剩的馒头，因此才招惹来如此多的老鼠。经常光顾我房间的有两只老鼠。天知道它们是从什么地方进来的。而且一开始就没把我放在眼里。它们在地上乱跑，嬉闹追逐，发出欢快的"吱吱"声，简直视此地为它们"迪斯尼"乐园。它们甚至敢跑到我写字台对面的沙发上目不转睛盯着我工作。有时候，竟放肆地跳上我放材料的窗台，在与我咫尺之间表演奔跑技巧。

我手脑并用，十分紧张之时，根本顾不上下逐客令，有时实在气急了，手里拿着笔和笔记本撵着追它们。它们当时立刻就会消失得无影无踪。我刚坐下，这该死的东西便又故伎重演。尤其是晚上，我一拉灭灯，这两个家伙就大闹起来，有几次居然跳上了床，在我的头边上跑来跑去。

没办法，只好叫医院几个职工，堵住门窗，终于消灭了一只。但是另一只仍然如期的来我这里做客。

我于是才"灵机一动"，干脆由黩武主义变为犬儒主义，每天晚上多拿一个馒头放在门后边供其享用。这样，老鼠晚上便不闹了。每天中午起床后，我先习惯性地向门背后投去一瞥：那里会一无例外地有一摊吃剩的馒头渣。

后来，我和这只老鼠一直和平共处到我离开这里。它并且成了这个孤独世界里我唯一的伙伴。直到现在，我还记着它蹲在我对面，怎样用一双明亮的小眼睛盯着我工作的神态。

无比紧张的工作和思考一直要到深夜才能结束。

凌晨，万般寂静中，从桌前站立起来，常常感到两眼金星飞溅，腿半天痉挛得挪不开脚步。

躺在床上，有一种生命即将终结的感觉，似乎从此倒下就再也爬不起来。想想前面那个遥远得看不见头的目标，不由心情沮丧。这时最大的安慰是列夫·托尔斯泰的通信录，五十多万字，厚厚一大卷，每晚读几页，等于和这位最敬仰的老人进行一次对话。不断在他的伟大思想中印证和理解自己的许多迷惑和体验，在他那里寻找回答精神问题的答案，寻找鼓舞勇气的力量。想想伟大的前辈们所遇到的更加巨大的困难和精神危机，那么，就不必畏惧，就心平气静地睡。

长卷作品的写作是对人的精神意志和综合素养的最严酷的考验。它迫使人必须把能力发挥到极点。你要么超越这个极点，要么你将猝然倒下。

只要没有倒下，就该继续出发。

说来惭愧和令人难以置信，直到现在我还没有读过《平凡的世界》，因为它太长了，令人为阅读之累而难下决心。但这部随笔我却看得很早，大约有20年了。记得那是一个单行本，书中最令我感动的便是饥寒交迫创作，小老鼠为伴。我常对青年朋友提起这部随笔，以为倘要从事创作，先要有此种吃苦精神的思想准备。这次为写这本书，我便特意找出《早晨从中午开始》，转摘了这段文字，借花献佛，以飨读者。

顺便说说，前几天读到山西作家韩石山的一篇文章，他直言之：路遥的《平凡的世界》我的评价一直不很高。它是一部励志的书，但不是一部好的文学作品。书中全是生硬的叙述，一点柔性的东西都没有，怎么能说是成功的文学作品呢？

这真是见仁见智，各具慧眼了。

2014.5.20

陈忠实：关于穷苦的记忆

　　读莫言回忆录，我很震撼于困难年代莫言饿得啃煤块的故事，其实那个年代的作家们谁又没有刻骨铭心的记忆呢？读陈忠实的散文，我同样感动于他对于青少年求学阶段苦难的回忆。

　　十二岁的时候，陈忠实到离家 30 里外的灞桥镇考初中，那天穿着母亲做的快要磨透了的布鞋。山路崎岖，砂石磨砺，鞋底破了脚也就磨烂流血了，疼痛钻心，他落伍了，"期望在路上捡到一块烂布包住脚后跟，终于没有发现哪怕是巴掌大的一块碎布而失望了。他从路边的杨树上捋下一把树叶塞进鞋窝儿，走出不过十几米就结束了短暂的美好和幼稚。他终于下狠心从书包里摸出那块擦脸用的布巾，相当于课本的两倍大小，只能包住一只脚。洗脸擦脸已经大不重要了，撩起衣襟就可以代替布巾来使用。用布巾包住的一只脚不再直接遭受砂石的蹭磨减轻了疼痛，况且可以使另一只脚踮着而避免脚后跟着地。他踮着一只脚跛着往前赶，果然加快了行速。走了不知有多少路程，布巾很快又磨透了，他把布巾倒过来再包到脚上，直到那布巾被踩磨得稀烂而毫无用处。他最后从书包里拿出了课本，先是算术，后是语文，一扎一扎撕下来塞进鞋窝……只要能走到考场，他自信可以不需要翻动它们就能考中。如果万一名落孙山，这些课本无论是语文或是算术就都变成毫无用处的废物了。那些课本的纸张更经不住砂石的蹭磨，很快被踩踏成碎片从鞋窝里泛出来撒落到砂石国道上，像埋葬死人时沿路抛撒的纸钱。直到课本被撕光，他几乎完全绝望了，脚跟的疼痛逐渐加剧到每一抬足都会心惊肉跳，走进考场的最后一丝勇气终于断灭了。他停下随之又坐下来，等待有一挂回程的马车，即使陌生的车夫也要乞求。他对念中学也似乎没有太明晰的目标，想回家去割草拾柴也未必不好。"……伟大的转机在他完全崩溃刚刚坐下的时候发生了，他"听到了一声火车汽笛的嘶鸣"。……这次经历太深刻了，以至在数十年后，即 1978 年，在又一次"人生重大抉择重要关头"，他不仅再一次听到了那声汽笛，而且想到了那双磨透了鞋底磨烂了脚跟的布鞋。有什么可畏惧的呢？本来就是穿着磨透鞋底的布鞋走进社会的，最终最糟失去的大不了也就是又一双破烂布鞋……他走进图书馆，把莫泊桑和契诃夫的小说抱回家里，昼夜与这两个欧洲人拥抱在一起。他后来成为一个作家，但不是著名的，却终归是一个作家。这个作家已过"知天命"的年岁，回顾整个生命历程的时候，所有经过的欢乐已不再成为欢乐，所有经历的灾难挫折引起的痛苦亦不再是痛苦，变成了只有自己可以理解的生命体验，剩下的还有一声储存于生命磁带上的汽笛鸣叫和一双破了鞋底的布鞋。"同样的磨难后来还有。"1961 年，正是后来被习惯称作'三年困难时期'最困难的那一年，我正在读高中二年级，无法化解的饥饿折磨着几乎所有人，尤其是正处于生理生长最活跃的中学生。市教育局为保护处于这个不幸年代的学生，采取了非常措施，取消晚自习，自然也就取消一切作业，实行'劳逸结合'来对付饥饿。老师只需要完成课堂授课而不再批改作业，学生只需接受老师的讲授而不再去做任何科目的作业题。消耗热量的体育课干脆废除不上了。我突然发现空闲时间太多了，空闲得令人反而不习惯起来，自然就把课余的时间和精力全都用到阅读和写作这个爱好上头来。我和我的同样爱着文学的朋友常志文，找到了一个既省钱又能读到新书的办法。每天晚饭后，我俩悄悄溜出学校后门，抄田间近路步行到距学校约十余华里的纺织城商场，直奔书店。靠在装满各种书籍的书架立柱上，抽出昨天正在读着的那本书继续读下去，直到大约九点或九点半钟商场统一关门，我再最后看一眼正在阅读着的页码，合上书装进书架然后离开书店。那时候没有'微笑服务'，更没有礼宾小姐站在门口躬身'欢迎光临'的礼仪，却不拒绝如我一类无钱买书的人连续阅读自己感兴趣的书。我和我的朋友便从来时的小路再走回灞河岸边的这所由孙蔚如先生创办的中学，我俩关于阅读心得的交流一直继续到校门口才收住。上床睡觉前先喝一大碗盐水哄自己入眠，在往来20余华里的疾步运动中，本来就没有吃饱的晚饭早已被消化光了。这样的课余活动的运动量和对热量的损耗，可能远远超出了做作业和一周只有两节的体育课。"但这一年的高考录取人数是新中国成立以来最低的，陈忠实被迫回乡了，走在这条最不想走的人生之路，他"反而把未来人生的一切侥幸心理排除净尽了；深知自修文学写作之难，却开始了一种义无反顾的存储心底的人生理想，标志是一只用墨水瓶改装的煤油灯。"

在所谓的"三年困难"时期，我也十二三岁，正上初中，读忠实先生的文章感同身受，无异于我做了一次忆苦思甜，感慨多多，只能加倍珍惜而今的好生活。

2014.5.10

陈忠实：静下心 多读书

写作之人要能耐得住寂寞，静下心来读书和写作，陈忠实于此有很深刻的体会。在《何为良师》中，他写道：1978年秋天，我便调入西安郊区文化馆。我再三地审视自己判断自己，还是决定离开基层行政部门转入文化单位，去读书去反省以便皈依文学。郊区文化馆在小寨，有两处办公用房，一处在小寨俱乐部的小楼里，住着大多数文化干部和文化领导；另一处是"文革"前的老文化馆所在地，全部是平房，已破落残损，有三四位干部挑着好点的房子住着，院中荒草尽兴地繁衍着。我便选了东南角一间空房，把一卷铺盖卸下来，掉下来的半张顶棚的苇箔经民工重新搭吊上去，残留在墙上的黑墨标语被我用报纸糊住了……我便坐下来读书。窗外是农民的菜地，生长着日渐膨大的白菜，白菜地的畦梁上长着绿头萝卜，也是日渐粗壮着。我从早读到晚，或借或买，图书馆里获得解禁的小说和刚刚翻译出版的国外的即使获过诺贝尔奖对我们却陌生的大家名作，一概抱来阅读。目的只有一点，用真正的文学来驱逐来荡涤我的艺术感受中的非文学因素。"四人帮"可笑的"三突出"创作原则因为太离谱姑且不论，17年里极左的文学创作的理论和思想，都不是真正意义上的属于文学自己的因素，是强加以至强奸文学的非文学因素。非文学因素的荡除和真正的纯文学因素的萌生，对写作者来说，用行政命令是不行的，只有用阅读真正的文学作品来荡除，假李逵只能靠真李逵来逼其消遁。

我的自我审视和自我选择在我的感觉里是正确的。阅读使我进入了真正的五彩缤纷的小说世界，非文学的因素基本被廓清了，我才觉得我正临门于真实的文学的殿堂。信心也恢复了，羞愧的心理得到了调整，创作的欲望便冲动起来。直至今天，我依然难忘 1978 年的那个自虐式的阅读和反省的冬天，每每经过翠华路看见历史博物馆的漂亮建筑群，我便想到我曾居住过的那间房子和窗外的菜地，但现在都荡然无影了。1979 年春节过后，我在那间小房子里重新开始写作小说了。

到了 1982 年冬天，陈忠实调到了省作协专业创作组。"在取得对时间的完全支配权之后，我的直接感觉是走到了我人生的理想境界——专业创作。我几乎同时决定，干脆回归老家，彻底清静下来，去读书、去回嚼 20 年里在乡村基层工作的生活积蓄、去写属于自己的小说。尤其是读书，需要弥补未能接受大学中文系专修的知识亏空和心里空虚，需要见识中外大家名著所创造的艺术大观，更深一步进入真正的艺术世界，揣摩真正的文学的本来内蕴，以彻底排除非文学因素和出于各种用意强加给文学的额外负载，接近再接近真正的文学的本义。"

陈忠实曾经很感慨地说，人民文学出版社的朋友鼓励他写长篇小说，但是，"我把长篇小说的写作看得太艰难了，肯定是我长期阅读长篇小说所造成的心理感受。我常常在阅读那些优秀的长篇小说时一回又一回地感叹，这个作家长着一颗怎么样的脑袋，怎么会写出让人意料不到的故事和几乎可以触摸的人物！"陈忠实写出《白鹿原》后，轰动全国，洛阳纸贵，读者们也很惊讶陈忠实"长着一颗怎么样的脑袋"呀！现在我们明白，不是忠实先生的脑袋长得好，而是他能静下心来阅读和写作！当然，这就需要面对热闹的文坛各种诱惑时要有巨大的定力。陈忠实坦白：我从来不说淡泊名利的话。我至今以为，文坛本身就是一个名利场，淡泊不了的，除非你离开。问题的实质在于以什么手段去提高"知名度"和获取"利"。唯一可靠的途径只能是拿出自己有独特感觉的作品来，作家是靠作品说话的。

2014.5.10

贾平凹写《秦腔》

2009 年第七届茅盾文学奖揭晓，陕西作家贾平凹的《秦腔》位列其中。贾平凹是商州市丹凤县棣花镇人，1952 年出生，19 岁时离家去上"工农兵大学"——西北大学中文系，从此离开家乡，成了都市人。毕业后从事编辑，写作，成为著名作家。他热爱自己的故乡，他说："我是在家乡祠堂改做的教室里学会认字的。在农村我学会了各种农活，学会了秦腔和写对联、铭旌。我是个农民，善良本分，我感激着故乡的水土。"故乡新时期的巨大变化使他感奋、疑惑、思索，他想反映故乡的变化，要为故乡立碑，于是，他写了《秦腔》。

《秦腔》书稿整整写了一年九个月，2003 年 4 月 30 日草成，至 2004 年 8 月 31 日已完成三稿。依着他的习惯，动笔之前，他奠祭了棣花街上近二十年的亡人，虔诚地在书房的汉罐里燃起了香台。他整个的身心沉浸在写作中。"我的写作充满了矛盾和痛苦，我不知道该赞颂现实还是诅咒现实，是为棣花街的父老乡亲庆幸还是为他们悲哀。"为了专心写作，贾平凹这期间基本上没有再干别的事，缺席了许多会议，拒绝了朋友的许多应酬。"每日早晨从住所带了一包擀成的面条或包好的素饺，赶到写作的书房，门窗依然是紧闭的，大开着灯光，掐断电话，中午在煤气灶煮了面条和素饺，一直到天黑方出去吃饭喝茶会友。一日一日这么过着，寂寞是难熬的，休息的方法就是写毛笔字和画画，激励自己。"写得很艰难，修修改改，总难结稿。"连家里人都看着我可怜了，说：结束吧，再改你就改疯了。"

　　贾平凹是多产作家，中短篇小说和散文尤佳，长篇小说也有好几部，可以想见在整个的创作过程中，贾平凹是多么地认真、辛苦啊！

2009.11.7

贾平凹写《带灯》

　　前年，我在人民日报看到一篇平凹写的游记，两千多字，写他在甘肃定西地区走访的感受。便买了一本《定西笔记》，全面地了解了平凹在定西的活动，同时欣赏了平凹的文笔。最近看平凹新著《带灯》，他说："就在前年，我去陕西南部，走了七八个县城和十几个乡镇，又去关中平原北部一带，再去了一趟甘肃的定西。"大作家自是与众不同，每走一趟自有收获，但是大作家也须深入生活才有创作的素材，才会有与众不同的见解和思想认识。用现在时髦的话来说就是要"接地气"。平凹在《带灯》的后记里讲到他写这本长篇的原由，就很能说明生活与创作的关系，读来很有启发。

　　平凹说：就在不久，我结识了山区一位女乡镇干部，她不知从哪儿获得了我的手机号，先是给我发短信，我以为是个业余作者，给她复了信，她就接二连三地又给我发短信。她的短信写得极好，让我惊讶不已，便山高路远地去看她。这是个大山深处，她是个乡镇干部，在综合治理办公室工作。如果草木是大山灵性的外泄，她就该是崖头的一株灵芝，她太聪慧了。她并不是文学青年，没有读更多的书，没有人能与她交流形成的文字环境。综治办的工作又颇繁忙，但她的文学感觉和文笔是那么好，令我相信了天才。在那深山的日子里，她是个滔滔不绝的倾诉者，我是个忠实的倾听人，使我了解了另一样的生活和工作。她又领着我去走村串寨，去给那些特困户办低保，也去堵截和训斥上访人。她能拽着牛尾巴上山，采到山花了便别一朵在头上。买土蜂蜜，摘山果子，她跑累了，说你坐在这儿看风景吧，我去打个盹。她跑到一个草窝里蜷身而卧就睡着了。我远远地看着她，她那衫子上的花的图案里花全活了，从身子上长上来在风中摇成鲜艳。我们就此成为朋友。她每天都给我发短信，每次都是几百字或上千字，诉说她的工作和生活，她的追求和向往。她什么都不避讳，欢乐、悲伤、愤怒、苦闷。她还定期给我寄东西，比如五味子果、鲜茵陈、核桃、蜂蜜，还有一包又一包乡政府发给村寨的文件、通知、报表、工作规划、上访材料、救灾名册、领导讲稿。有一次疏忽了，把自己一份检查草稿也寄来了。

读着这段文字，我像进入了一个童话，作家和"仙女"营造着诗意的美丽。

平凹说，就是从那时，我有了写《带灯》一书的冲动。就此进一步了解了中国农村，尤其深入了乡镇政府，知道了那里的生存状态和生存者的精神状态，知道社会基层里有着太多的问题。这些问题各级组织都知道，都在努力解决，可是有些能解决，有些无法解决，无法解决熟视无睹，就当什么都没有发生吧，结果一边解决着一边又大量积压。其中有体制的问题，道德的问题，法制的问题，信仰的问题，政治生态问题和环境生态问题，就像身上出麻疹，一搔一片。正因为社会基层的问题太多，你才尊重了在乡镇政府工作的人。上边的各种政策、命令、任务、指示全集中在他们那儿，完不成就受责挨训被罚，这种工作职能也决定了他们与社会摩擦的危险性。他们地位低下，工资微薄，喝恶水，坐萝卜，受气挨骂，于是他们也慢慢地扭曲了，弄虚作假，巴结上司，极力要跳出乡镇，由科级升迁到副处，或到县城去寻个轻松岗位。下乡到村寨了也能喝酒，吃鸡，张口骂人，脾气暴戾。平凹感动着这些乡镇干部的真实、可亲、可敬，称赞这些人是江山社稷的脊梁，民族的精英。

《带灯》书名的来由是书中主人公"原名叫萤"，萤看到了飞行的萤火虫，突然想，"这是夜行自带了一盏小灯"，便将自己的名字改为带灯，平凹便顺理将"带灯"取作了书名。特别介绍道："萤火虫虽外表弱小无害，可它却是个食肉动物。它的猎物通常是蜗牛。它在吃蜗牛前，将细得像头发一样的弯钩插入蜗牛身上，三番五次地给猎物按摩，既巧妙又恶毒。萤火虫雌的没有翅膀，不会飞，一直保持幼虫的卑微形态，可它和雄萤一样，一直点着尾腹部那盏灯。"

平凹在后记中说，写完《带灯》后，"我希望这一段隐在农村，恢复我农民的本性，吃五谷，喝泉水，吸农村的地气，晒农村的太阳，等待新的写作欲望的冲动。"

关于贾平凹的注重采风，长于观察，有一本书中是这样介绍的：贾平凹说，能不能去那些你最熟悉的村子，了解一些具体的人和事，说说他们过去的故事，看看他们现在干什么，问问他们心里都在想些啥。深入生活不能是这儿转转，那儿看看，那样只能扩大眼界，多一点见识。只有了解到一些人的真实故事，才会对写小说有大用场。……贾平凹对沿途所见十分感兴趣，不时让车停下来，站在路边，面对悬崖绝壁的大山谷或者如帘的瀑布，听着哗哗作响的水声，凝神般地注目片刻，痴呆呆地望着远方。多年后想到这些，才知道这就是贾平凹的功力。我们到处游山逛景，看到的只是山，看到的只是水，当时瞧着有趣，过后就忘得一干二净。而贾平凹所看到的一切，都引起丰富的想象力，被赋予了生命，使他对其了然于胸，默记在心，成为他日后文学创作时取之不尽，用之不竭的生活宝藏。

2014.1.3

高建群：创作是一种燃烧

　　"陕军东征"一说源于上世纪初高建群的《最后一个匈奴》北京座谈会后光明日报社的一则报道。随后我读了这本小说，觉得大气魄、大手笔，但前后两部分明显脱节，直如"半部红楼"，读"白鹿原"时也有这种感觉。近日购得《最后一个匈奴》2012年长江文艺版，书后有作者写的几篇文章，记述当年写这本小说时的构想和经过，以及所要表达的意图，其中讲到写作时的艰苦，其精神和毅力对文学爱好者都有鼓励作用，现摘引如下：

　　该书写作时间为1991.6.4到1992.613，仅一年，但酝酿与构思却用了十年时间，我努力为小说寻找一个框架，一个叙事风格，一种描写视角，当然，最主要的是，让人物圆满，让人物不但作为故事人物，而且成为一种文化载体行动和动作。那些日子里，我每天早上大约八点或八点半起来，穿衣服，从床上滑到桌子跟前，开始写作。这时大脑是一片空白，有点疼，有点麻木，我点燃上一支烟，烟雾腾腾中，人物出来了，是真实的人物还是我臆想的人物呢？我不知道。我只知道匆匆地抓住笔，人物便开始活动了。大约到十一点时，可以写两千字。这时我停下来，洗脸刷牙，然后到楼下去提一次开水。

　　中午吃完饭后，我一定要睡一觉，让大脑休息一下，两点半或三点，爬起来再写。到六点时，写两千字，这时停下来，到院子里去转一转，回来吃饭。

　　晚上把看《新闻联播》当作休息。看完新闻后，我一个人又回到自己房间写作。任务仍然是两千字，但有时会收不住笔，一直写下去，直到凌晨一两点钟。

我写得最多时一天写过一万六千字，写得最少时一字未写。平均下来是每天五千字。

人物和事件填满了我的脑子，人物在经受精神磨难时我也和他们一起受难。恍惚和痴呆，大约正是我这时候给人的印象。我像一段被感情烧干的枯木一样，但是我强令自己继续燃烧。"创作是一种燃烧"，这话只有过来人才能说出。

在写作的后期，我的身体极度地虚弱，连说话的力气都没有了，懒于和人说话，走路时经常扶着墙壁，曾想到拄一根拐杖的问题。我常常担心，怕自己睡过去以后，就再也不会醒来了，而作品还搁在半截，那我即便是进入三尺地表之下，也不会甘心和安宁的。

我写作前称了一下体重，是一百六十五斤，写完以后，体重成了一百五十二斤。就是说，少了十三斤。所幸的是我这个人真能吃，因此现在体重又恢复了过来，大约到一百六了吧。

当我进入最佳创作状态时，会像一个拼命旋转的陀螺一样，像一架失控的航天器一样，像一个目光狼狈、精神错乱、焦躁不安的精神病患者一样。那时，理性已经消失，梦境开始出现，我感到我被书中的人物和故事牵着走，我只是机械地记录下这些人与事而已。

最好的创作时间是在晚上。那时，四周死一般寂静，整个世界好像都不存在了。你伏案疾书，你感到，在你的窗外，半天云中，仿佛有一位圣者，正在絮絮叨叨，向你口授。《古兰经》中称这样的夜晚为"高贵的夜晚"。

记得，当为长篇画完最后一个句号时，我爬在桌上，大哭一场。我对自己说："你是不可战胜的！"这个"不可战胜"并不仅仅表现在他完成了这样一部作品，而在于，在经历和承受了那么多精神上的惊涛骇浪以后，这个人并没有发疯，失控的航天器又回到了轨道上。

但是现在我想说，虽然我写作得很苦，苦不堪言，以生命为代价，但是，在这个世界上，一定有人写得比我还苦，因此，说这些是没有意思的事情。

我的作品毕竟发表了，社会慷慨地为我提供了一次和同类、和现世界以至未来世界对话的机会，而他们却没有。所以，我是幸运者。

　　是的，高建群是幸运者。这样的机会，邹志安没有，路遥没有，而今，陈忠实也没有了。真是"出师未捷身先死，长使英雄泪满襟"。还是战场的标语豪迈：活着干，死了算，老子今天就死在战场上了！你想闯荡文坛做出大的成就，先要发下这样的宏愿。

2016.6.26

高建群：西北有高楼

2009 年，陕西作家高建群出版了长篇小说《大平原》。这是一部家族史，是以作家自己家族六七十年来的变动为素材的。看得出来，他竭力写得气势恢宏，以《百年孤独》为目标，并希望能有所超越。

作者在后记中写到写作本书的初衷：有一些老故事，在我的心中已经埋藏了很多年，那是我的家族故事。那故事中有着许多的传奇和令人不可思议的斑斓色彩。它们快要成熟得从树上掉下来了。……当我的父亲去世的时候，大伯去世的时候，姑姑去世的时候，他们都对我说，你说过你要写家族故事的，但是你没有写，难道你也要像我们一样，将这些嚼头带到棺材里去吗？后来，作者在西安高新区挂职体验生活，期间，看到许多村庄被平夷了，改造成了城市，高楼林立。看到许多高新人物创业了、发达了，落败了，重新崛起了，这样，"这些村庄和我记忆中的村庄便连为一个整体。"而在结识的这些人物身上，作者又找到了故乡的气息，"他们大约就是从我的那个小小的村庄里走出去，一直走到今天的那些人。"

路遥曾说，高建群是一个很大的谜，一个很大的未知数。而张贤亮则称赞它是"西北有高楼"，要知这些评价是否准确，尚需通读《大平原》才能解开高楼到底有多高之谜。

作家记忆中的过去时和现在进行时联系在了一起，水到渠成，他要完成它的使命了。"这时候，我有一个强烈的意识，甚至有些极端地认为，自己来到世上，也许就是为写它而来的。"

于是，自 2005 年春天到 2008 年夏天，"每天早晨，我提个小包，里面装一支钢笔，一瓶墨水，一沓稿纸，然后出门，像农民上工一样，到小区公园里找一个旅人坐的长条凳铺开稿纸。"2008 年 5 月 29 日初稿完成，2009 年 4 月 12 日改定，2009 年 10 月由北京十月文艺出版社出版，全书计 38 万 4 千字。"写作的时候极其虔诚，又恰逢汶川地震，每天烧三炷香，规划写三千字。写完了，如释重负，觉得对历史、亲人、朋友、挂职的地方，尤其是对自己，有了一个交代。"作者自我感觉良好，所以满怀信心地想对这个世界说，"中国文坛有一件大事要发生了。"

作者曾以"陕军东征"时写《最后一个匈奴》成名，而现在他说：《大平原》里的故事好过我讲的所有的故事。作者行文简洁、有力、富有诗意，我很欣赏书的封底的这段话：大平原哪，我们世世代代在它的怀抱里出生，我们世世代代在它的怀抱里死亡。它承载和覆盖了全书，承载和覆盖了我们所有的痛苦和欢乐。

2010.7.23

阿来和《尘埃落定》

　　某年在某杂志上读到一部题为《尘埃落定》的小说前几章，是写旧时藏族生活的，写法新颖，地方色彩、民情风俗写得很吸引人。看看作者名，阿来。后来这本书得了"茅奖"我才买了一本。但直到现在我还没有时间读，书安静地插在书架上，物我两望。即使如此，这种占有也是幸福的。正如你虽然没有时间阅读，但你拥有曹雪芹、雨果、莎士比亚、托尔斯泰的经典作品，你便感到充实。

　　恰巧，在 2014 年第二期《文学自由谈》里，我读到舒晋瑜记阿来的一篇短文，摘录下来，可作为轶事介绍。

　　文中说，阿来热爱小说创作，开始也是愈投愈收退稿一族，但他坚持不懈。快 30 岁时终于出版了两部书，但反响不大，遂搁笔。4 年后忽然有了创作的冲动，在某次世界杯比赛期间，即意大利的巴乔罚飞点球的那天，"偶然"开始了《尘埃落定》的写作。没有未来还会得奖的预感和期许，一切都很自然，纯属天意。但是，小说经由了"稍微像样一点的出版社都投过稿"的游历，又都先后回到了自己的身边，像是非洲土人的"飞来飞去"，像是渔民船头的鱼鹰。阿来的写作手法编辑不能接受，要他修改，倔强的阿来不愿迎合世俗，表示：可以改错别字也只能改错别字。他认为他叙事手法的创新并没有错。他也在反思：为什么我做文学而没有做其他，因为选择文学不伤害我的自尊，是可以靠个人能力完成的。我本来就是为了活得干净一点，才选择这么一件事的。在和命运的抗争中，阿来的机遇来到了。人民文学出版社的编辑到成都组稿时，听说阿来手里有部长篇，提出带回去看看。这部作品转到了编辑脚印手里。脚印当即判断是部好作品，社里也准许出版，首印一万册，这在当时的市场环境下已经是个非常大的数字。而脚印坚持认为可以印到五万册，就找到当时的发行部副主任兼编辑部主任张福海（现为国家新闻出版广电总局对外交流与合作司司长），极力推荐这本书。张福海将《尘埃落定》带回家，一口气看到凌晨四点，看得泪流满面。第二天他去找社长要求印五万册。社长问："赔了怎么办？"张福海说："赔了扣我的奖金！"社长追问："奖金也不够呢？"他坚定地回答："那就扣工资！"首印五万册的事情就这么定下来了。结果面世第一年，就创下了销售二十万册的奇迹。

《尘埃落定》参加第五届茅盾文学奖的评选时，阿来不认识任何评委，更不知道那次评选终评委是以全票推选的。如今，《尘埃落定》已悄然走过十五年，并创下了一百余万册的销售记录和单本图书海外版权量之最，并被认为是历届茅盾文学奖中最好的作品之一。当时评委会给出的评价是，"小说视角独特，有丰厚的藏族文化意蕴。清淡的一层魔幻色彩增强了艺术表现开合的力度"，语言"轻巧而富有魅力""充满灵动的诗意""显示了作者出色的艺术才华"。《尘埃落定》的出版，在当年被视为一个事件。很多评论家都自发地写了评论文章，而那时的阿来，其实一个评论家都不认识。所以，在《尘埃落定》出版畅销十五年后，他依然深深地怀念多年前那种纯粹而浓郁的文学氛围。

2014.4.28

莫言谈写作（1）：站在人类的立场上

2012 年莫言获得了国内文坛诸多名人、文学大家梦寐以求的诺贝尔文学奖，由不为人广知立即一夜成名，洛阳纸贵。我此前并未读过莫言的作品，不用说他写的《红高粱家族》了，电影《红高粱》我也没看过。我接触的是我们陕西人路遥，陈忠实、贾平凹和其他什么人的作品。这个春天，为充实本书内容，我集中读了别人写的莫言传和莫言自己的散文随笔集，特别是他历年为人写的序与跋，才感到莫言确实是迥异于陕西人的举足轻重的作家。他的作品数量之多之厚重，之尖锐深刻，语言之犀利、幽默，观察角度之奇特，都带着颇重的个人色彩。莫言的小说起点很高，他获诺奖实在是名副其实，也并非一些人忿忿不平地讲的"中国如莫言之水平者当有一群"！我们对黄土文化的看重实在是一种自恋情结。另外说不客气点，也是"八哥出了潼关不会说话"，孤陋寡闻了。

现摘出莫言所写序或跋中一些章句集在一起，或长或短，即使一句话，我以为有价值也勾抄出来提供给文学爱好者学习。

读张璋的散文，如同跟一个多年前的故交叙旧，尽管张璋的文章里还保留着很多属于乡土的淳朴感情，但她的精神境界已经超越了乡土，她的文章里甚至透露出一种很"中产阶级"的优雅情调。在农人的眼里，葵花就是葵花，但在张璋眼里，葵花变成了美学；在农人的心中，葵花是一种可以食用的种子的花朵，但在张璋的心中，葵花变成了精神。我们这个年龄的人，从小受到的是斗和杀的教育，我们不缺恨的能力，但缺乏爱的能力。所以我认为张璋的充满了爱的精神的散文很有价值。她爱自然、爱家庭、爱美，她写的是爱的美文。从她的文章里不难看出，她具有很好的古典文学功底，同时又吸取了现代美学精神，再加上她那像南岭小地瓜一样的淳朴乡土意识，这就使她的散文底蕴丰厚。温婉多情，我喜欢这种像地瓜、像葵花的文章。

我想一个好的短篇小说，应该是一个作家成熟后的产物。阅读这样一个短篇小说，可以感受到这个作家的独特性。就像通过一个细小的锁孔可以看到整个的房间，就像提取一个绵羊身上的细胞。可以克隆出一匹绵羊。我想一个作家的成熟，应该就是指一个作家形成了自己的风格。而所谓的风格，应该是一个作家具有了自己的独特的、不混淆于他人的叙述腔调。这个独特的腔调，并不仅仅指语言，而是指他习惯选择的故事类型、他处理这个故事的方式、他叙述这个故事时运用的形式等全部因素所营造出的那样一种独特的氛围。这种氛围或者像烟熏火燎的小酒馆，或者像烛光闪烁的咖啡屋，或者像吵吵嚷嚷的四川茶馆，或者像音乐萦绕的五星级饭店，或者像一条高速公路、像一个马车店、像一艘江轮、像一个候车室、像一个桑拿浴室……总之是应该与众不同。即便让两个成熟作家讲述同一个故事，营造出的氛围也决不会相同。而我认为所谓作家的成熟，不是说他从此之后就无变化，也不是指他已经发表了很多的作品。有的人一开始就成熟了，有的人则像老酒一样渐渐成熟，有的人则永远也不会成熟，哪怕他写了一千本书。

莫言自称他的《售棉大路》是"摹仿拉美作家胡里奥·科塔萨尔《南方高速公路》写的，他说，这次摹仿，在我创作路上意义重大，它使我明白了，找到叙述的腔调，就像乐师演奏前的定弦一样重要。腔调找到之后，小说就是流出来的，找不到腔调，小说只能是挤出来的。

上世纪 90 年代，当一批青年作家以新的表现手法，新的思路走上文坛时，社会上争议颇大，但莫言持宽容态度。他说：尽管对这批少年作家有许多不同的看法，但就像谁也压抑不住春苗出土一样，他们还是齐搭伙地冒了出来。他们发扬着初生牛犊不怕虎的精神，依仗着良好的语文技能，凭借着对现代生活的亲切感受，调动着现代科技知识，发挥着异想天开的想象力，高举着挑战的旗帜，生龙活虎地闯入了被神秘化了的文坛。在他们的大力冲击下，作家这个职业的神秘化被彻底瓦解。人人都可成为作家，似乎正在由梦想变为现实。尽管我对个别少年作家的狂妄态度不欣赏，但我也不反对。少年得志，狂一点也是应该的。十几二十岁，就写出了一部长篇小说，真让人羡慕。他们的起点比我们——起码比我高得多。莫言还恳切地指出，文学与其他的学问一样，是有源头的，无论多么大的天才，也不能不受到前人的影响。他们所要注意的是要能够认识到自己的不足。

谈到散文随笔的小说化问题，莫言说：前不久有人批评三毛，说她的撒哈拉大沙漠与她的荷西都是捏造的，好像她的家人还出来为三毛辩护，说三毛写的全是真的。我觉得三毛一定在暗中冷笑。我想三毛是无可厚非的，谁告诉你随笔就不能虚构？谁能把小说和随笔分清楚？其实，进入九十年代以来，散文和随笔已经小说化而小说已经变成了虚伪的家史和情史。而诸如传记、自传、日记、书信、调查笔记等文体，都变成了真正的小说。

莫言《丰乳肥臀》发表后，遭到了来自许多方面的批评，压力很大，莫言反驳道：我认真地研究过那些"大批判家"的文章，发现了他们加给《丰乳肥臀》的罪名主要有两个，一是说我"反共产党"，二是说我"性变态"。我想，时至二十世纪末，一个有良心有抱负的作家，不会再去为某个阶级充当吹鼓手或是枪手，他应该站得更高一些，看得更远一些。他应该站在人类的立场上进行他的写作，他应该为人类的前途焦虑或是担忧，他苦苦思索的应该是人类的命运，他应该把自己的创作提升到哲学的高度，只有这样写作才是有价值的。我在创作《丰乳肥臀》时，尽管使用了"高密东北乡"这个地理名称，但我所关注的起码是中国的近现代历史，关注的起码是在近现代史中的千百万中国人的命运。国民党也好，共产党也好，都是漫漫历史长河中的短暂现象，谁都不可能"万寿无疆"。我就像小说中的母亲那样，满怀着悲悯之心，看待分属于不同政党和集团的孩子们的生死搏斗。无论是谁的死去，都会让母亲痛心。在描写历史的悲剧时，我同时发现了历史的荒诞性和历史的寓言性。许多昨天还神圣得掉脑袋的事情，今天已经很难分出谁是谁非。一个作家，如果把自己的注意力放在研究政治的和经济的历史上，那势必会使自己的小说误入歧途。作家应该关注的，始终都应是人的命运和遭际，以及在动荡的社会中人类感情的变异和人类理性的迷失。小说家并不负责再现历史也不可能再现历史。所谓的历史事件只不过是小说家把历史寓言化和预言化的材料，历史学家是根据历史事件来思想，小说家是用思想来选择和改造历史事件，如果没有这样的历史事件，他就会虚构出这样的历史事件。所以，把小说中的历史与真实的历史进行比较的批评，是类似于堂·吉诃德对着风车作战的行为，批评者自以为神圣无比，旁观者却在一边窃笑。在创作《丰乳肥臀》时，我去过两次教堂。小说中的上官金童也去过两次教堂，他在走投无路时，投向了上帝的怀抱。我不是基督教徒，但我对人类的前途充满着忧虑，我鄙视把自己的信仰强加给别人的人。我希望用自己的书表现出一种寻求救赎的意识，人世充满痛苦和迷茫，犹如黑暗的大海，但理想犹如一线光明在黑暗中闪烁。其实每个人都在寻找自己的上帝，有的人的上帝在天上，有的人的上帝在心中。

莫言得了诺奖，颁奖词中称赞他很会"讲故事"。莫言此前说：与小说要不要讲故事一样，小说要不要塑造"典型环境里的典型人物"，也一度被先锋作家们质疑。当然也有一批没有典型环境没有典型人物的小说出笼，与不讲故事的小说一样，这样的"两无"小说也没有成为气候。一部小说之所以不被读者忘记，多半取决于小说中的人物形象。没有贾宝玉、林黛玉，几乎就没有《红楼梦》。没有阿Q就没有《阿Q正传》，甚至就没有鲁迅在文学史上的地位。

关于海外华人的写作，莫言说：说什么作家不能离开自己的祖国啦，不能脱离熟悉的生活啦，听起来似乎蛮有道理，但并不一定准确，尤其是并不一定对每一个人都准确。文学史上有许多名著都是作家在祖国之外的地方写出来的，为什么到了交通如此发达，通讯如此便捷的现代，离开了祖国反而不能写作了呢？我说其实决定一个作家能不能写作，能不能写出好的作品的根本不是看他住在什么地方，最根本的是看他有没有足够强大的想象力。如果你具有足够强大的想象力，你待在多伦多完全可以写你的温州，我说你的想象力要比互联网快得多嘛！

2014.4.18

莫言谈写作（2）：人老了，书还年轻

莫言出身于农家,关注三农问题,谈到写作《天堂蒜薹之歌》,莫言说:1986 年前, 现实生活中发生的一件极具爆炸性的事件——数千农民因为切身利益受了严重的侵害, 自发地聚集起来, 包围了县政府, 砸了办公设备, 酿成了震惊全国的 "蒜薹事件"——促使我放下正在创作着的家族小说, 用了三十五天的时间, 写出了这部义愤填膺的长篇小说。在初版的卷首, 我曾经杜撰了一段斯大林语录:

小说家总是想远离政治, 小说却自己逼近了政治。小说家总是想关心 "人的命运", 却忘了关心自己的命运。这就是他们的悲剧所在。

小说发表后, 许多人问我：这段话, 是斯大林在什么时候、在什么地方说的? 为什么查遍《斯大林全集》, 也找不到出处?

我的回答是：这段话是斯大林在我的梦中、用他的烟斗指点着我的额头、语重心长地单独对我说的, 还没来得及往他的全集里收, 因此你们查不到——这是狡辩, 也是抵赖。但我相信, 斯大林是能够说出这些话的, 他没说是他还没来得及说。莫言说这话时, 事件已过去了十四年, 他依然 "义愤填膺", 由此可知莫言是真正的人民作家, 富于正义感, 敢于以笔干涉生活。

网络文学在上世纪 90 年代兴盛之时, 莫言就谈到, 网络使全民写作这件只有在共产主义社会里才可能实现的事情, 几乎在一夜之间变成了现实。过去被人们渲染得很高尚很神秘的写作活动, 在网络上变成很简单的一件事。如果你愿意, 你随时都可以写作, 随时都可以发表。而且由于网络上发表的文章，大概是世界上最真诚的文章，而真诚，恰恰是文章、尤其是散文、杂文的灵魂。当然从另一个角度来看，网络上的文章又是极度的虚伪。在网上，一个颤颤巍巍的老祖母可以装成一个多情蔻妹与小伙子调情，一个德高望重的领导人也可能扮成一个对社会充满了仇恨的小痞子撒野，但老祖母扮蔻妹说明她人老心不老，老领导装痞子说明他的本质也许就是一个痞子——这是一种更深层次的真实。对照网络上的文章和言论，我发现正像我们的前领袖毛主席说的那样，"群众是真正的英雄，而我们自己则往往是幼稚可笑的"。真正的大手笔是名不见经传的网民，而不是什么作家、诗人、学者、教授。

谈到历史题材小说的写作，莫言说：后人写前人，老百姓写帝王，到底该用一种什么态度？是戏说还是正传？是根据野史演义还是以正史为鉴？我想，每一个作家都有自己选择的权力。这两种态度实际上从司马迁写《史记》时已经并存，因为完全客观的历史学家其实是不存在的，完全客观的作家更是不存在的。即使是那些食着皇家的俸禄为皇家修史的官员，也会遮遮掩掩地表现出自己对人物的臧否；即使严肃如太史公，在他的《史记》里，也添加了大量的文学描写和大胆想象。时至今日，我认为每一个以历史为题材的作家，都可以在遵从基本历史事实的前提下，展开自由想象的翅膀，用自己的笔，写出自己心中的历史，写出自己心中的人物。即使是完全违背了历史真实的虚构，只要能自圆其说，只要是能写得有趣、有味，也是可以的。

谈到中短篇小说的写作，莫言说，在中国，短篇小说没有地位。作家和评论家心中存在着一个观念，认为只有写出了长篇巨著的作家才是大作家，而短篇小说是雕虫小技。我认为这是一个错误的看法。一个作家的大小，不是由他的作品的长度决定的，而是由他的作品中所包含的思想决定的。一个作家在本民族文学史上的地位，更不在于他是否写出了比砖头还要厚重的长篇小说，而在于他使用的文学语言是否对丰富和发展本民族的语言作出了贡献。可以毫不谦虚地说，我的长篇小说创作在中国当代文学中是有一点点地位的。但我自鸣得意的是我在中短篇小说创作中取得的成绩。在长篇创作中，我追求的是力量，是冲击力；在中短篇创作中，我追求的是语言的优美和故事的象征意义。

莫言还表白，我是一个没有多少理论修养但是有一些奇思妙想的作家，我继承的是民间的传统。我不懂小说理论，但我知道怎样把一个故事讲得引人入胜。这种才能是我童年时从我的祖父、祖母和我的那些善于讲故事的乡亲们那里学到的。那些能够把小说理论讲述得头头是道的人瞧不起我，我则瞧不起那些可以把小说理论讲述得头头是道但写不出引人入胜小说的人。

莫言对中学生讲述"状物散文"的写作时说：单从字面上理解，所谓"状物散文"，就是用文学的笔法，描画出除了人之外的物体或者事物的文章。这样的文章，在我们的小学和中学课本里，占有很大的比重，大家对这样的文章应该很熟悉。我想，要想描画出物体或者事物的形状或者状态，那就必须对该物体或者事物非常熟悉，而要熟悉，必须观察。而所谓观察，又有有意的观察和无意的观察之分。有意的观察，可以让我们获得有关某人或者事物的表象；我们的眼睛像照相机的镜头，把物体的形状和颜色，把事物的特征和形态，存入我们的脑海，成为写作时的素材。但许多此类文章的材料，却是作者无意观察而得之。譬如一个人写他童年时吃过的一种食物、少年时放牧过的一头牛或是一只羊，上小学时穿过的一双鞋子。这些东西，之所以让他难以忘记，是因为与他的生活曾经有过密切的关系，多年后提笔写出。这时，他的写作，看起来是在"状物"，其实写的是人生。所以这样的写作，比较容易写得有感情。

读《说吧莫言·北京秋田下午的我》，我的本意是读第一部分回忆录，了解他的生活，但读了《序和跋》以后，我以为于创作更有借鉴价值，于是就多引了几段，有条件的同志可以去研究全文和阅读全书。我愿以本书的最后一篇结尾文字来结束我的这一篇已经显长的介绍文章，以帮助大家从更深的角度了解莫言其人：

二十年光阴，在时间的长河中，几乎可以忽略不计，但在个人的一生中，却是非同小可的一段。三十岁到五十岁，可谓人生的黄金时代，我本来可以在这段时间里干出一点大事，但终究是画虎不成，蹉跎了岁月。所幸在这二十年中，还是写出了几本书。再过二十年后，这些书还有无可能像《红高粱家族》一样再版？现在还很难说。《红高粱家族》虽是少作，技术上有诸多粗疏之处，但文中那股子英雄豪杰加流氓的气魄，那股子向经典文本挑战的勇气，却正是借助了那股子初生牛犊之蛮劲儿才喷发出来。前年编文集时，我又把这本书读了一遍，分明地感觉到：人老了，书还年轻。（2006年《红高粱家族》再版序言）

我很喜欢莫言这句"人老了，书还年轻"，说得很深刻很有哲理。注意，莫言写作此文时，尚未获诺贝尔文学奖，其时该奖在中国会花落谁家，正吵得沸沸扬扬。莫言恐怕做梦也想不到，"天上掉下来个林妹妹"，这项桂冠会落在他的头上。所以这句话所透露出的那份底气便很有英雄气概，很自信，很令我敬佩。

2014.4.20

莫言的高密乡"王国"

灵感是什么？就是长期思索而没有结果，或是不自觉地积累着的事情或素材，偶尔在某一时刻被某人某句话、某篇文章的某段文字唤醒，迅速明晰为思想，思想发展成故事，火花闪烁间燃成大火，立马先勾勒下来而后成篇的一种创作现象。它是偶而得之，很可能转瞬即逝的。这种状况也常常会在梦中出现。并因其奇特而为人乐道。它完全是意识流的、跳跃的、毫无关联、毫无逻辑可寻的，因而又是不可捉摸的、神奇的、无规律可寻、无道理可讲的，这便是灵感的特点。

莫言在为日文版小说集《白狗秋田架》作的序中，讲到写作《白狗秋田架》的由来时，其实也讲到了创作的灵感，讲到了创作中需要的联想。又如他所说，正是在这篇小说里他首次写到了"高密东北乡"，从而在此建立起自己的写作"王国"。兹摘引序的前三段——

1984年寒冬的一个夜晚，我在灯下阅读川端康成的名作《雪国》。当我读到"一条壮硕的黑色秋田狗蹲在那里的一块石上，久久地舔着热水"时，脑海中犹如电光石火一样闪烁，一个想法浮上心头。我随即抓起笔，在稿纸上写下这样的句子："高密东北乡原产白色温驯的大狗，绵延数代之后，很难见一匹纯种。"这个句子就是收入本集中的《白狗秋千架》的开头。

这是我的小说中第一次出现"高密东北乡"的字样，从此之后，"高密东北乡"就成了我专属的"文学领地"。我也由一个四处漂流的文学乞丐，变成了这块领地上的"王"。

"高密东北乡"这个文学地理名称的确立，在我的文学历程 中，是一个重要的转折点。在此之前，我总是感到头脑空空，找不到要写的故事，在此之后故事就纷至沓来。常常出现这样的情况，当我写着一篇小说时，几个新的小说构思，就如焦灼的狗一样，在我身后狂叫不止，等待着我去写它们。

2014.4.20

莫言：童年之痛

莫言获得 2012 年诺贝尔文学奖，记者采访他何以走上文学创作之路，莫言直面回答：穷怕了，听说写稿子可以卖钱、吃饱饭，于是就练起了创作。记者以为这是戏语、是作秀，但是，倘若读过莫言的童年回忆录，读过《吃事三篇》，才会真切地感受到这其实是痛彻心扉的回答。这里摘引几段，供大家读"莫选"时参考，以深刻理解莫言的文字。

1960 年春天，在人类历史上恐怕也是一个黑暗的春天。能吃的东西都吃光了，草根，树皮，房檐上的草。村子里几乎天天死人。都是饿死的。起初死了人还掩埋，亲人们还要哭哭啼啼地到村头的土地庙去"报庙"，向土地爷爷注销死者的户口，后来就没人掩埋死者，更没人哭嚎着去"报庙"了。但还是有一些人强撑着将村子里的死尸拖到村子外边去，很多吃死人吃红了眼睛的疯狗就在那里等待着，死尸一放下，狗们就扑上去，将死者吞下去。过去我对戏文里讲穷人使用的是皮毛棺材的话不太理解，现在就明白了何谓皮毛棺材。后来有些书写过那时人吃人的事情，我觉得只能是十分局部的现象。据说我们村的马四曾经从自己死去的老婆的腿上割肉烧吃，但没有确证，因为他自己也很快就死了。粮食啊，粮食，粮食都哪里去了？粮食都被什么人吃了呢？村子里的人老实无能，饿死也不敢出去闯荡，都在家里死熬着。后来听说南洼里那种白色的土能吃，就去挖来吃。吃了拉不下来，憋死了一些人，于是就不再吃土。那时候我已经上了学，冬天，学校里拉来了一车煤，亮晶晶的，是好煤。有一个生痨病的同学对我们说那煤很香，越嚼越香。于是我们都去拿来吃，果然是越嚼越香。一上课，老师在黑板上写字，我们在下面吃煤，一片咯嘣咯嘣的声响。老师问我们吃什么，大家齐说吃煤。老师说煤怎么能吃呢？我们张开乌黑的嘴巴说，老师，煤好吃，煤是世界上最好吃的东西，香极了，老师吃块尝尝吧。老师是个女的，姓俞，也饿得不轻，脸色蜡黄，似乎连胡子都长出来了，饿成男人了。她狐疑地说，煤怎么能吃呢？煤怎么能吃？一个男生讨好地把一块亮晶晶的煤递给老师，说老师尝尝吧，如果不好吃，您可以吐出来。俞老师试探着咬了一小口，咯嘣咯嘣地嚼着，皱着眉头，似乎是在品尝滋味，然后大口地吃起来了。她惊喜地说："啊，真的很好吃啊！"这事儿有点魔幻，我现在也觉得不像真事，但毫无疑问是真事。去年我探家时遇到了当年在学校当过门房的王大爷，说起了吃煤的事，王大爷说，这是千真万确的，怎么能假呢？你们的屁拍打拍打就是煤饼，放在炉子里呼呼地着呢。饿到极处时，国家发来了救济粮，豆饼，每人半斤。奶奶分给我杏核大小的一块，放在口里，嚼着，香甜无比，舍不得往下咽就没有了，仿佛在口腔里化掉了。我家西邻的孙家爷爷把分给他家的两斤豆饼在往家走的路上就吃完了，回到家后，就开始口渴，然后就喝凉水，豆饼在肚子里发开，把胃胀破，死了。十几年后痛定思痛，母亲说那时候的人，肠胃像纸一样薄，一点脂肪也没有。大人水肿，我们一般孩子都挺着一个水罐般的大肚子，肚皮都是透明的，青色的肠子在里边蠢蠢欲动，都特别地能吃，五六岁的孩子，一次能喝下去八碗野菜粥，那碗是粗瓷大碗，跟革命先烈赵一曼女士用过的那个差不多。

村子里的牲口都饿死了，在生产队饲养室里架起大锅煮。一群群野孩子嗅着味道跑来，围绕着锅台转。手持大棒的大队长把我们轰走，一转眼我们又嗅着气味来了。趁着大队长去上茅房，我们像饿狼一样扑上去。我二哥抢了一只马蹄子，捧回家，像宝贝一样。点上火，燎去蹄上的毛，然后剁开，放在锅里煮。煮熟了就喝汤。那汤的味道实在是太精彩了，几十年后还让我难以忘却。

进入冬天就惨了，上过水的洼地地面上有一层干结的青苔，像揭饼一样一张张揭下来，放在水里泡一泡，再放到锅里烘干，酥如锅巴。吃光了青苔，便剥树皮。剥来树皮，用斧头剁碎、砸烂，放在缸里泡，用棍子拼命搅，搅成糨糊状，煮一煮就喝。吃树皮的前半部分的工序和毕升造纸的过程差不多，但我们造出来的不是纸。从吃的角度来说，榆树皮是上品，柳树皮次之，槐树皮更次之。很快，村里村外的树都被剥成裸体，十分可怜的样子，在寒风中颤抖着。在这危急的关头，政府不知从哪里调拨来救济粮。所谓救济粮，根本不是粮，而是一些发霉的萝卜叶子一类的东西，挤压成件。现在拿那样的东西喂猪，猪也不会吃。但在当时确是货真价实的宝贝。分配时人人都红着眼，盯着秤杆，一星一点，秤高秤低，都十分计较。这种东西也不是常有的，总是在人们饿得即将停止呼吸时，才会发放一次，可见国家也是相当的困难。发放救济粮的钟声敲响时，连躺进棺材里的人也会蹦出来。这当然是夸张。那时候，人死得太多，哪里还有什么棺材。死了，好歹拖出去，让狗吃了拉倒。那是狗的黄金岁月，吃死人吃的，都疯了，见了活人也往上扑。有人可能要说：你们为什么不去打狗吃呀？狗肉营养丰富，味道鲜美。你问得好，你这念头，我们早就想到了，可我们腿肿得如水罐，走两步就喘息不迭，根本不是狗的对手。与其说去打狗，勿宁说去给狗加餐。

后来听说，癞蛤蟆的肉味比羊肉的还要鲜美，母亲嫌脏，不许我们去捉。

再后来，生活渐渐地好转了，基本上实现了糠菜半年粮。我那位在供销社工作的叔叔走后门买了一麻袋棉籽饼，放在缸里。夜里起来撒尿，我也忘不了去摸一块，放在被窝里，蒙着头吃，香极了。

"文革"期间，依然吃不饱，我便到玉米田里去寻找生在秸秆上的菌瘤。掰下来，拿回家煮熟，撒上少许盐，用大蒜泥拌着吃，鲜美无比，在我的心中是人间第一美味。

母亲常常批评我，说我没有志气。我也曾多次暗下决心，要有志气，但只要一见了食物，就把一切的一切忘得干干净净，没有道德，没有良心，没有廉耻，真是连条狗也不如。街上有卖熟猪肉的，我伸手就去抓，被卖肉人一刀差点把手指砍断。村里干部托着一只香瓜，我上去摸了一把，被干部一脚踢倒，将瓜砸在头上，弄得满头瓜汁。那些年里，我的嘴巴把我自己搞得人见人厌，连一堆臭狗屎都不如。吃饱了时，我也想痛改前非，但一见好吃的，立刻便恢复原样。长大后从电视上看到鳄鱼一边吞食一边流泪的可恶样子，马上就联想到自己，我跟鳄鱼差不多，也是一边流泪一边吃。在家里如此，出去也如此。我去偷生产队里的马料吃，被保管员抓住，将脑袋按到沤料的缸里，差点呛死。我去偷拔人家的萝卜，被抓住，当着数百名民工的面，向毛主席的画像请罪。我去生产队的花生地里偷扒刚种下的花生吃，中了药毒，差点要了小命——花生米是用剧毒农药浸泡过的。至于偷瓜摸枣，更是常事。有时被捉住，有时捉不住。被捉住就挨顿揍，捉不住就如同打了一个大胜仗。有一次我去偷临村的西瓜，被看瓜人发现，那愣头青端起土炮就搂了火，扑通一声巨响，惊天动地，打倒了一片玉米，吓得我屁滚尿流。想跑，腿挪不动，被人家当场活捉，用土炮押送到学校去，成了轰动学校的新闻。与吃有关的恶心经历窝囊事，写成文那真叫罄竹难书。这几年在远离家乡的地方，偶尔也敢人模狗样一下，但一回到家乡，马上就像一条挨了痛打的狗，紧紧地夹起尾巴，生怕一翘尾巴引起乡亲们的反感，把我小时候那些丑事抖搂出来。

生活穷苦紧迫痛苦到这个份儿上，莫言说是为了吃口饱饭而写作，诚可信哉！只是而今的人特别是青年人和大学生太不爱惜粮食了，但愿读了莫言文章后能真正地体会"谁知盘中餐，粒粒皆辛苦"，能真正地感念而今生活的美好，珍惜每一天。去年，《炎黄春秋》报道"三年困难时期"全国饿死人的事情，北京大学某教授立即拍案而起，义愤填膺地驳斥这是造谣，是根本没影的事，是存心给共产党抹墨。我想，要不是这个教授年纪太轻，没有苦难经历，就是他因懒于研究历史而无知，倘若都不是，最后就只有一个可能，心知肚明，睁着眼说瞎话，狂吠一通而已。他要是看过莫言的文章，也许便不会信口开河了。

2014.4.11

张炜：追求高层次雅文学写作

古人讲"文章合为时而著"，今之作家讲"写作是为了宣泄胸中的块垒"，这二者实际是不矛盾的，因为所议并不是一回事，一个讲文章的社会功效，一个讲写作者的心态、修养。当今社会里太多了网上发表文字的浮躁和成就感，太多了追求金钱功利而为市场操纵的"作家"，这两类人不在我们的注目之中，因为我们是以严肃的态度在探讨纯文学写作话题。日前看《名人传记》2015 年第 4 期肖正女士采写山东省作协主席张炜的文章，觉得很有启发，所议有同感，遂不免顺手摘议几句。

我知道张炜其人早了，但没有读过他的作品，只是听说某届"茅奖"评选，张炜的《古船》候选，但张炜拒绝了评委要他删改作品的要求，最终《古船》落选，但张炜的人品和风骨却受到大家的赞颂，作品得到了更多的关注。多少年来，我们的宣传都要求文学写作"为社会服务，为工农兵服务，"甚至被荒谬地要求图解一时的政策，为当时的政治需要服务。文学工作者缺少了自己的思考，"革命文学"作品便也成了短命之作，不用风吹雨打，时光就把它们消化了。再看《古船》，落选于国内，却风光于世界文坛。据《名人传记》介绍，1987 年《古船》出版后持续畅销，入选"二十世纪华文小说一百强"，和"百年百种优秀中国文学图书"，还被法国教育部和巴黎科学中心确定为全法高等考试教材及必考书目，唯一入选世界最大的英文出版机构哈铂·柯林斯出版集团在全球范围内推出的现当代中国文学作品，成为国外印量最大的大陆纯文学长篇小说。就我所读，还没有看到张炜作品涉及"原始、粗卑、媚俗、色情"

以招徕读者，迎合市场的负面评论，所谓"公道自在人心"，"读者的眼睛是雪亮的"吧！

张炜认为，网络文字虽有好的，但为了迎合快速阅读市场的需要，掺杂了太多不负责任的信息，"绝大部分就品质来说是极其芜杂和讨厌的"。"写作应该是一种心灵之业，要始终听从心灵的指引，更是追求真理的一种方式。如果总是想着服务什么人，哪里还会有自己的艺术？利用公众趣味投机取巧，对于一个写作者而言是可耻的。"在目前这种充满功利的写作和阅读大环境下，张炜中流砥柱："自己的深度写作遭遇了现在的浅阅读也没啥担心的，有的只是欣慰，自己终于（因写作《你在高原》）有了一次酣畅淋漓的表达。我认为，真正高层次的雅文学是与自己对话的个性写作。"正因为如此，所以张炜说：我已经三四年没写长篇了。我个人的习惯是，一部长篇要放在心里十几年，然后才可以动笔。就是一部短篇小说，我也会放在心里几年甚至十几年，这都是很正常的事。他坦言文学的核心还是短篇、诗以及儿童文学。有作为的最高艺术的抵达者，肯定会把全部能量投放到短篇甚至诗歌创作上。我要认真地写作，好好地思考，争取走得更好。张炜的表达让我想到了马尔克斯的创作体会，马氏总是将写作素材蕴藏消化多年以后才形成于文字的，这也正是马氏作品多为精品的奥妙所在。有人担心，现在影视剧、网络几乎覆盖受众视听和娱乐生活，形成了快节奏，全包围，中国纯文学创作举步艰难。张炜认为大可不必悲观，总有埋头阅读和写作的人，没有他们，没有精神追求，我们的社会将变得一团漆黑。张炜欣慰地说，在闲暇的时候，在写作的间隙，品着清茶，闻着墨香，安安静静地捧读纸质经典作品，是任何媒介都不能取代的人生乐趣。

2015.4.27

阎纲：做"会思想的芦苇"

阎纲，陕籍寓京的著名评论家，近年也操刀散文写作，且多次获奖。其对散文的见解自当深刻得多。《文学自由谈》2015 年第 4 期刊有阎纲和李满星的访谈录，兹摘取文末部分，插在此处以飨读者。

问：你认为当时（1992 年）文学创作的主要问题是什么？

答：目迷五色，耳乱八音，爱得不深，恨得不狠。我深信鲁迅的四字诀："忧愤深广。"除了一些研讨会上的发言外，像样的文学评论写得很少。正在这时候，散文找我了。

问：你写了哪些散文？

答：主要是亲情散文，用热血浇灌苦参。散文是老年文体，古今至文多血泪，散文尤甚。每有"老年"之叹，心境似乎也变得沉郁和悲凉，怀旧，恋土！伤逝，惦念！母亲、父亲去世，疼我养我的人去了，我陷入巨大的痛苦和刻骨的反省之中，散文来叩门，写了《母亲阎张氏》《猴年说猫》。爱女一病不起，与死神坦然周旋，那痛苦而镇定的神态令人灵魂颤栗，我想念，梦里寻她千千遍，散文叩门了，找我，写了《我吻女儿的前额》（女儿周年祭）、《三十八朵荷花》（为"感动中国的爱情故事"而作），流传很广。2013 年出版《美丽的夭亡——女儿病中的日日夜夜》，报刊连载，两次获奖；刚刚得知，又获"徐迟报告文学奖"大奖，其影响之大超过我所有的文章和作品。

散文类写作延伸了我的爱慕和惦念，一发而不可收止，奋力记述那些深深打动我的满怀悲悯、不惜牺牲、血写的"人"：《伟哉，司马迁》《王国维自沉于乱世》见文宗之风骨;《丁玲与多福巷16号》《"失去"的抒雁》见文狱之惨烈;《黄秋耘相信眼泪》《我的邻居吴冠中》《只有一个孙犁》《他不是共产党员》见人格之魅力;《孤魂无主》《不,我只有一个娘》见知识的悲哀和生母之绝无仅有。还复活了一系列风狂雨骤的文坛往事,如追忆几次文代大会、第四次作家代表大会、中国作家协会干校记趣等多篇。当虚构的文学在严峻的现实面前变得轻飘飘的时候,直面现实的纪实文学似乎更能取信于人。

但是,我对自己的作品很少有满意的。我用情太实,缺乏艺术想象,不灵动,也不枯燥,感情冲动,文字简约,能让人勉强读下去,这使我高兴。

问:怎么写好散文类的纪实文学?

答:文学者,情学、情欲学,情根于爱,我爱"会思想的芦苇"——脆弱却尊严的人。

纪实类文字更适合个性化写作,事实胜于雄辩,任真情自由流露。

情之所至,缘情成文,恩恩怨怨、爱爱仇仇,笔下难免带点"刺"。马克思说得好:你怕有刺,你就不要去碰玫瑰花。

首先写父亲、母亲、恋人和爱人,写没齿难忘的骨肉亲情,写死去活来的爱。孙犁的《亡人遗事》,快读,三五分钟,掩卷后能让你心酸大半天。散文写爱,要动真感情,作者掉泪,读者才可能含泪。一,没有独特的发现,没有触动你的灵魂,不要动笔;二,没有新的或更深的感受,不要动笔;三,艺术细节是魔鬼!没有一两个类似阿Q画圈圈、吴冠中磨印章那样典型的细节,不要动笔;四,力求精短,去废话,不减肥不出手。唉,当下的散文越拉越长,谋财害命,我也未能免俗。

问:你自己的座右铭是什么?

答:"生前有血肉,身后有骨头。"活着,就要爱人,爱生命本身,爱这魔幻般的世界,爱每一本展开的书。离开这个世界的时候,要学父亲和女儿那样坦然面对,该哭不哭,该笑时笑,眼睛一闭走人,灰飞烟灭,骨灰也不留。巴金创建的中国现代文学馆,书架上立着的著作,就是作家的骨灰盒。

王必胜：真情是散文写作的灵魂

王必胜是京城某大报老资格的文学副刊编辑，1993 年时和潘凯雄合编过一本《小说名家散文百题》，长江文艺出版社出版，且由每位入选者撰写五六百字的"散文感言"。近日，王将当时采编经过写成一组文章，以《读写他们》为题，发表在《美文》2014.7 期。现特摘引其中有关散文创作的部分内容，集中整理如下，供爱好散文写作的文学青年参考，应是很有作用的。

一、韩少功，似是湖南人，后去海南发展，任海南省作协主席，代表作有《马桥词典》。韩的小说及散文我都未读过，未可多说。王必胜的文章介绍道：少功写的"感言"，题目是《不敢随便动笔》，文字不长，照录如下：

散文是最自由的文体，是最迫近日常生活和最不讲究法则的文体，也就是说，是技术帮不上多少忙的文体。散文是心灵的裸露和袒示。一个心灵贫乏和狭隘的作家，有时候能借助技术把自己矫饰成小说、电视剧、诗歌、戏曲等，但这一写散文就深深发怵，一写散文就常常露馅。如同某些姿色不够的优伶，只愿意上妆台登台。靠油彩博得爱慕，而不愿意卸妆后在乱糟糟的后台会客。

造作的散文，无非就是下台以后仍不卸妆，仍在装腔作势，把剧中角色的优雅或怪诞一直演到后台甚至演到亲戚朋友的家中。

这样看来，散文最平常也最不容易写好。成败与否完全取决于心灵本身是否具有魅力。

我本庸才，因此从来都不敢随便动笔写散文。

少功的散文作品，我以为，当年的《灵魂的声音》《完美的假定》以及晚近的《山南水北》几部，较突出地反映其散文特色。他多是以思想性见长，从日常生活、平常故事写人生，有人文精神的贯注，信手拈来却含英蕴华。他的语言讲究，精致而不干涩，典雅而不浮华，有张力，多智性，重文气。不太引经据典，也不掉书袋。可以说，韩式散文已有某种特定的范式，换言之，大众情怀，人文视角，理性思辨，构成了其散文底色。散文于今，乱花迷眼之中，多有诟病，无论如何，期待散文的知性和理性，识见和文气，是当下散文界的共识。而这恰恰在少功的作品中相当充分。这多年来，如果将小说家散文排行，他的创作，不仅是蔚为大观，也是名列前位的。

二、方方，湖北作协主席，与王必胜为武汉大学学友，为人热情、亲切，行事率性随意且好幽默，曾主办《今日名流》杂志。以写小说为主，关于散文，方方写道：

我非常喜欢"随意"这两个字。我觉得无论是作文还是做人，这都是一种境界。我做文章素来主张随意，尤其是散文，心到意到笑到，这是起码的。那种刻意作文，每文必想文眼所在，思想意义所在，以及上升到什么高度等，一定是很累的。写的人累，读的人亦累……人们现在已经越来越广义地去理解和认识散文了，不再只是读到华丽的词字和句子才说那是。这正是散文越来越随意的结果。随意便展示出了个性，而个性的作品总是容易受人青睐的……

方方自荐的散文以“都市闲笔”为总题，有“跳舞”“看电影”“看病”“刍害”“书病”五章。这组随笔中，她写平常生活事相，以明快并略带幽默的语言，对都市的现代生活现象，从自我的感觉和参与中，进行言说，跳舞曾为当时的全民运动，如何呢，尽管有种种好处，但她却并不坚持，从有兴趣到愿意为看客，因为，与其大汗涔涔，不如安静地一旁欣赏别人。同样，电影场上的秩序乱，再好的影片也是一种作践；看病与生病，买书与读书，这诸多矛盾的统一体，其中况味，她是步步地解读，并让“闲笔”关乎心情、性格、人生的态度，当然，也有人间烟火味，闲而不枯。方方的散文不多，但精致，多是随笔类，在谈天说地中描绘生活世相，在关注现代人生的生活状态同时，注重人的精神需求。

三、朱苏进，南京军区创作室专职作家，我记得的是他写过小说《射天狼》，但未看。王必胜文章介绍朱苏进军人家庭出身，笔下虽多是描绘军人的英武和场面的粗犷，但生活中慢条斯理，行事文雅，是一个善于关怀体贴人的“好男人”。朱苏进在给王必胜的信中写道：

散文确是于随心所欲中最见个性的文体，你有多大的心眼，必有多大的散文，把你所写的散文摞到一块，就会看到一个浸在某种气浪中的自己。有时不免吃惊，原来我也曾精彩过。

散文写的全是自己，以及自己的意识迸到外界反弹回来的自己，所以写散文的时候，感到自己在胀开了，感到自己比预料到的要丰富得多，多得不得不散失掉一些，就像依靠一声吟哦散失掉一些心气儿。

当一个人默然独立时，他已经是一个散文化的人了，掏出他此刻心境意念，块块皆散文。这对于别人也许不重要，也许不堪观诵，但对于他自己而言，正是由于这些东西才将自己与他人区别开来了。我相信，一个人如果长年没有默然独立的机会，肯定会把自己搞丢的。一个作家如果不时常有些散文式的笔墨，那也会冷漠掉自己，苦忙于营造。散文是自语的，用自己的口说给自己的耳听的。所幸者，是万千人儿都爱听到别人的自语。我想，自语者可别失误于此，而将自语打扮得不是自语了，为诱惑众多的耳朵而说话。或者还没说呢，先想着锲刻在石头上。

四、何士光，贵州省作协主席，他的小说名头大，是新时期早期写农村的几位高手之一。《乡场上》荣获全国首届短篇小说奖，一时洛阳纸贵。他的小说虽不多，却精致，有味。他尝试着在小说与散文之间作联系，让散文的节奏进入小说，有散文化的小说实验。在回复王必胜的信中，他说自己的散文发表时被当成小说，而初衷却是当散文写的。这样的被认同，或者说被误读，当时也不乏其例。王必胜回忆道：记得是《上海文学》吧，曾也有类似的"拉郎配"，好像是朱苏进的，还是散文家周涛的什么散文，也当作小说发过，发表后被有些书当散文收入。所以，有所谓散文化生活流的小说，其实就是在散淡的生活场景和闲雅的文字书写中，人物事件并不集中，情感和笔调都浓郁黏稠，或因强烈的主观抒情气息，被认定为散文，也是未可知的。在《日子续篇》中，何士光的感情表达就是这样子的，氤氲着一股淡淡的情致，写他的母亲、家人、故乡、亲情、人伦，于社会人生的变化与不变中，承续而聚合。包括此前的有名的散文《日子》，发表时就成了小说，而作者在给我的信中是有所不愿的，这一点深得我意。于是，就以散文收入。

我没有读过何士光的散文小说，但他们的探讨议论，使我想起了台湾作家三毛的小说，便是这种散文写法，以至如何归类认同，评论家们直到现在都无定论。以我看来作者怎么写得顺手自然就怎么写好了，强作归类未免太呆板、教条。

五、刘兆林，曾在沈阳军区从事专业创作，所写《雪国热闹镇》《呵，索伦谷河枪声》两获全国中篇小说奖。为人敢爱敢恨，有过许多如意和不如意的人生，有过底层拼搏的经历，率直委婉，不只是有军人行事的干脆，也有文人的倾情激昂，是个性情中人。

关于散文，刘兆林以《散文贵在真》为题写道：

散文的最大优点在散，因散才不拘小节放浪形骸自由自在，成为最随心所欲任意潇洒的文体。世间万物，人生百味皆能入其内。其长可似黄河滔滔一泻千里，洋洋数万言。短可如小溪，清流婉转百米许，言简意赅，天马行空，嬉笑怒骂，直抒胸臆，委婉含蓄，轻吟低唱，风花雪月；生死离别，大风飞扬，吃喝玩乐，指点江山，拼搏奋斗——皆成文章。

散文贵在真，叙真情，写真事，每篇表达一片诚情实意。一个真实，就将那满篇无拘无束的散凝聚住了，即所谓形散神不散。这个真字很重要。我主张，不仅情真，所叙人和事都是真的才更为散文特点，这样才更显出与小说的真情之不同来。

散文人人可为。一封书信，一篇日记，一则广告写得情真意切活泼生动时皆为散文。散文最随和，所以朋友最多……

王必胜介绍，散文是刘兆林小说创作之余的收获，从90年代起他的散文丰收，先后有《临窗听雪》等数部作品问世。他散文较突出的为两类：一是亲情的，写父辈，写家人，怀念与感恩；一是行旅散文，写见闻，客观为风物，主观写人物。曾读到一篇写他们一次西藏行的散文，单调的行程中，他自荐主持娱乐大家，调动众人的兴致，有了行程中的美好记忆。这类题材在散文中几近泛滥，流水账式的记录破坏了人们阅读的胃口，而挖掘情感，再现人物，以情趣穿起，这样记游文字，兆林懂得如何趋利避害，追求"利益最大值"。这对于一个细心爱琢磨的兆林，得心应手。

六、池莉，武汉作家，中篇小说《烦恼人生》获 1988 年全国小说奖，后在文坛上迅速成名，小说《不谈爱情》《生活秀》《来来往往》《小姐，你早》等影响甚广，评论家认为池莉的小说"关注最广大人群的生存本相和生活状态故颇受欢迎"。池莉回答王必胜关于散文观的提问时写道：

我现在最喜欢是孩子，爱一切幼小的东西。

小东西们由于懂道理天真未泯而无比可爱。

散文就是也应该是这么一个可爱的小东西。它自由，真实，活泼，散漫，甚至固执，偏激，刻薄，哭笑随意，喜怒随意，只要心里有脸上也就有。

在我们面前，大大小小的名著已经够多了。名著固然好，但成熟深刻得令人生疑。

上帝在创造人类始祖亚当的时候，在他完美的身躯上留下了一个缺点肚脐眼，假如没有这个缺点，亚当是神不是人。散文便做肚脐眼如何？

这段话写得俏皮，生动，池莉把散文当作可爱的小孩子，是从"小"和"纯"来要求散文艺术的。她自荐的"散文二题"，一是说钱，一是说人。她能够认同的人，不虚假，通达，可爱。她以为，"钱带给人的不仅仅是物质享受，精神享受更重要"，"金银的本质不过是一种金属"；人呢，她说最怕的是一种"不通之人"，这类人也许是生意人，也许是读了点书的半拉子文人，也许是常见的那种自负而爱聒噪的人。她生动描述了这类人的种种做派，令人捧腹。这种不通之人，在文学中的形象，也许不为多见，可她却专文刺之，是小说家识人的功力。在以后的散文创作中，她也是着力于人的精神状态的开掘，一如她的汉味小说。平实，烟火味，或者，关注的是普通人生存状态。后来，她出版有长篇散文《熬成滴水成珠》，以"如是我闻"和"我闻如是"两部分，分别记录生活和阅读、写作感受。有痛苦、沉吟、欢欣、从容，以及焦虑、寻觅等，写得透彻而明丽。生活的历练，人生的沉浮，如同水已然结晶为露珠，她用"熬"字来表达，是一种智性的表白和沉实的总结。作为一位女性作家，敏锐而炽烈的情感文字，是至为重要的。

王必胜说：有意思的是，拣出池莉在一年半后给我的另一信中，她谈到当时流行的一本书：

> 你让何启治给我的书《廊桥遗梦》早已收到并于收到当晚连夜读完，非常难为情地告诉你，我那晚眼泪流得满世界，眼睛肿了，一周不敢见人，许多年许多年没有因为读小说而流泪了，也许这种感觉太可笑太幼稚太初级阶段，但我仍然衷心地感谢你让我有了这本书。

> 是的，我因此而想到我们从生活到文学创作，将人局限在多么狭窄的空间啊，事实上人与人之间的关系，情感，交往与想念是非常宽广乃至拥有无限的空间的。好了，谈到书与人，话总刹不住，可谁有时间看长信呢？日后见面再聊。

> 我想哪天给你写一个也是读《廊桥遗梦》的小文，可以吗？期待再推荐好书。

池莉　1994.11.18

信中说到的是人民文学出版社新书《廊桥遗梦》，小说仅数万字，描写的是《美国地理》杂志摄影家罗伯特·金凯偶遇农场主妇后的情感纠葛。最早翻译国内后，引起了极大反响，后来由这个故事改编的电影也在国内热播过。当时，忘记了是因为我在《南方周末》上写一小文，还是在电话中说及这本热销的书，她没有读到此书，正好就请我的学长、该社副老总何启治寄了一本给她。没想到，她有那种激动，激发了关于"从生活到文学"的感受，并说"人与人之间的关系，情感，交往与相信是非常宽广乃至拥有无限的空间"的。一位中国小说名家，为一本翻译小说流泪，如果大洋彼岸作者有知，该是多么有意义的一段文坛佳话！信中说的读后感，没有见她以后写来，也不知她写没写了在别处发表。

"谁有时间看长信呢？"是的，物欲滔滔，低俗流行，有多少人静心于文学，又倾心真挚的交流？我在此处多引了几句池莉谈小说的话，同样，因为我知道《廊桥遗梦》的故事梗概但未看过，故保留池莉的意见供文学爱好者参考。

七、周大新，济南军区创作室作家，谢飞导演的电影《香魂女》即根据周大新小说《香魂塘畔的香油坊》改编，后在柏林电影节获奖。王必胜文章中介绍道：

散文于他时有收获，先后出版了多部集子。最新一部是《历览多少事与人》，从题名中也知其着眼于人世代谢、往来古今，思考深入。他为人谦和，也是敏感的，小说家的敏感，散文家的博取细腻，成全了他散文的亲和与精细。他说——

散文有许多种，但不管哪种散文，都应该给人一点实实在在的东西。你要抒情，就抒一点也能令别人心动的真情，别假情硬抒，让人看了心里别扭甚至恶心。

你要讲哲理，就讲一点新鲜的，让人看了豁然顿悟，受点启发，虽是重复他人已经讲过的或大家已经明了的东西。

你写的是一篇游记，就要给人介绍一点别人眼睛在同一景点很难发现的东西，别变成旅游指南，导游是导游小姐们的事情。

你发表的是一封信，就让人看看写信人究竟是一个什么性情的人，别藏藏掖掖只露出正人君子的模样。

你介绍一个人，就介绍这个人身上独特的不同于他人的地方，让咱们确实开开眼界。

你就一件事发表看法，那就说出你的真心话，别让人一看就是违心话和套话，让人替你难受。

散文是我们记述所见所闻所思所想的最随意最方便的一种样式，什么时候写什么怎样写都行，如果在这种情况下我们仍然要来假的空的东西，那真是有点愧对这位最随和的文学姑娘了。

周大新自荐的两篇散文：《最后一季豌豆》和《平衡》。前者描绘从童年往事的追忆、怀想，到人的纯真和朴实。后一篇是说人生世事的"平衡规律"无时无处不在，连老百姓都懂的道理，人生福祸相生相克，每天"有喜剧，悲剧交替上演"。不以物喜，也不以己悲，千百年来，这样一个简单的思想，现代人往往并不能正常善待。不切实际的要求和拼杀，是福是祸，很难说清。周大新的散文随感，把这样的题旨，纳入他的思考。在对散文的解读中，他也以平实和真实，作为生命。

八、蒋子龙，天津作家，一篇《乔厂长上任记》使他成为工业题材改革文学的领军人物名扬全国。人有了名望就可能是尊神，有了作派和架势，但蒋子龙很随和，朋友相邀很少推辞，故文坛圈内人缘和名声很好。在关于散文的感言中，他说：

当心里萌生出一种对自己的激情，对自己有了感觉，是写虚构小说或其他文体所无法表达的一种情感，便写散文。

如同一个人自斟自饮，读者则欣赏作者的那份自然，那份真挚，那份狂放。

因此散文必须要有真情，真心，真思，真感，最忌假、玩、空。

……

散文以真诚给人们的精神投以阳光，所以在假货充斥的现代社会，格外受欢迎。

唯真诚才是心灵的卫士，是散文的生命。

散文凭借真诚感知生命的诗意，让自己的艺术的琴弦充满智慧和饱满的感情。

散文的美是融合了心灵的真实和生活的真实而创造出来的，不能指望一个虚伪的灵魂，一个没有真情的人会创造出真实的美，写出感人的散文。

散文是作者心灵的告白，可直接表露自己的思想感情，表达个人的感受，表达个人独有的感受，因而也是值得珍视的。看散文如同欣赏一个人的精神收藏品。

有了真情，再把它提升到文学的层面，表达得美，这美就是活的，充满生命力。否则，只有美，没有真，再精致也只是艺术品，没有活趣。

正是这份真情，使散文虽很少大红大紫，却也从未被冷漠过，香若幽兰。

真实，鲜活，或者说要有"话题"，蒋子龙把散文看作一个充满活力的鲜美事物，有香如兰。这是子龙的散文特色：一、注重人的情感的挖掘，看山看水而得乎情；二、从日常事理观察出普遍意义，小事中寻大理，以小见大。三、注重当下，特别搜集时下的诸多资料，旁征博引，娓娓而谈。

他的说理，叙事，注重事例，触类旁通，举一反三，小事情大道理，也多关乎世道人心，特别是国计民生。这可能是他的散文随笔为众多的新闻报刊所喜欢的原因，有段时间他可是各类报纸上的文学明星。

王必胜介绍道，蒋子龙的字也属自成有体的那类，有纵浪大化、凭虚御风的飘逸。他的信，或是在一张信纸上，也就十数个字，占满天地，神完气足，或者用正规的宣纸书写，还是竖写的，看出其在书法研习上的努力。沧州采风时，偌大的枣林下，主办者准备了笔墨，他似乎早有腹稿，一挥而就。"老树成神"几个大字，翩然在阳光绿树下，再反复几张，一时游龙走凤飘逸不羁，树丛中掌声笑声一片。我端详几许，直想说，比之十多年前给我的钢笔字法是有了气势啊！

九、汪曾祺，沈从文入室大弟子，执笔京剧现代戏《沙家浜》的写作，主业小说。改革开放前和乃师一样被冷落，之后享誉文坛。1994年王必胜曾携文友相约去看汪老新家。王必胜回忆道，那是虎坊桥一带单位宿舍，汪老的书和杂物少了，而较乱的是画好的和没完成的书法绘画，铺在地上桌上，我们可以随意地挑看，未料汪老也没有说什么。想起有人说过在他家，从废纸篓里都能找到一张好画的，确也如此。画作多是花鸟山水，有葡萄，有海棠，有紫荆种种。我看中一幅，梨花压枝的。建法说，汪老题个字吧，于是他就随手题了"满宫明月梨花白"，并加上我的名字。同去的还有潘凯雄，他俩要了什么字画不记得了，好像有一幅是紫葡萄吧。如今我的"汪梨花"，画面上大朵绽放的洁白梨花，舒展奔放，也清纯如许，常年开放在陋室过道上。每每睹之，无不感怀，哲人已去，丹青有情，呜呼。

关于散文的写作，汪曾祺写道：

> 近几年（也就是二三年吧），散文忽然悄悄兴起。散文有读者。在商品经济的冲击下，在流行歌曲通俗小说电视连续剧泛滥的时候，也还有一些人愿意一个人坐下来，泡一杯茶，看两篇散文，这是为什么？原因可能是：一，生活颠簸，心情浮躁，人们需要一点安静，一点有较高文化意味的休息；二，在粗俗文化的扰攘之中，想寻找一种比较精美的艺术享受，散文可以提供这样的享受，包括对语言的享受。这些年，把语言看成艺术，并从中得到愉快的人逐渐多起来，这是我们这个民族文化素养正在提高的征兆。
>
> 散文天地中有一个现象值得玩味，即散文写得较多，也较好的是两种人。一是女作家，一是老头子。女作家的感情、感觉比

较细，这是她们写散文的优势。有人说散文是老人的文体，有一定道理。老年人，感慨深远，老人读的书也较多，文章有较高的文化气息，多数老人的散文可归入"学者散文"，老年人文笔也都比较干净，不卖弄，少做作。但是往往比较枯瘦，不滋润，少才华，这是老人文章一病。

小说家的散文有什么特点？我看没有什么特点。一定要说，是有人物。小说是写人的，小说家在写散文的时候，也总是想别人。即使是写游记，写习俗，乃至草木虫鱼，也都是此中有人，呼之欲出。

汪老的字画，一时为圈内的抢手货。他被当作当代文人画的代表之一。一是他的文名影响。他以《大淖纪事》《受戒》等小说，在新时期文学初期，别开了题材的新生面，对人物心理隐秘的进入，对人性的多方的开掘，有别样风景。他的散文，回忆往事，记述人物，注重情致和性灵，也简洁精短，有如明清的小品。再是他的书画，别有情趣，画面简约，留白疏朗，写意着墨不求技法铺陈，情意活脱而出。他的字，清丽、圆润，随意中见法度，不夸饰雕琢，也不张狂。在给我的书信中，一张白纸上，没有涂抹，清爽如许。

有人说，他是当代文坛最后一个士大夫，一个张扬人道主义的作家。斯言诚也。

著名作家毕飞宇曾谈过对汪曾祺的看法：不少年轻人想学他，简直就是开玩笑。汪曾祺是用来爱的，不是用来学的。你没有中国文学"大传统"的童子功，学汪曾祺你都不知道自己是怎么死的！

十、叶楠，海军文艺创作室主任，《甲午风云》和《巴山夜雨》的作者，2003 年去世。1993 年王必胜《小说名家写散文》选文时，叶楠在"散文感言"中，以"晶莹的露珠"比喻道：

春天的清晨，高山流水草甸的柔嫩小草的叶片上，挂着颗颗露珠，它们的透明，玲珑，晶莹，世上最好的珍珠也无法与之比美……

露珠是那么小，只可以用细珠来形容它们，然而，在它们小小的球体里，含有蓝天，白云，朝霞，皑皑雪巅，莽莽丛林，高高飞翔的鹰……乃至整个宇宙。

它们吸溶世界上所有色彩和光，又折射向这个世界，那折射出的色彩和光，要更加明丽动人。

即使是它们被微风或者晨鸟的翅膀拂碎了，那散碎的更小的水珠，也还奇妙地保持无丝毫误差的正球体，也还向这个世界闪射着它们的光辉。

它不是刻意制造的，像盆景，哪怕是最精美的盆景。它是得之于自然，它虽幼小，形体是完整的，容量是配套的，色彩是丰富的。

这就是文学体裁中的散文。

他以诗的语言，为散文画像。

自然，丰富，完整，这是叶楠心中的散文境界。他对散文情有所钟，有多部散文集出版，《浪花集》《苍老的蓝》中，写海军生活的虽为数不少，但不少篇写大自然的风物，彰显生命的哲理，写天地自然中弱小事物的坚韧，有柔美细腻之风。"晶莹的露珠"，是他对散文的定义，对事物的观察，叶楠不嫌其细小，有别于男人、军人的豪放。唯此，细腻的语感，优美的文字和情致，在军队散文家中别见风采。

十一、邓刚，辽宁作家，以一篇《迷人的海》闻名，曾在大连公安局挂职，也曾闯荡俄罗斯搞边贸生意，塑造的"海碰子"形象丰富了新时期人物画廊。王必胜说，邓刚的性格耿直，语言幽默。这种率直，也表现在关于散文的感言中：

散文比小说的年龄大，比一切其他式样的文学资格老。它所以受到那样多的敬重和冷落。几起几伏，散文从不景气，升腾到人人垂青的高峰，我认为这是散文的表现手法变革所致。

……

由于人们的生活节奏加快，由于科学技术越来越高超，电视摄像等手段已使人们视野开阔，几乎整个世界的景物历历在目。所以现代读者决不耐烦看过去那些静止描写景物的文字。坦率地说，一代代一本本教科书上始终牢牢地印着朱自清的《荷塘月色》，使我感到惊讶。那古董一样古气沉沉的文章，在当代鲜活的生命面前奉为范本，我个人不太以为然。当然，我决不敢否定朱自清的艺术价值。可是一个时代有一个时代的艺术特色和审美要求。一个时代的艺术巅峰与另一个朝代的艺术巅峰不可相论优劣，过多地借鉴并不是件科学的事。

散文涌起了新势头是散文小说化所致。散文融进人物意识，故事意识和更多情绪意识，符合当代读者的口味。小说家散文是散文形式变革的无意之中的功臣，我这样认为。

这寥寥数语，是从散文的形式变革与读者口味的吻合，来看散文热的。文章合为时而著，他以为当下散文需要三大意识："人物、故事、情绪。"也是一家之说。最直接的是,他对《荷塘月色》一类古气悠然的文字，长期占据教科书不以为然。生猛的海味，是邓刚生活的营养，而在行文，交友等诸多方面，这等做派，不失为一种让人记怀的滋味，于写作于人生，也会有所补益。（正如有人非难鲁迅小说一样，我以为邓刚之论朱自清散文也可视为一家之言，尽管我认为他言朱失之于偏颇。故仍特选于此供

散文爱好者学习。马记）

十二、陈建功，似是江西省作协主席，又似是首届短篇小说获奖作者，出道较早。王必胜文章中说：建功送我的书名为《从实招来》，是一本小开本的丛书之一本，收入了他的一些散文。我按他所画，挑选了"涮庐闲话""老饕絮语"两篇。他以幽默的语调，描绘了一个美食家的感受，在北方的涮菜习俗中，在宴席中大快朵颐之后，既有物质的满足，也有精神的快意，享受过程十分美丽。建功用一种自我调侃和文白夹杂的语句，把散文的一种情趣性做足了。也写吃饭点菜的细节，主要是北方的涮锅文化，见情见性。那一时期，他的散文口语化，日常生活景象，与时下的现代化生活驳杂万象相交融，令人称道。他曾在北京晚报开有专栏，写平凡人物、平民百姓、都市万象、家长里短，几近开创报纸精短散文之先河。他散文不求宏大，不考究主题，不高头讲章状，也不拿腔作势，却有烟火气，市井味，读来活色生香。所以，他谈散文也是用语直率：

> 写散文要比写小说舒坦得多。写小说你得找出张三李四王二麻子，让他们出来替你重新铸造一个世界。写散文你不必劳这份神，提起笔，你就撒了欢儿地写吧。你怎么活的就怎么写。你怎么想的就怎么写。你就是一个世界。
>
> 正因为这，写散文也难。
>
> 你能保证你的世界就那么招人？于是，不知哪位发明了一种叫风格的说法，熬得散文家个个开始跟他们的文章较劲儿。也是，不较这劲儿，你就平庸，谁甘于平庸，谁？
>
> 于是，个个把那千把两千个汉字掂量来掂量去，僧推月下门，僧敲月下门；个个把那谋篇布局琢磨来琢磨去，起承转合此呼彼应删繁就简领异标新。
>
> 就不怕较劲较大了，反倒矫情？矫情多了，不做下了毛病。

谁也不说你做下了毛病，谁都说这是你的风格。

你的名气越大，就越不是毛病，而是风格。

于是，风格就成了许多人的"皇帝的新衣"。

为了不闹笑话，我想，我最好还是离这害人精远点儿。好好地，只想着痛痛快快地把自己那一嗓子吼出来就成了。

真的，甭惦记她。她不是该着咱惦记的。

十三、梁晓声，以《今夜有暴风雪》《那是一篇神奇的土地》等小说跃上文坛，但我更喜欢梁晓声的散文随笔，尖锐、犀利、思想深刻，胆儿大，每见必买。此处王必胜转述梁晓声的散文观点，即可见一斑。

文如其人——于小说未必，于散文定然。散文是最近性情的一种文体。散文最是一面镜子，最能映出为文者的形状……于狭义言之，散文常能代表文学的一种"质"，于广义而言，散文常能代表文化的一种"魂"——一个时期刊发着怎样的散文，印证一个时代的糜朴之痕……

我个人喜魂清质朴的散文……可惜这样的散文如今不多……散文尤其需要为文者有文人的性情、心智和灵魂——目前，中国之文人普遍缺的是这个。结果我们在散文的海中却难觅散文了……

"性情、心智和灵魂，这是个高标格的要求，梁兄言简意赅，直点穴位。"王必胜这样评赞。

十四、铁凝，原河北省专业作家，受过著名作家孙犁指点，以一篇短篇小说《呵，香雪》登上文坛。现为中国作协主席。1993 年王必胜选文时，铁凝自荐了散文《你在大雾里得意忘形》《沉淀的艺术和我的沉淀》。

前一篇散文中，她描绘了一个人置身于大雾的感受。触景生情，灵感突发，放松心情，展示本我："只有在大雾之中你才能够在看不见一切的同时，清晰无比地看见你的本身。"雾里人生感受，自是一番滋味，最为难得。这是文章的支点，也见出构思的奇妙，她的语言委婉清丽，一如她小说的文风。

铁凝的散文最早结集的是《草戒指》《女人的白夜》。她以温婉的笔触，写世事人生，尤以女人的人生片断，最见光彩。代表作有《河之女》。一个关于河中的石头的故事，写得曲尽其妙，也以出人意料的感悟，诗化了大自然中的情怀。河水，石头，人物，风习民俗交织相映，景象物象与情思相得益彰。所以，她在散文的感言中，以"心灵的牧场"来表述：

> ……
>
> 世上的各种文体，同植物和动物之间、陆生动物和水生动物之间一样，都存在着交叉状态，但这种交叉的状态并不意味着彼此可以相互替代。比如小说和诗，是可以使人的心灵不安的，是可以使人的精神亢奋的，是可以使人大哭大笑或啼笑皆非的，是可以使人要死或者要活的。散文则不然，散文实在是对人类情感一种安然的滋润。
>
> 散文是心灵的一片牧场，心灵就是这牧场上的牛羊。当牛羊走上牧场的时候，才可能出现因辽阔、丰沃和芳香而生的自在。
>
> 散文需要自在……

安然自在，心灵牧场，散文的精神性为其主要，这是文学的归宿。以此为旨归的文学，才会具有滋润人心的力量。

附记：当本书业已结集的时候，读到了王必胜先生这篇文章，以为对研习文学和钟情散文写作者用处大焉，所以不惮费神将其中核心的内容挖取出来集在一起。因其多，这种转述已几近于抄袭了。但考虑这些文章普通读者并不是容易看到的，所以只好"明知故犯"，但求于学习者有益。只是无法和必胜先生联系，只好待后致歉了。

刘慈欣：坚持就是胜利

提到科幻小说，大家首先会想到法国著名科幻小说作家儒勒·凡尔纳。我知道凡尔纳很早，但真正接触他的作品则是在本世纪初那几年，我大约读了近 10 本凡尔纳的作品，深为他的奇思幻想和结构，文笔而激动，以为世间誉他为科幻小说的鼻祖是当之无愧的。要知道，凡尔纳一生大约写了 90 多部科幻作品，无论其质和量至今无人超越的。中国的科幻小说家我只约略知道叶永烈，他在 1978 年写的《小灵通漫游未来》，初版就销售 160 万册。影响很大，但新时期以来叶永烈已转向写纪实文学了，成了写作江青、张春桥、陈伯达等人传记的权威。另外，也有人专治科幻文学创作，好像还有几本科幻杂志，但高手不多，屈指可数。所以人称科幻文学创作为"小众文学"，比起主流文学来日益被边缘化而有被读者忘却的趋势。

2013 年 8 月 23 日，一个消息震惊了中美科幻界，美国著名科幻读物出版社托尔出版社，宣布出版中国作家刘慈欣的扛鼎之作《三体》，这是中国大陆长篇科幻小说首次在海外主流出版社出版。随后，刘慈欣又成为首部入围星云奖并斩获雨果奖的作家。消息传出，震动很大，刘慈欣和科幻小说创作马上引起注意，掀起了不小的波澜。在中国作家北京大学讲坛上，刘慈欣还应邀和"科幻粉"分享自己进行科幻创作的心得体会。

据 2015 年《名人传记》第 2 期文章介绍：刘慈欣，1963 年生，毕业于华北水利水电学院，供职于群山环抱中的山西省娘子关发电厂，为计算机工程师。天性所至，少年时即喜欢科幻小说，初读凡尔纳的《地心游记》，"一下子有一种从未有过的兴奋，就像是寻找了好久，终于找到了，感觉这本书就像是为我这样的人写的。好像身在一个黑屋子，忽然一下子打开了窗户。"此后，国门打开，刘慈欣读到了更多的外国科幻名作，其中他最喜欢英国科幻作家克拉克的作品。1981年冬夜，他"读完克拉克的两篇作品后，深深地沉湎于那种宏大叙事的唯美和跨越数万光年的想象空间，抬头望见深邃无垠的星空，突然感觉周围的一切都消失了，脚下的大地变成了无限延伸的雪白光滑的纯几何平面。在这无垠广阔的二维平面上，壮美的星空下，只有我一个人望着，孤独地面对这人类头脑无法把握的巨大的神秘。"爱好激发了天赋。刘慈欣15岁时就学写科幻小说，此后迷恋其中，渐趋成熟。1985年大学毕业后分配到发电厂，不打牌不聊天，专治于科幻小说创作。至1989年，写出长篇《中国2185》，1991年又写出长篇《超新星纪元》。随后又写出了"大艺术三部曲"，硕果累累。至1999年，《鲸歌》在《科幻世界》杂志发表，他的创作"真正走上了科幻与社会现实相结合的创作之路"，跨入了创作精品的快车道，曾连续8年荣膺中国科幻文学银河奖，其他奖项和荣誉枚不胜举。2003年，刘慈欣《超新星纪元》由作家出版社出版，销售上万册，评论界认为这标志着"中国科幻文学创作长篇时代的来临"。2006年后，刘慈欣出版长篇小说《三体》系列，长达88万字，"厚重无极，气象万千"。这本书改变了中国科幻文学的属性，将科幻文学成人化，和"文以载道"相去甚远，真正地海阔山空，专论科学了。统计表明，《三体》的读者群广泛，有科幻迷，文学爱好者，科学工作者，企业家，互联网平台，甚至航天人员。书中提出的"宇宙黑暗森林法则"，认为"人类不要积极地去和外星人接触，不要招惹他们"，"据说和英国著名物理学家史蒂芬·霍金的理论不谋而合，而且要比霍金早数年。"

迄今为止，刘慈欣已出版了7部长篇小说，9部作品集，共约400余万字，获得了许多国家级奖项和荣誉。2012年刘慈欣曾做客中央电视台，2013年荣获第九届全国优秀儿童文学奖，他的创作已被主流文学认可。刘慈欣火了，但在现实生活中却很谦虚、低调。有同事告诉他，网上有个写科幻小说的人竟和你同名，他听了，只是一笑。这次刘慈欣的作品进入美国主流出版社出版，更证明刘慈欣的成功。刘慈欣五十岁，方过"知天命"之年，他还要"知宇宙"，他会做出更大的成绩。关于科幻小说，刘慈欣说，书里面的内容都是幻想出来的，但是都有科学分析。作为一种文学典型，科幻文学既涉及文学上的很多东西，也涉及科学技术上的很多东西。因此在学术研究和发展开掘上还拥有很广阔的空间。至于中国的科幻小说写作，刘慈欣认为，有很多问题还很难超越，必须一步一个脚印踏踏实实地走下去。当初，自己是在孤独和寂寞中潜心创作的，好像是在坚守一个根本没人在意的疆域，而现在则是人员益众了。

我之所以用较多篇幅介绍刘慈欣，除了我是个科幻小说爱好者外，主要是想向文学爱好者掀开一扇新门，证明只要专注，只要坚持，只要努力，假以时日，大家都会做出成绩的。

另据介绍，科幻小说的"雨果奖"，此雨果并非法国小说家维克多·雨果，而是被誉为"科幻之父"的雨果·根斯巴克。此次为第73届雨果奖，在美国揭晓刘慈欣的获奖是中国人，也是亚洲人首次获得该奖。此次评奖，由于黑客的破坏，《三体》未得提名，获提名的是马尔科·克劳斯，他主动撤回了自己的提名作品，而将名额让给了《三体》，刘慈欣得知后，在网上表示了自己的敬意。

2015.4.1

网络写手："小桥老树"其人

　　而今，网络文学的发展已成了大的气候，网络写手也成了社会的新宠。2014年10月24日"书香重庆网"发布的重庆作家富豪榜中，一个网名为"小桥老树"的写手以240万元的版税荣登榜首，同时他的真实身份被曝光——重庆市永川区文联副主席张兵。

　　张兵，四川康定人，父亲职警察，母亲是教员，张兵毕业于重庆文理学院，入政府部门任职。爱读书、当作家是他的嗜好和梦想。他最初从事网络写作则是因为经济紧张，有文章说："2006年，张兵家里刚买了房子，妻子做小生意失败，女儿出生，买不起奶粉和尿不湿，就想从事写作，光明正大地爬格子、挣钱。那时他已是区市政园林管理局副局长，副处级。当年3月，他便创作了历史穿越小说《黄沙百战穿金甲》，在起点中文网上线。后来因作品点击量上升，遂和网站签约，月稿费为400元，两个月后上升为4000元。

　　重赏之下必有勇夫。2008年，张兵写了展现官场斗争的小说《侯卫东官场笔记》，一夜成名。2010年即以190万元的版税位列榜上第22名，将周国平、王蒙，贾平凹也甩在身后。张兵否认小说是自传体，"我真真切切的基层感受是呈现这部作品的原动力之一"。该书出版两年，累计印数即达350万册。2012年8月，第二部小说《侯海洋基层风云》又出版。作者计划写成《巴国侯氏》大系列，凡30本共600万字，2018年完成。

　　张兵写作之初只有妻子知道，十年间，工作之外谢绝一切应酬，晚饭后埋首电脑写作。能有今天，全在"勤奋"二字。成名后，单位同事先是惊讶，他也很担心会招来负面影响，但很快就风平浪静。"身边的同事朋友多身不在官场，又从事着事务性工作，所以看了书也没人对号入座。我周围的生活没有太多改变。"他自诉："相比公务员，自己更喜欢作家身份。"尽管如此，"鱼和熊掌不可得而兼之"。2013 年 4 月，张兵调离园林局，任职区文联，也许会成为又一个名闻全国的"二月河"。

2015.1.26

武侠圣手："还珠楼主"其人

改革开放以来，武侠小说也高调进入了阅读视野，梁羽生，金庸，古龙的作品撒遍大小书摊。连共和国副主席王震都自称是武侠小说的爱好者。但，现代武侠小说的开山鼻祖却另有他人——还珠楼主。

现在"作家"满天飞，"高产作家"层出不穷，动辄以百万言为写作目标，沾沾自喜。但，早在他们之前，就有一位公认的高产作家，"中国的小说之王"——还珠楼主。

还珠楼主，本名李寿民，四川省长寿县人。1902 年生，1932 年作《蜀山剑侠传》，1961 年病逝，30 年间共创作小说 40 部，251 册，总字数达1700 万！

1920 年，李寿民在北平内务部供职，常去国家图书馆读书，涉猎广泛，后在胡景翼，傅作义部任职，随军转战各地，遍访名山大川，这些都为他后来的创作打下了很好的基础，毕竟，再天马行空的想象都是源自生活的。1929 年，李寿民在天津邮政局任职，因待遇低，收入少，李便兼职家庭教师并从事业余写作补贴家用。恰此时，天津《天风报》缺少连载的长篇小说，社长沙大风素知李寿民文笔优美，便力邀李写，并允诺稿酬从优。当晚，李即动手写《蜀山剑侠传》。在连载期间《天风报》发行量倍增，热心的读者每天都仰首以待，李寿民更是思如泉涌，提起笔就放不下。书成，共 55 册，论者评说：《蜀山剑侠传》可谓开创了武侠小说与神话结合的新纪元。小说写得大气磅礴，上天入地，包罗万象，想象力极为丰富，金庸，古龙均不及。"还珠楼主认了第二，无人敢认第一。"

蜀山剑侠的原型，有的可以在《山海经》《西游记》中找到影子，有的则完全独创虚构。有研究者指出：以武侠小说的原创者而言，还珠楼主在当今任何一家之上，是中国第一多产作家，也可能是世界第一多产作家。世界最长小说，即其杰作《蜀山剑侠传》，因仅此一部，即达500万字。

李寿民既名利双收，从此以写作为主，一发而不可收。1936年在北平东单观音寺买了房子，举家迁到北平。此后写有《青城十九侠》《蜀山剑侠后传》《峨眉七矮》《长眉真人传》,《北海屠龙记》《云海争奇记》《兵书峡》等风行一时，脍炙人口的小说。他又长于口授，常侃侃而谈，请人代录出来，即为美文，最多时同时为8家报刊写稿。难能可贵的是，在日本占领时，周大文，周作人等曾动员他为日伪政权服务，他都坚决拒绝了，并因此而被抓入狱，遭受迫害，身体受到严重摧残。出狱后，只身南下上海卖字为生，上海正气局老板陆宗植闻之，劝李仍以写作为主，且答应独家出版，稿酬从优。抗战胜利后，李将全家接到上海，在西藏路远东饭店包房住下，专事写作。创作高潮期，日写两万字，十天就出一本书。因住牢时眼睛受损，便请了两位秘书笔录口授文字，又先后写了《大漠英雄》《天山飞侠》等十几部小说，上海滩一时出现"还珠热"。解放后，写有《岳飞传》《剧孟》及《游侠郭解》和章回小说《十五贯》。李寿民本拟再写新篇，后因"反右"干扰辍笔。1960年2月，还珠楼主李寿民躺在床上，口授长篇小说《杜甫》。讲完杜甫穷困潦倒，病死舟中的结尾部分后，不无预感地对夫人孙经洵说："二小姐，我要走了，你多保重。"两天后李寿民去世，享年59岁，恰与杜甫同寿，真让人疑其为杜甫再世了！

李的夫人孙经洵是很重义气，通情达理的文化人。1932年《蜀山剑侠传》连载的时候，李寿民征询发表时使用什么笔名。孙知道李从前曾和一位叫文珠的苏州姑娘热恋，且思念颇深，便笑着建议道：我知道你心中有座楼，那里面藏着一颗珠子，就用"还珠楼主"作笔名吧！于是李寿民就此消失，"还珠楼主"驰名文坛，传于后世了。有意思的是，抗战后寓居上海时，"还珠楼主"曾打听到文珠姑娘的消息并前去拜访，而文珠姑娘丈夫朱姓律师为人亦豁达大度，热情地予以接待。后，两家通好，李寿民还让子女认文珠姑娘为义母，成就了一段文坛佳话。（此文内容摘辑自《新西部》杂志，2014年11期阿墨文章《还珠楼主：现代武侠小说之王》。

2015.1.26

《沙苑》读稿

《沙苑》杂志 2009 年第 4 期是教育专刊，集中发表了数十篇教师和学生的文章，我看了原稿，在编辑和修改时点滴记下了读后感。

《有缘无分》，某职教中心老师的小说。我不喜欢这篇稿件，因为它是写中学生早恋的文章，不是用批判的眼光看这个已成为社会顽疾的生活现象，而是用一种欣赏的眼光写一个遗憾的故事：早恋过、长大了，感情继续，但缘分不到。六年前暗恋的男学生结婚了，但"新娘不是我"。抒发这样一种怀旧的情绪有什么社会价值呢？有什么积极意义呢？看不出来。所以，我以为不可取。但最后为什么又要选入呢？是要鼓励作者，因为文字还是很好的，有发展前途，出刊《沙苑》毕竟是以扶持作者为主旨的。

《山谷悲歌》，许庄小学王成纪老师写作，这是一篇很成功的小说。表面上写动物——写一只 20 年的护家狗，被主人残忍地勒死了卖狗皮的故事，实则显然是写人。他写出了人性中恶的、忘恩负义的劣根性。这篇文章好在它的深刻，震撼灵魂。文章歌颂了护家狗跑到山林后临死还英勇地要和饿狼斗争，恰和人——人中品质恶劣的人形成对比。文章不长，极其凝练，惜字如金。全篇充满了对人类恶行的愤怒和申斥，但全篇又没有一句直白骂语咒言，一切尽在不言中，你去品赏。文章所营造的氛围很好：冰冷的家，风雪呼啸的山林，是护林犬活动的两个场景，全显得很凝重。环境和主人公行为十分协调，艺术的感染力就很强。读这篇文章使人想到了美国作家杰克，伦敦写的长篇小说《雪虎》，都是写狗的，都很成功。我所不明白的是作者在平原学校生活，哪里能有写山林猎犬的生活积累，如果不是抄袭仿照作品，我以为是出了奇才了！我曾多方查寻但终未联系上，只好作罢。

《我的母亲节》，杨燕作，学门前小学语文老师，曾经做过中学教员。这篇文章从自己的生日写起，写出了对母亲真挚的爱，很好。诙谐话说得简练、深情、深刻，如："母亲有时候坚强，有时候脆弱，但脆弱坚强都是爱。"又如："母亲把生命给了我，也把自己的生命描绘成了一幅画。这幅画以善良为底色，以勤劳为细节，以宽容为气度，以坚强为风骨，以脆弱做点缀。在女儿生日这一天，我要再为这幅画添上一笔，虔诚地为母亲呈上一捧红色康乃馨。"提炼出这几句话，作者用了心思。作者的文字表达很好，如写自己出嫁时，"彩车停在大门口，新娘装束的我左手挽着祖母，右手拉着母亲，向左看，祖母在抹泪，向右看，母亲在微笑。我的心很酸。亲朋好友催我上车，我万分不舍地松开双手，一只脚已踏上婚车，忽然感慨万千，悲从心中来。我转身疾步走到母亲身前，双膝跪倒在雪地里。俯首面对洁白的大地，伸手触摸冰凉的雪花。我终于明白母亲是天空，我是天空中的一片雪花，无论我走到哪里，永远飞不出母亲的怀抱。"这段文字写得情景交融，情真意切，酣畅淋漓，叫人想到了"三回头"之说，当之无愧的是一段美文。另一篇《种在杯子里的美》，是写把大蒜栽在杯子中的感受的，也写得很好。"蒜苗是微不足道的，但当它们被种进杯子里，成为我不经意创造的风景，成为小院中的报春使者时，我欣喜地发现，那真是一种美！其实，生活中的美就在不经意间。"可以看出，作者很会提炼主题，写出所要写的意趣，寄托自己的理想，而这一点恰是许多初习者所易忽视的。作者的散文写得很好，也能够写好，希望有更多好作品问世，打出去，取得较大的成绩。

《黄河岸边荷花香》，朝邑中学李春荣作。这是一篇写北方荷花的美文，诗意盎然，写景抒情皆得法，很自然，显出作者很有写散文的功力，积练很深学养厚重。请看她对早晨荷田的描述。"太阳出来了，整个世界都沐浴在一片金色之中时，荷塘里的色彩便有了丰富的变化。有些叶子出水很高，在阳光照射下变成了通透的嫩绿色，更多的叶子密密麻麻地挤在一起，此时依然是肥厚的深绿色。这些深深浅浅的绿融在一起，丝毫不显得凌乱，却异乎寻常地和谐。在这或淡或浓或透或重的满满当当的绿叶之中，偶然一阵清风吹过，圆叶阔大的边缘随风卷起，在水面悠然摇曳。那半开半卷的叶子啊，更是另有一番神韵。荷叶的叶面是圆形的，短些的刚露出水面，被水稳稳地托起，让人想起画中的睡莲。大多叶子高出水面许多，以叶柄为中心，形成中间略陷，而周围稍高的圆弧，难怪童话中的青蛙和拇指姑娘都是在荷叶上安稳地度日哦！"这段文字写得优美，体现着作者观察之细致，表达的形象，抒情的自然。文章引用了许多前人关于荷的描写，插叙其中，文章便不显单调，有了厚重感。唯一需要商榷的是，文章中引用朱自清《荷塘月色》的一段文字，夹在了自己描述荷的文字之间，便割裂开了自己的叙述，不如放在倒数第四段的位置上，紧接着自己蹲在岸边观荷处，那时再思索，便显得顺理成章了。我原本是点评的，读着读着便成了欣赏，竟有种自愧弗如的妒忌。

　　《渭河恋曲》刘函利作，仁厚里小学教师。这是一篇关于环境保护的散文小品，写得深刻优美，一个小学教师能将文章写到这个水平，我感到惊讶。作者对往昔渭河风景的描写很优美，与李春荣关于黄河岸边荷花的描写一样都很有欣赏的价值，且摘引这段文字以作说明，共同赏析："渭河是孩子们的乐园，河边高大的树林，浅滩上浓密的芦苇，堤坡上灿烂的野花，伴随着一代又一代渭河孩子长大。在杨柳醉春烟的三月，常与玩伴三五成群来到河边，在沿堤而立的河柳下抚择那如髯的柳丝。遥望岸边大红的桃林，俯视脚下明净的河水，任那河风夹着浓浓的花香扑面而过。掐一把金黄的蒲公英嚼在嘴里，编一顶柳条帽子套在头上，那份天真烂漫，无拘无束的惬意和洒脱。时至今日仍令人怀念不已！到了人静声息的夜晚，在月光中的枣树下仰望蓝天上的明月，眼观河岸边那点点灯火，倾听远处那隆隆的火车声，偶有粗犷的秦腔划破夜空在渭河两岸回荡，给寂静的小村平添的那份恬静、怡然，时至今日令人难忘！令人爱戴，让人感动。因而，在我的心中无论哪里的水都不能与家乡的渭水媲美。"这段文字写得如诗如画，很鲜活，如果能添加人物的话语就更好了，和王凌琴的渭河纪事那种苍凉形成对比，也说明文风不同都能写出好文章。读过这几篇，我有一种感慨，十步之内必有芳草，我以前有个错觉，大学中文系培养不出作家，学校教师教得了作文，写不了文章，现在看来观念要转变，我的认识落后了。

2010.7.8

王志学：《姨夫》的修改

王志学喜欢读书，又自以为有文学修养，在我的鼓动下，便写了一篇散文，不长，或者说叫随笔也可以，题曰：姨父。

也许，因为是亲人，从小在一起，他娴熟姨父生活中的许多故事，深蕴姨父的个性、脾气，所以虽系初次习作，倒还写得朴实感人。当然，这主要是他姨父的事情本身打动人，虽不大，生活小事，但小事看人品，一个乡野百姓，你又要他大到哪里去。

姨父是木匠，所以文章开始，作者写道自家院子有棵大杏树，母亲说可以让姨父做家具。父亲吃烟喝茶的小饭桌，父亲说那也是姨父以前打造的。未见其人，先闻其声，有些像《红楼梦》中王熙凤的出场，写得很灵活。下来，姨父应该出场的时候，作者在第三段却写了一段杏树很繁茂，自己常常做家贼为怀孕的爱人偷青杏的故事，情节游移于写姨父这个主题之外，所以我建议他拉掉了。

姨父出场了，作者很适时地进行了外貌的描写。写了姨父做家具时的神态，做的家具之精良，写了姨父对自己婚事的那种长辈的关切和打问，写了姨父这么很能干的一个人，却在处理儿女分家之事时像许多老人一样地偏执失算，写了姨父老来瘫痪在床，儿女们疏于照顾，连亲生女儿来看望他都因为老人的脏臭而倚门掩鼻，望着不肯近前。老人气愤了，抓起枕边吐痰用的瓷碗迎头摔去，至此，一个真实的乡下老木匠的形象立了起来。在这里，作者又不失时机地插议了一段："即使到了信息时代，机器人广泛使用了，亲情之间的关爱都是必要的，尊老爱幼妻贤夫忠，亲情友爱都是需要的。"这些都不错，水到渠成。我又加了一句话：如果我们还做不到对老人的关爱那是我们心灵蒙尘而麻木了。他也觉得很好，但他在再次修改时加了一段话，议论起了计划生育，讨论起亲生儿女不孝，引领一个子女的利弊，完全脱题了。无异于节外生枝，画蛇添足了。我开玩笑说这是貂身子续了狗尾巴，索性给划掉了。

2010.7.19

王正兴：《寻宝记》的修改

　　大荔中学王正兴老师是教体育的，业余爱好对秦砖汉瓦唐罐宋瓷的研究，居室摆满了碎瓷瓦片。人以为废，我以为宝，乐此不疲，而且颇有研究体会。可能过去也爱看书，便写文章记录他一次次搜寻文物的经过，写成了《寻宝记》。文章写得很有些原生态，没有刻意的修饰，用语近于粗糙，文风很幽默、风趣，不是性情中人，不是倾心的热爱，真还写不出其中趣味。但是王老师写出来了，写出了一个业余酷爱文物收藏的人的心态。沮丧、快乐、执着，把追求当作理想，矢志不渝地要干出点名堂来。我的朋友不喜欢这篇习作，斥之曰粗陋，但我以为是个好毛坯，取掉浮饰，修修点点，便可取得和氏玉的。

　　第一步，我决定改掉题目，原文"寻宝记"太宽泛，又想不出来更好的题目，便改为"夜明珠"，一来结合文章所述内容，二来有种诗意文趣。

　　第二步，去掉多余的闲话，容易惹麻烦的话，使文章紧凑。原文写为了考察需要买了辆自行车，买了车子又要打气，要调整尻座高低，全是游离于正题之外的多余话，拉去。原文写骑的轻便摩托车人叫"狗不理"，还怕别人看不懂，专门搭个括弧，标明工商、公安、税务、交警都不管，这当然形同骂公职人员了，拉去。

　　第三步，调整结构。原文写到他黑夜在路边看到一个发光体联想到夜明珠，随后连着几个晚上去寻觅，颇为辛苦，结果只是一个反光的啤酒瓶底儿。于是又另外花时间去寻宝。我将千辛万苦寻得个瓶底放在了最后，这样便有伏笔，能吸引人不断看下去，结尾处啼笑皆非，便有了黑色幽默，文章就此打住，不向下发展。

第四步，升华。原文过来过去说的都是夜明珠多么值钱，价值连城，固然是在调侃，但失之偏颇，所以我在天平的另一边加了砝码，提到文物的收藏方面的话语有两三处，以求其平衡，突出行动的意义，业余生活的趣味。并非单纯的玩玩，也非金钱所使，只是一种对文物考古和收藏的热爱，即点明其意义，真正价值之所在。

第五步，提高。幻想着捡个夜明珠，结果白费辛苦。我补充了这样的意思，今天没捡到，总有一天会捡到，还会捡到更好的。心中有希望便会有大收获。牛顿说过："我只是一个在河边玩耍的孩子，偶尔捡到了一个贝壳。"谁敢保证我们持之以恒不会捡到一个同样美丽的贝壳呢？我们收藏快乐，这才是最重要的。

这篇文章我和主办人绳力都很欣赏，后来还将其收入大荔县新中国成立 60 周年散文选之中，但《沙苑》杂志最终却未能刊用。因为某人不知出于什么心思，拿原稿给地方领导去检举，说是"狗不理"是攻击社会，有严重政治问题，幸亏他把关了才未出大问题。领导批示传下来整改，辛辛苦苦拉广告出刊的主办人生气又泄气了，直怨其居心叵测而又匪夷所思，遂不愿再继续办下去。于是，《沙苑》杂志在出刊了 4 期以后，寿终正寝，偃旗息鼓了。记下这点史实供关心《沙苑》的业余作者释疑，后人如写地方文化史，也就了解其中的缘故。"魑魅喜人过，文章憎命达"，古今皆然。

2014.5.7

李景峰：妈妈的织布机

　　紧扣主题，围绕你所想写的事物，组织材料，发挥演绎，这个道理说来谁都懂，但在实际操作中又常不易做到，易跑题，信马由缰地写到别处。

　　李景峰同志为《沙苑》杂志写了一篇近 5000 字的散文《母亲的织布机》，立意和选材角度都很好，通过织布机反映母亲的一生，歌颂母亲辛劳、善良的品质，抒发自己对于母亲的热爱，寄托自己的缅怀。文章开头在提出织布机前写了两段旧时家穷，母亲爱孩子的事情，接着用了三段写母亲和织布机的关系，如何熟练地操作，很是切题。但下来却用上千字的篇幅写了织布浆线的几道工序，读来便如同技术材料的介绍，游离了主题。下来，写到后来日子好过了，母亲便卖了织布机。随后的数千字就是写母亲患病、故去，他是如何地伤心，以致把送葬都写得很细致，就是不再提织布机了，完完全全地脱了题。基于此，我反复读了几遍后，建议他这样修改：

　　1. 讲清织布机对家庭生活的重要性：这是一架老式织布机，是用上好的槐木做的，看去笨重，浅浅地刷了桐油，便显得古色古香。妈妈使用得很灵巧，手脚配合，噼啪有声，恰如坐着在舞蹈。妈妈织布为我们做衣裳，解决一家人的穿戴问题。有时又织几丈布拿到集会上去卖，作为家里的柴米油盐钱。我们的苦难岁月是在妈妈的织布机上度过的，是在妈妈舞动的双手和踩动的双脚上度过的。

　　2. 生活好了就卖掉织布机：这是真实，但不是文学。后边还有一半的文字，没有织布机那就脱了题，违背了文章的初衷，是典型的想到哪里写到哪里。所以，我建议此处写成生活好了，织布机便"下岗"了。因为"妈妈不再需要用操劳笨重的织布机来维持一家人的生活了"，这是很关键的一个转折和改变，因为我们后边围绕着织布机还会有文章要做的。母亲不死，织布机还在，就是母亲去世了，织布机的文章还要做足！

3.家境好了，家里盖了大房，这台织布机便被搬进房内西墙下，"母亲常常摩挲着织布机笑着说：这可是咱家的宝贝啊！"

4.母亲病后，花费很大，写到这时再提到织布机，我们几个兄妹商量把织布机卖给门前一个收古董的。母亲听说了，摇摇头流下了泪珠，我们便只好作罢。因为在母亲的心中，视织布机如儿女，宝贵得很，感情难舍。

5.母亲病好了后，"常常坐在织布机上和我们拉家常，回忆过去的家事。每当这时，母亲就和织布机融为了一体，恍惚中，俨然一幅圣母像。"

6.母亲去世后，拉掉过多的埋葬篇幅，仍然回到题目上。"母亲去世了，每当看到家中的织布机时，我就像看到了母亲。直到有一天，我的一个搞收藏的朋友来家中坐，提出要收藏这架织布机。情意难却，我忍痛割爱，把织布机认真地擦拭干净，又披了一块红绸缎送出家门。我希望，在朋友的博物馆里，能有更多的人知道母亲和织布机的故事，那将是我对母亲最好的纪念。"

李景峰是一个生活的有心人，为了写好织布的全过程，他多次到农村采访老年妇女，了解细节，这样才有了文中那段浆线织布的全过程描述。但是，作为一篇散文，又不便于全收录这个过程，所以，我建议他做大幅度的压缩，择要介绍。当然，如果难以割爱，他可在出版作品集时照章收录，以作资料存放。但在杂志和报刊上发表时，最好主题集中。

对生活观察细致、认真，甚至达到一丝不苟，是李景锋的长处。他在另一篇文章中为了写好百姓过大年，硬是从初一观察到十五，然后全景记录，这种执着是很少有的。他的所有不足就在于不会结构，记流水账，如果他能多读多看多分析琢磨那些成功的好散文的章法，那还是能写出好文章的，我们寄希望他的不懈努力。

2009.9.18

张宝妮：写出个性来

张宝妮送来三篇稿件，都是随笔。是抒写人的情绪的，写得幽默、风趣、张扬，很有个性。诚如她自述的"喜欢朴素的生活和简洁明快的文字"，内容是身边琐事，文字很简练，描述准确得体。

《叛逆的羽毛》，写她的一位很具个性的女战友，她就敢在军营里擦抹口红，她就敢写情书，她甚至为了到远方会见情人不惜自残以请病假"探亲"。她把自己的情书送给作者以作纪念，希望有一天成为她作品中的人物。她渴望完美，但生活却和她开了天大的玩笑，而玩笑又是残酷的。她复员后结婚了，丈夫不是昔日的情侣，偏丈夫又有了外遇，一气之下，她喝药自杀了。张宝妮很大胆，写出了军营生活的另一面，写得很生动。但她文章的结尾延续了全文的灰暗，我给她改成了光明的尾巴："八一将至，我为她买了盆鲜花，置放在案头，我为她心祭。但愿在阴冷的那边，她还会像少年时那样，潇洒不羁，如一只彩蝶飞来飞去。"所以文章题目由原来的简单的《怀念战友》改为纪实的《心祭战友》。又考虑全文写的是一位个性张扬的人物，最后改为《叛逆的羽毛》，浪漫和诗意一些。

《珍藏在书信里的记忆》，写和一位女战友通讯十余年，无话不谈，近年忽然都懒于书信，及至再见面竟有种隔膜的感觉，变得无话可谈了。文章为形成反差，前边尽写了两人的相识过程，通讯历史，两人对书写信件的热情，后边文字很快导入复员了，生活变复杂了，信件也渐渐断绝，再见面遂无言相对。这里需要营造一种见面时尴尬的场景，情绪，她没有写出来。于是，我给她改写了一段话：我们别后相会的三天里，客套和拘谨让双方感到了生疏和隔膜，像是鲁迅和闰土别后相会，未免凄然。或许，我们千里迢迢的相聚，真的还比不上书信的珍贵和畅快。眼前有景道不得的气氛，直令人想到大词人辛弃疾的那句名诗："而今识尽愁滋味，重上高楼，重上高楼，却道天凉好个秋。"这样写，也增加文章的文学厚度。因为全篇主要讲述写书信的事，所以我选取了现在的题目。

《假日，我们传递快乐》：这篇随笔写发了工资后一家人假日的快乐，写得很是幽默，做了好吃的给兄嫂送去，传递着快乐、轻盈、活泼，尽现了作者记事写人的才华。她原题《流传幸福》，我以为不明晰，所以为之取了现题目，以更明快舒畅达意一些。

宝妮非文学科班出身，青年时保家卫国，却能把文章写到如此水平，据她自己说主要是练习得多。我想，只要坚持练习，再注意多读书，一定能很快进步。

2015.7.8

凌琴：乡情浓浓"缠沙人"

——写自己最熟悉的（一）

《沙苑》第2期刊登了凌琴的散文《缠沙旧事》这是一篇乡情浓郁的好文章，写得也好，字字珠玑。文笔清秀优美，朗朗上口，可以吟诵。结构布局合理，轻重得当，抒发感情有一唱三叹之妙。

从结构上说，文章先讲沙苑南部，渭河边村庄的地理位置，地形地貌，解释"缠沙"的含义。接着勾勒出两幅民俗画。介绍秤杆井，描述乡里人悠然见南山（华山）的情趣。然后从"好汉桩"和"折黄花菜"两件事上写出"缠沙"的男人苦、女人苦。这两段并列，也是很妥当，免除了凌乱，显得集中。而且没有多余的话，没有乱拉扯的现象，真是该白描时白描，该议论时议论，此处虽是文章重点，但是没有夹叙夹议，我以为是成功的。第四层意思写了沙苑的民俗，围绕着"忙罢会"详细叙述了麦后醇厚的风土人情。写到集会上日用百货，饮食布匹俱全，油糕锅儿、水煎包子香气四溢，吹糖人身边围满了儿童，耍猴的铜锣敲得山响……使人如临其境。写忘记给舅妈家送菜瓜馍，要道歉时，舅妈很是宽宏大量，朗声说："金刀割不断的亲戚，没有菜瓜也不要紧。"读来如见其人，如闻其声，舅妈的爽快性格跃然纸上，情深意长。写完了过去，第五层意思是顺时序写历史的变迁，写随着时代的进步，村民的变化，新思潮的涌入，然后很快过渡到"沙村北迁，老村消失了"。最后，第六层意思写了结尾，那完全是屈原在江边走动般的哀叹和怅然，调子比较低，和全文组成和谐的一体，有几句话直抒胸臆，给人一吐为快的感觉。没有那种意尽而文不尽的冗繁感觉，而是恰到好处，当断即断，再说得多了便是画蛇添足了。

作者的语言很简洁，且看她是如何描写秤杆井的："在古老的城墙边，一根巨木高耸，上边斜挂一木，木头上缚着一块大青石，沉沉地垂在下边。一头便是铁链带挂钩，高高扬起，下边是青石锁口的井，远望极像渭河里船上取掉了帆的桅杆，这便是秤杆井。村人打水时，双腿叉开站在井台上，麻利地拉住挂钩挂上桶，两手倒换着把桶放进井里，看着汲满了水，再借用青石的重量，一桶水便轻巧地提了起来。"我觉得特别妙的是紧接着的一句比拟："如果说风车是荷兰的特色，那么秤杆井便是沙苑风情的特色了。"这样一写，借荷兰风车做陪衬，写出了作者对秤杆井的看重，很是妥帖。

作者写缠沙男人苦：就说浇地，沙里的井都是大涝池，人称普产井，水幽深清冽，周围水草婀娜，岸边桃李夭夭波心投影。农人在水中立数根木桩，从岸上搭架，再竖根秤杆挂上柳罐，人立架上，汲水浇园，人称"好汉桩"。这段描述真如作者所说"堪诗堪画"，文字也很优美，相得益彰。

我特别欣赏这篇散文的结尾，那简直是一段可与古赋比美的散文诗：

村庄迁移后：我再也没有站在沙坡上凭高远眺老村的机会与兴致了，我怎么也弄不清新村里凌乱的巷道，我是如此地怀念老村，怀念她的古色古香，又是如此地讨厌新村，讨厌她的霸道与逞强。

我那老树古井，风韵天成的"缠沙"老村啊！

我那亲情款款，宜室宜家的"缠沙"老村啊！

"缠沙"老村远行了，她只留在所有老"缠沙"人的记忆里，若干年后，没有人会再记得她可人的风姿，再讲述她那神奇的故事，再领略她如诗的意境以及如画的美丽了。

于是，我且行且歌曰：

沙苑逼仄泉已绝，渭河水浅余微波。

所思故村不可见，归忆江天发浩歌。

这段文字中透着一种苍凉，更衬托出所怀念之美，屈子行吟，唯留深情满怀。

这篇散文最早发表在前些年的大荔报上，当时即引起了很多人的注意，其时我尚不认识凌琴，写了篇短评，我以为她可以写成关于沙苑风情的系列回忆文章，并且构思可以更灵活，语言可以更鲜活，行文可以更优美，思辨可以更哲理，如交响乐，呈现着完美和整体的大气魄，为那个逝去了的年代作珍贵的历史记录。可惜，她以后放弃了散文写作，而去搞另类文化了。譬如一条锦鲤，离开了原先的苇岸，向另一片芦丛摆尾游去。

2015.5.8

张升阳："走炭科"，苦难的回忆

——写自己熟悉的（二）

张升阳同志多年从事新闻报道，近年来，涉足民俗研究，颇有成绩，同时又写起了散文，而且，一写数十篇，一篇比一篇好，写乡下的人和事，写戏台，写涝池，写人情交往，都是回忆少年时的事情，情感真挚，为人称道。其中，比较好的受人瞩目的是《走炭科》，即写 40 年前到澄城二十亩埝煤矿拉炭的事情。文章写得很长，详细地从筹划、出发、买煤、拉煤写到归来。事有起因，所以前边还写了当时——大约是三年困难时期的物资供应紧缺情况。这篇文章是通过个人的活动写当时的社会现实，反映着时世的艰难，因为和现在的供应充足、民富国强的大变化可以作对比，所以文章便有社会学的价值。这是文学的社会功能。

作者写道：那是一个什么样的年代，是扯布要布票，吃饭要粮票，灌油要油票的时代。日常生活不可少有的牙膏、火柴、肥皂、煤油都按户定量供应。至于手表，缝纫机、自行车更是寻常百姓可望而不可及的奢侈品，什么都在计划之列，连农作物的秸秆、枝蔓、皮壳都是集体的，须按分配使用。这种情况是现在二三十岁的青年无法想象的，但这是历史的真实。

作者写摸黑赶路，捺到了新耕的虚土地里进不得退不得，写翻茨沟上下坡的难受，在拽车中悟着人生哲理，上坡拽车，不进则退。写他们在炭科里排了七天队才拉上煤的艰辛，艰辛中透着顽强。夹塞、吵闹的细节非当事人不能叙述。写拉煤上坡时的挂坡，那种细节，那种对挂坡人身世的感叹体现着双方的艰难，也是那个时代政治风云的记录。这是现在政治清明下，青年人难以理喻的。作者后边写到在镇吉坡头吃凉粉担子的情况实在是一幅民间风俗画，画中透着艰辛、狡诈、贪婪，但无一不在体现着一份真实：生活的真实、情感的真实。写到购煤时的闹仗，写到吃凉粉时的算计和得意之情，犹如在读《水浒传》中写的智取生辰纲中吴用他们的巧计多端，历历如在眼前。真实了方能打动人，真实是文学的生命。而要真实，在作者就是写自己熟悉的生活，下一代人写上一代人的事怎么办呢？就是要研究当时的社会人情风俗，仍然要做到真实，真实得如同亲历一样地熟悉。每个人都可能会经受挫折、苦难，那是最熟悉的生活回忆，整理、体悟一番，就是一笔精神财富，文学爱好者如实记录下来，即使不加工，也会是一篇好文章。这是自己永远挖掘不尽弥久愈新的宝藏。

《走炭科》也有不足的地方，就是显得太长而不精练，为文太老实而缺乏美感，在文字上功夫没有下到，前边铺垫的母亲掏麦秸被压一段显得有些多余，影响全文的紧凑。我在前多年称张升阳写散文是"迟开的玫瑰"，这几年的锻炼，可以说玫瑰绽放了，芬芳了，看着他的勤奋和收获，我以为功无白下，努力还是值得的。一枝独放不是春，万花竞放春满园。大荔县散文写作是很成气候的，希望大家更加努力，写出好作品。

至于文章的结尾，我以为写得也很好，你看："从耿直的陵墓下来，我伸了伸双臂，仰头看见灰暗的云块缓缓地从南向北移行，阳光暗淡，天气些许有些冷，在大伙的催喊下，回到车辕里，踢支撑，搭拌绳，牙关一咬，拉起炭车沿着那坎坷不平的道路前行……"这一段文字很生活化，又特别有力度，没拉过重车的人写不出这套程序来。我以为，文章要是在此处结束，也许更好，后边两个自然段写母亲归望和回忆之情有些模式化，对刚张扬起来的情绪有些淡化，不如不要。另外，如果文章仅数千字也可以，但现在是写了上万字，读来渐觉沉闷，所以还是删繁就简的好。

　　我们常说文章题目难起，但这篇文章一个"走"字便显得生动、有活力，这是最后需要指出的。

　　我对这篇文章另有一种深情，因为六二年时我15岁，上初中，体单力薄，瘦骨嶙峋，家计所迫，也到澄城煤矿拉过一次煤，即走过一次炭科。父亲在车辕中沉重地弯着腰，牛一样地向前拱，我在车旁挂着边梢，拼命地拉着、拽着。读升阳同志这篇散文，往事历历，如在眼前，我潸然泪下，那是对苦难岁月的回忆，更是对逝去十余年的老父的怀念……

2009.5.28

张文强："穷快活"的诗意解读

步昌小学语文教师张文强托人送来他的散文集《穷并快乐着》，要我"多提宝贵意见"。记得，前多年编辑《沙苑》教育专刊时，我就感慨教师中有很多有才华的文学爱好者，却没有得到应有的重视，没有人组织培训，缺乏提高，以致埋没了这些人才。现在读张文强这一组回忆录，这种感慨又油然而生。张文强只是一个小学教师，人在中年，但他记叙儿童时的生活，亲切、真切、情意绵绵。文笔又很清新、独到、偶尔还有那么一点幽默，把对故乡的热爱，把对儿童生活的怀恋，把对亲人的挚情、乡邻的关爱，写得毫微毕现，如在眼前。在叙述中他提炼着思想，弘扬着道德，文末往往有几句总结性的话，并非赘语，反觉自然。读张文强的这组作品，我们是在回顾历史，而历史是现当代社会最好的参照，遂更有认知的价值。上个世纪七十年代的世俗生活已经远去，那个时代的政治、经济生活反映在文强笔下关于贫穷、饥饿的叙述中。了解过去，你才会热爱当下。"穷怕了"和对改革开放的拥护是事理的两端，但又是须放在一起来考量的。文强的文章又是往昔儿童生活乃至乡风民俗的素描和画图，它们是那么质朴，让人怀恋，读着，如展开了一幅生活的画卷，如在读唐诗宋词中描摹儿童生活的小令，古朴典雅，经了岁月的尘封，反而淳美灿烂。年纪大的人自会回味陶醉，想年轻人也会讶异和羡慕，羡慕西瓜地的夜月，羡慕水塘的蛙鸣荷叶，羡慕麦场里的追跑踢打！

我以为，文强的文学功底很厚，有着上升发展的空间，需要的只是多读多练，而且他宜向散文写作方面发展，风格可向孙犁、汪曾祺、萧红、林海音等著名作家靠近，即如书法讲归宗认流派一样，那样成功或者说取得成就会早一点、快一些、大一点。当然在这方面未可作过高的期望。毕竟，日常事务很忙的，只可采取"玩文学"的态度，勤勉一点，作为自己人生取乐的方式中的一种而已。这样想来，读写再苦，远离了功利，便很快乐。文强老师谦虚地要我修改，我未敢遵命，并非因为我和文强尚未谋面，而是他已经写得很好了，其他问题自己尽可在以后的写作实践中觉悟解决，那样会更好，这并非是客气话。

最后，爱屋及乌，如我一再地说过的，我依然热切地盼望教师队伍中有更多更好的文学作者和作品出现。那样，我县的文学创作才会有大的发展，创作队伍才不会断代。

2013.12.16

杜木：青春在激情中飞旋

今年春上，有青年朋友送来两部诗集，因是新流派，意识流得颇朦胧，我很隔膜，便闲置起来了。三十多年前，舒婷一代刚"朦胧"时，我方年轻，按理应很快接受新事物、新思想、新流派、新表达方式，但我不喜欢。三十年了，依然封闭保守，泥古不化。可这三十年间，新诗像发酵了的面团，膨胀开来，弥漫在青年中，成了很大的气候，取得了很大的成就。这期间，我读了汪国真，读了本地某女诗人的诗，也渐有了兴趣，想初步接触一下。故前几日偶然看到杜木先生的《短笛无腔》后，便紧凑了两天时间，仔细地读，以期更多地了解新诗体。

《短笛无腔》全书计 327 首新诗，基本写于 1990 年前后三四年间，作者时约 20 岁左右，似乎正是高中向大学的转化时期。集中长诗仅六七首，其余均为短章。读后感觉这种体裁也只能写短章，数十句便非其所长了。作者的诗写得激情澎湃，语言华丽风雅，表达得很委婉。那么年轻的学子，学业又那么重，又写得那么多，那么老到，真不知作者又是如何学好数理化的！我很纳闷，他跟谁学的，又有着怎样的学习氛围？读《十六岁的生日》，我真惊讶，如果一个十六岁的中学生能把新诗写得如此好，那只能叹为天赋了！而一个相对封闭的穷乡僻壤能走出一位准诗人，只能赞之为地杰了！读《今夕何夕》，我又感到作者文学功底的深厚。"假如当初不相会，一切都是流水，烟雨凄迷，落红成堆，盼得几度春光回。"宋词的味道是很厚重的。读《归人》，"犬声悠扬，风雪在柴篱上，拍出节奏。"透着"人迹板桥霜"和"风雪夜归人"的古朴。随着阅读的深入，我深切地感到作者的痴情、勤奋、坚韧。

写这些诗时，作者正年轻气盛，血气方刚，心头为事业心所鼓荡，"我不愿永待在偏僻的山沟，我要去浪迹天涯，我要远去，我要远去。"他要出走建立自己的功业。想来那也只是为了摆脱父兄辈般的穷苦，希冀着命运的垂青，尽管写了又写，目的还并不宏大的。但他清楚："我的征程依然遥远，永远仰首的目光，渴望着歌声清凉的雨点。"所以这些诗是发自心底的呐喊，表达着拼搏的决心。恐惧着被埋没，渴望着被发现，被赏识，然后于社会做奉献。诗作反映着这种情感，呐喊着冲击，寻觅发泄的突破口，势若泄洪。征程既然遥远，前途又莫测，所以许多诗便又反映着奋斗中的痛苦、茫然，读来低调、晦暗。如"秋风弹奏着叶片，苍茫的目光消融在黑暗之间"。"痛苦是一种追求，我是一辈子痛苦的生命。"1987 年，作者写的诗很多，忧伤而细腻，以至我以为可以编为《伤感集》的。当然，作者又不甘失败，再艰难也要向前走，也追求"用心声在大地的弦上弹出自己的歌，无拘无束，永远浪漫地飘动，给人间带去春的声音"。读这些诗时，我耳边回荡着歌手韩红那浑厚徐缓有力的"走出喜马拉雅"，心头一片苍凉。无论作者当时是否意识到这种思想的矛盾，二十年后重读旧作，应当会看得明朗。其实，这种矛盾反映着事物的发展规律，成长中的痛苦正是人生的代价。付出必不可免，情理亦自然。"我能在感情喷涌的时候，写很多很多让我痛苦的诗。"这种充斥豪气的自负正是内心深处激励作者奋斗的精神力量，也是全书（至少在前半部中）的基本风格。

就写作艺术来说，我以为许多地方都可圈可点。首先，我称道的是作者善于在诗中塑造人的形象或物的具象，表述得很简洁。"我立于这里，成一颗透明的路碑，照你。""收割的人在塬上看太阳，麦芒刺眼而立。每一次抬头，都经历了一次宏大的歌唱。""看那座思念的房子，立于心空的极静处，是一个沉思成白头的哲人，坦着一望无际的胸怀。""看你成一棵树，不谄不媚挺拔昂扬的树，站在北风中傲霜。"在整个意识流手法的写作中，有这些具象的描写，便是一种很好的调节。诗作的语言也很优美,扎根自在古诗文中。诚如作者自己的表白。"英语不如人意,独喜唐宋文学"。整集中用语用词尽显着这种风雅。试读《今夕何夕》,试读《样花》,试读《月有阴晴圆缺》这种体味是很强烈的。"谁说江南无所有,江南莺飞草长,江南有梅子雨和桃花水,江南有莲可采,江南漫山遍野都有结殷红如血的相思子的相思树"。"江南的月儿让人心思难抑,江南的流水让人逸兴难收,江南的桃花都长成人面,江南的少年郎都骑马独依着斜桥。"诗句流畅优美,朗朗上口,准确地传达着作者的情怀,读来自有怡神的作用。而作者的写作手法是根据所要表达的意思多变的,有几首诗采用短句,读来如金石之音。像《夏夜》《心的平静》《惑》这些短章无不如此。"站在角落,像一只无形的蜘蛛,烟蒂和果皮撞破的网,无法修补"。"渴望你的温柔,心淋湿着,看你开伞花在远方"。这些短的章句组成的多是短诗,形式上便成了诗歌小品,让我们联想到古代那些行吟诗人随手所写的短章。这种诗歌小品的好处在于及时记下心的感悟或对一草一木瞬间的感怀。集中也有长诗,长达四五十行,约七八首,是回忆父母和亲人的,虽感情充沛但写法一般,无创见。

就诗作风格来看,作者在多首诗中采用了信天游,在诗歌《中秋节》《乡村过年流水记》中甚至透露着陕北说书的浓浓的味道,反映着一种厚重古朴的乡土气息,朴实坦荡。我与作者不熟,不知其是否陕北人,但集中有"西辞泾水"之语,又显见不是陕北人。还有几首诗作者采用的是咏叹调式,如《言语之乱》《星期六的晚上》,读来有种戏谑自嘲的味道,适于在生活的无奈和思想困惑时发散情绪作自我解脱。这几种写作风格在集中不占主流。只是一种探索,是整集"意识流""朦胧诗"的附着品。

如前所述再略作补充,我很喜欢作者状物的形象化的诗句,既富情感而又简洁明快。如"于东篱后把酒,有歌声在窗外飘,倾最后一杯成壶口瀑布,电光划地而至"。这"倾最后一杯成壶口瀑布"颇为形象大气的。"踏着桃花放歌,将春天抱回来放在墨水瓶内,用一连串的烟圈儿逗她流泪"。这"将春天抱回来"就很形象,诗味浓,有感情。"一杆笔,向大地中汲取鲜血,在碧天上写一生的总结"。这几句诗文很有力度,在大地蓝天之间挥洒鲜血的壮"笔"那自然已经不是通常用语的"如椽巨笔"了。又如"噔噔噔跑去饮水的毛驴，将岁月一蹄蹄蹬远。"有可听可视的感受。前三个状声的"噔"字，有节奏感，烘托了毛驴跑的速度和见了水的欢快状，很好。后一句中"蹬远"的"蹬"字有力度又很形象，"蹬"字用在驴身上又再恰当不过了，"蹇驴"嘛！又如"走在一种风格里，额角峭立成壁，太阳如黄河号子，自天穹坠落"。写得很有力度，很大气磅礴，真有那种大笔一挥便是妙文的气魄，让读者想到了苏轼和李白辈的风格。可惜全集中这种风格不多，偶一为之，这又应该和作者性格，对诗歌流派的偏好有关了。不过，诗坛如校武场，十八般武艺无妨都试试的。

掩卷而思，似乎还有几句话不得不说，即如前所说，我不工于诗，对新体诗又基本未有接触，读时生疏、生涩、沉重，评时又如门外谈，不免会贻笑于方家和青年的，所以在这里想做几句检讨，算是对自己的解脱。我不懂现代派诗，读《短笛无腔》，从用词组句上，只感受着作者感情饱满，但读来不知所云，常常把诗题和内容联系不起来。老年人读青年人的诗，又很认真（其实是学习，是补课），便体现着一种艰难。写实的作者阅读着虚写的浪漫，便感觉着一种隔膜。耐心地读着并揣度着诗文和思想，感受着作者表达的热烈，情感的充沛，坦白而言，有很多首诗读到最后我也还不明白作者是在表达什么，犹如唐人李商隐的诗，只可意会，难以言传，未免头脑中一片混沌。因而读了仅是读了，无话可说，倘说出来便似隔靴搔痒，连自己也很惭愧的。集中有一首诗《在某一时刻明白生命》，我读罢却深感到底明白了什么，感叹不懂新诗的人依然看不懂，料得懂新诗的人，也只是种模糊而莫名的感受，无法或难以清晰地表达出清楚的思想：生命是什么？所以，作者的创作应是在平淡的生活中，常被一种莫名的情感撞击，激动时刻的即兴作品。依我看来，新诗永远是小众的。小众的写，小众的读。又是青年人的，是胡思乱想、血脉贲张的青年人的。而青年人，"少年不识愁滋味"，写诗如玩诗，直白而多无思想内涵。激动处，已不是写诗了，而是诗人的狂猖或愤懑。如再学意识流写新诗，便难免成了当代李商隐，东施效颦，徒惹其他人做"考古"看。所以，当从正面理解：青春在激情中躁动飞旋而已。写到此处，恰看到一篇文字，有评论家表白，诗坛目前正在弥漫着晦涩难懂的诗风，而且已经成诗歌爱好者的美学趋向，以此显示"玄奥深刻"，诗的朗朗上口变成了佶屈聱牙。连专家都对许多新诗的代表作，"往往反复看了好几遍，也无法揣摩出其文字背后究竟深藏着什么样的诗意"。因而评论家感叹道：要写得明白，首先自己要想明白，要想明白就要活得明白。写得通晓流畅，家喻户晓，"用诗给自己的生命添加热量"。

作者"短笛无腔信口吹"，在我则是如同打理了一篇考研的论文，难度大。写，也仅仅是写了，还望作者和诗歌界朋友们指谬。

2013.11.2

马行健：我的读书和写作生活

——写给中小学生

大家好。

和大家谈读书和学习的体会，其实是讲述我的人生故事。我们有缘相聚，我为此而感到幸福。以读书和写作为主题，幸福便有了核心。

读书应当是从小就开始养成的好习惯。喜爱读书的人终其一生都是嗜书如命，手不释卷，笔耕不辍的。读书，对于中学生，有助于提高理解力，写好作文；对于老师，可以扩充知识范围，提高讲课水平。同学们未来的发展前途不可思量。人才在你们中间，希望在你们身上，你们是未来的社会精英。根深才能叶茂，打好基础很重要，好好读书便是重要的一项基本功。多读书，对于长大后的活人处世，更有着积极的意义。这是我的开场白，也是我给大家的祝福。

先谈谈我的读书经历。

我的"读书生活"开始于上个世纪五十年代初，算来最早应是我7岁上小学二年级的时候。班上开班会，老师拿来一本《董存瑞舍身炸碉堡》的小册子要我背诵，想来有两万多字吧，我连比带划地做了个表演诵。老师很称赞，又把我推荐到全校大会上表演。小孩子也不知道怯场，不知道什么叫不好意思吧，更得意了。结果"演出"受到了老师和同学们的称赞，就此成了小名人，也由此培养了我的读书爱好。见什么书，什么戏本儿都想看，都想背。记得"苟家滩""打銮驾"的唱词就是利用上学的路上五音不全胡尔巴扎背下的，到现在都能记得。八九岁的时候，上二三年级吧，我常去距离只有二三里远的外婆家过夜。冬季夜很长，农民们聚在外婆家拉家常，在油灯的光影闪烁，灯花爆裂声中，我坐在热炕上听叔叔们讲《说岳全传》。说是岳飞的前身是如来佛前的一只大鹏金翅雕，因啄死了一只金毛鼠被罚下人间，变做了岳飞，和变成了金兀术的老鼠大战，英雄的传奇被文人点缀了神话色彩，极易记住。长大后我看到的《说岳全传》已经删去了这个楔子，我所记住的便是"岳飞枪挑小梁王""挑滑车"等故事了。两军交战"来将报名"，大约就是这本书上的常用语了。记得，我是趴在家里的炕台上读的，边看边吃饭，看到岳飞父子屈死在风波亭一章时，难过得热泪长流，想着长大了也要做像岳飞一样的英雄和敌人打仗。所以，从小养成爱读书的习惯，有利于培养优秀品质，学会做人。大人们还讲《封神演义》，那些神仙空里来，雾里去，千里眼，顺风耳，歪头申公豹，钻地土行孙，很有趣，于是，我到处找《封神演义》。那时我十岁了，读小学四年级。终于，我在舅父家找到了一本精装本的《封神演义》，记得只有三元三角钱，放到现在，至少得标价四十元的。这是1957年的暑假，我贪婪地在家中读了七天，很快读完了。人一生读某本书的时间、机会不是很多的，我以后再没有读过封神。虽然读得囫囵吞枣，半懂不懂，很多字都认不得，但因为儿童单纯，记性好，所以书里边的故事都潜藏在脑海深处。这个冬天里，我还从巷里一个上初中的学生那里借来他的语文课本，也看得津津有味。"秦时明月汉时关""林暗草惊风"等诗歌就是那时背下的。特别是那篇六朝"木兰辞"："唧唧复唧唧，木兰当户织"，尽管对于一个小学生来说诘屈聱牙，过分深奥，但我很喜欢花木兰的英雄传奇，更是全文背了下来，以至现在印象都很深刻。大约不久我又读了同一记事体的六朝文章"孔雀东南飞"，文中那种悲情也深深地打动了我，使我长大后认识到悲剧作品的深刻性。那时我的父亲不在家中，母亲又是文盲，爱好看书完全是自己的天性。小时读书的优势便是记忆深刻，长大后写作时想到了某个故事，便翻开书去查那个章节，这是我讲读书要从小养成习惯的第二个道理。

　　1960年夏天吧，我上初中一年级，学校开运动会，我拿一本新出版的《革命烈士诗抄》翻看。我的数学老师也是个文学爱好者，爱娃娃，他发现了，就让我坐到他身边朗读。我一首首地念下去，他一副陶醉的样子，我至今都宛然在目。"大地春如海，男儿国是家。龙灯花鼓夜，仗剑走天涯。"多豪迈！再如："浪迹江湖忆旧游，故人生死各千秋。已拼忧患寻常事，留得豪情做楚囚。"视死如归啊！这个老师姓周，渭南人，落难右派，是我第一个文学启蒙老师，我现在都怀念他，感谢他。读高中后，我开始接触中外短篇小说和散文。读了莫泊桑、契诃夫、马克·吐温和王汶石、赵树理等人的短篇小说，读贺敬之和郭小川的诗歌。还读了孙犁、杨朔、秦牧、碧野、魏钢焰等老一辈作家的很多优秀散文。这时开始有了写作冲动，可惜没人辅导只好自己摸索。唐朝大诗人李贺，出门时总要骑驴带锦囊，路上每想到一个好句子，就写下来装进香囊中，晚上再整理。我那时背馍上学，离城30里，也学习李贺，一路走，一路想，一路记，走走停停，写了不少诗和文章。记得以邻居新媳妇为原型，写了一个短篇小说，好像还不太短，悄悄寄到陕报却被退了回来，首战不利啊！那些诗文都写在粗糙的纸上，怕人笑话，装订成册，藏在抽屉里孤芳自赏。这些手稿虽几经搬家也没丢失，现在可能还压在家中哪个箱子底，可以当成传家宝和文物了。大约是在六二年或者六四年，为了配合征兵工作，我编写了一个街头剧，而且充当了男主角。但演技太差，排练时即被换了下来，打到后场去敲木鱼。没法呀，有写作爱好没有表演天赋。就此，我的"明星梦"夭折在了秋风中。"文革"中上大学，在宝鸡县修冯家山水库，无书可读就天天抄写《唐诗三百首》,看《古文观止》，读它个滚瓜烂熟。有朋友说老马你古文底子可以，是的，底子是早些年打就的。记得那时候还读了巴尔扎克几本书，《福尔摩斯探案集》也是那时接触的。晚上在宿舍里看《巴斯克维尔庄园》,恐怖极了，开了两根电棒，也读得毛骨悚然。1969年还读了两本马雅可夫斯基的长诗《列宁》和《好》，仿照着写了一首歌颂"九大"的长篇阶梯诗。写时热血沸腾，气势磅礴，文章贴在实习工地的窑洞墙壁上，天天琢磨着修改。今天也不知哪儿去了，也许底稿还在笔记本里。今天看来，它所展示的只能是那个时代的单纯和狂热。无文学书可看，就读马恩著作和毛选，引用在大批判稿子中，很具战斗力，同学们都很称赞。这一段时间就是广泛涉猎吧，至少没有造成时间的浪费，读书的空白。七十年代在紫阳县从事水利工作，每天早晨6点我准时起来锻炼，在山路上奔跑，8时正点读书学习，不敢松懈。自那时起养成了读书学习的自觉性。自己定下任务，每周写一篇1500字的小散文。为此，在回家路过西安时专门买了五六个笔记本。临到调回来时已是记得满满的了。前多年还曾计划以所记内容整理一本散文集，现在看来已没有这个可能了。后来调到紫阳县文化馆从事群众业余创作辅导，馆内有读书，极方便，遂日夜捧读，真是乐此不疲。这时还主编过一本油印刊物《山花》，在那个文化荒漠时期，也算是创新，是稀罕之物，全国各地有来稿，很是有影响的。为人编改稿件，于自己也是一种文学的修炼。所以，自己至今都很注意锤炼字句。记得还将二十多篇习作编成散文集《山歌声声》，七八万字吧，寄到人民文学出版社，好像最后给打了回来。那时关中人调回原籍，多托人购买木材，回去好打家具。我调离时在欢送会上说，我只带走两样东西：一样是一箱子书稿，一样是一个好名声，别无长物了，比轻车简从还简单。大家都鼓掌大笑。当时的宣传部长叫陈瑛，户县人，南下老干部，他也来参加送别会，感慨地说：马建民同志德才兼备，在紫阳十年工作是很有成绩的，特别是对群众文化工作和创作辅导有贡献，他现在要走了，我们真还是依依不舍！当日情景，今天讲来，如在眼前。所以，前几日看唐诗故事，讲诗人贾岛一生困顿，酷爱诗歌，去世的时候，家无一钱，只有一头病驴和一张旧琴时，我真是无限感慨，以为找到了千年前的知音。20世纪80年代调回大荔，先在政协工作，收集文史资料，正年富力强，精力主要用于工作了，但也没有放弃读书。此时写的故事，散文不少，故事写得在全省有了名，一篇《妯娌俩》还在西北五省新故事会讲时得了第一名。中篇传奇小说《鸣冤记》和《追魔记》就是这时候写的，是重要的练笔。如果不读大量的小说散文，就不可能写出这些东西，回忆这段时光，可说是废寝忘食，手不释卷。20世纪90年代初我去西安做胃癌切除术，提包里装的是贾平凹和三毛的散文，像是去西安上作家班，手术前后忍着病痛通读。以后又读余秋雨，读周涛的散文，平时也很留意报刊上的散文和随笔，反复琢磨人家的风格比照学习。病中写了几篇散文，拿到出版社给朋友看，他很是赞赏，称赞我的语言过关，说：你挨了一刀，凤凰涅槃，连文章都脱胎换骨了！有了自己的文风，语言犀利流畅，风趣幽默！后来，他为我的散文集《拒绝死亡》写了一篇感情真挚的序言，题目即是"此马骨瘦带铜声"。这十多年来，我以写散文、随笔和报告文学为主，迄今已正式出版了七部作品，二三百万字吧，所以朋友们在报纸上撰文称我是"因祸得书"。近两三年来，身体状况和家庭变故使我无法静下心来写作，更难以抽身四处采访，便以读为主了。过去忙于工作和写作，许多世界名著实际并未读过，所以现在就一本接一本，一个作家接一个作家地成系列地读。由此，看了雨果、狄更斯、凡尔纳、大仲马、托尔斯泰等人的作品，自感很有收益。

读书要刻苦，如有教师热心辅导，学生进步更快。我记忆深刻的是小时候读过的一本薄薄的小册子《史可法》，讲明末抗清名将史可法的故事。史可法小时候家里穷，只好到庙里去读书。一天晚上他读累了，伏案睡着了，这时，一个官员进庙避雨，看到这个孩子如此用功很感动，写的文章又很好，便给他披上衣服，说了许多鼓励的话。这人叫左光斗，是发现史可法的伯乐。后来左光斗被奸贼陷害入狱，史可法不避嫌疑，不怕打击，去监狱里探望老师，给他以安慰。史可法后来坚守扬州，英勇抗清，最后壮烈牺牲，成为著名的民族英雄，和岳飞、文天祥齐名，为后人敬仰。我其所以对这本小册子念念不忘，是因为它不但为我讲述了初浅的历史知识，更为重要的是它教会了我怎样为人，教会了我要爱家国、要勇于牺牲，要当血性男儿。这则小小的历史故事还教育我们要尊敬老师，要学会感恩，老师总比你闻道要早。你长大了，为人师表，反过来又要热爱学生，发现人才，做好伯乐，你就对社会做了贡献。讲到这里想起了我上小学的老师魏玉香，家就住在县城的南环路上。那时刚新中国成立，她是走着到离城三十里的汉村小学教娃娃的，有时还拖儿带女，让她的儿子坐在我们教室的后边。她上课用心讲，下课了就带上针线包到村子学生家里去做针线，和我母亲她们说说笑笑，极随和的一个人。天下雨了，刮风了，她会给我们披上她的衣服把学生送回家的。所以逢年过节了，她会收到两大竹笼烙饼花馍和点心的。放到现在，魏老师可以评为模范教师，但那时新中国成立之初，条件差，师资缺乏，大家都是如此敬业的，他们用言传身教感染着学生。我对她印象极深，一生以她为楷模做人做事。我上大学了，工作了，还专门看望过她。当然她现在早已去世，愿她在天之灵安息。我曾在怀念她的一篇短文中写道：中小学老师教给学生的并不是单纯的语文、数学，加减乘除，首先是如何做人。前几日报载两个小学教师看到班上学生没有来上课，家长也联系不上，便立刻去学生家中探望，这才发现学生全家煤气中毒。由于她们施救及时，这个家庭方才免遭意外灭门之灾！如果这两位老师对学生无关爱之心，以漠然的态度对之，这一切就无从谈起，我很为她们的敬业精神和做法而感动。当代大画家黄永玉是旅游胜地湖南凤凰古城人，散文也写得极好。在一篇回忆上小学的千字文的结束处，老人写道：我走进教室，坐在了我的位置上，老师点名了："黄永玉。""到。"我应声立了起来，规规矩矩地，但是左右一看，空无一人，教室特别寂静。文章戛然而止。看，老人写得多形象，空谷足音，不愧是大家手笔啊！如果不是当年的小学校，不是小学老师对老人有所关爱，物是人非，八十多岁的老画家会亲切地回到古城，以一颗虔诚感恩之心回到小学校去看望吗？我常想，如果一个极有前途的好苗子被老师残忍地或者不经意地扼杀了，那实在是罪莫大焉，不可饶恕。台湾作家三毛就是在上初中二年级的时候受到数学老师的无端嘲笑、羞辱，愤而退学，得了严重的抑郁症。幸亏她有自我调控能力，后来通过勤奋的自学，努力写作，终于成了一名海内外闻名的女作家，作品到现在都有生命力。三毛去世了，她完成了自己的人生使命，但她的作品永存。这便是文化的伟大之处。现在的中小学老师生活压力大，很多人心情难免和世风一样浮躁，但也要注意克制自己，学会容忍，毕竟是小孩子嘛！所以，不能粗暴地对待学生，特别是不要嘲笑学生。嘲笑是一把扎伤心灵的刀。你要明白后生可畏，学生以后可能比你有前途，比你成绩大，不要像侮辱和伤害三毛的那个数学老师，后来无颜面对学生。教育部最近制定的中小学教师标准，立法禁止教师讽刺、挖苦、歧视学生，不得体罚或变相体罚学生。桃李满天下，自古以来就是对教师最高的赞赏。一个代课教师对学生好，他教的这门功课学生就学得好。你的学生以后真成了人物，你可以骄傲地在人前说：他是我的学生，那多好啊！前多年江泽民主席去美国访问，专意安排了访问老师的仪程，愿各位老师能有这样的荣耀！这位老师家在无锡，姓顾，大户人家，群星辉映，托江主席的福吧，故居保护得很好，已建成了纪念馆，大家有机会一定要去看看，会大有收益的。

有许多中学生跑来找我，要我圈上几个题目，指点写作方法，很快地提高自己的作文水平。又有的青年教师希望我能指定和推荐几本书，他们读后，可以很快提高文学修养。这种愿望自然很好，但是读书学习没有捷径可走，不能急功近利，只能日积月累，循序渐进。我和大家在学习方面存在着代沟：我不懂网络文学，不看穿越故事，不喜欢书店畅销的魔幻小说，跟不上时代，只能谈谈老传统。再者，以目下的学习状况，学生升学压力很大，还是要面对现实，多读少写，先把功课做好吧！这是点题外话，仅供参考。话说回来，以我的读书经验，要有选择地读，读有益的书，特别是要读经过时间考验，大家公认已有定评的经典作品，要反复琢磨。像《儒林外史》，30年前我初读时没有看懂，觉得没什么意思，不知道为什么也被称为"四大名著"？后来又看了一遍，觉得还可以。再后来阅历丰富了，人生体味多了，有机会看了第三遍，这才发现了它的价值和深刻性所在。鲁迅先生就特别推崇《儒林外史》的讽刺手法："迨吴敬梓《儒林外史》出，乃秉持公心，指摘时弊，机锋所向，尤在士林，其文戚而能谐，婉而多讽：于是说部中乃始有足称讽刺之书。"我最近偶然又读起这本书来，发现了前所未见的趣味，有了新的启迪，于是置于床头，又重新读起来，每晚翻几页，而且越读越有趣味，算起来这已经是读第四遍了。

又如苏联作家奥斯特洛夫斯基的小说《钢铁是怎样炼成的》，我读了三遍，每读每新，其中写保尔和冬尼娅少年时谈恋爱的章节多纯情呀，而后来两人在修路工地上，大雪中偶然相遇，因立场和志趣的不同话不投机决裂的场景和那段对话，写得又多形象深刻啊！书中写道：

……收工的时候保尔已经疲倦得要命，一边走一边拄着铁锹。冬尼娅跟保尔并排走着，说："我真没有想到你会弄成这个样子。难道你不能在政府里找到一个比挖土好一点的差事吗？我还以为你早就当了委员或是有了什么同样的职位呢。你的生活怎么搞得这样惨啊！"

保尔站住了，惊奇地看了她一眼，说："我也没有想到你会这么……这么酸臭。"他想了一想，才找到这个比较温和的字眼。

冬尼娅的脸红到耳朵根，说："你还是那么粗鲁！"

保尔把锹扛到肩上，迈着大步走开了。走了几步，才转身回答说："不，冬尼娅，说实在的，我的粗鲁比你的所谓礼貌要好得多。你用不着担心我的生活，我的生活倒是过得蛮好的。只是你的生活已经变得比我所想的还要坏。两年以前，你还好一些，那时候你还敢和一个工人握手。现在你已经发出卫生球的味道了。说句老实话，现在，我和你已经没有什么可说的了。"

这一段语言极富个性化，铿锵有力，掷地有声呵！

当保尔身患重病时在公园中想举枪自杀，犹豫之时，作者写道，做出或死或生的决定简直如同政治局开会一般严肃、认真。最后，他决定活下去，理智战胜了感情，由此，世间才有了一部鼓励人奋斗不息的励志作品问世。这正如一位诗人所说：死是容易的，而活下去则很困难。

现在报载很多中学生甚至小学生消极厌世，稍不如意，就跳楼、喝药轻生，这是不明事理，少不更事，对自己、家庭和社会缺乏责任感。我推荐老师和同学们至少抽空读一遍《钢铁是怎样炼成的》，哪怕是读读专供青少年阅读的简写本，相信你们会终生受益，能帮助树立正确的人生观，端正生活态度。奥斯特洛夫斯基身患重病，写这本书时年龄还不到30岁，由于书的自传体性质，我们认识了书中的英雄，也认识了坚强不屈，勇斗病魔的作者。

还有一本外国文学作品《牛虻》，我读了两遍，最近还准备读第三遍。奥斯特洛夫斯基就高度赞扬这部作品，认为对他影响很大。早先出版的《牛虻》书前引有这个评语，很可惜，现在的版本中都没有了。"牛虻"是意大利一个革命者，反抗外族侵略压迫的烧炭党人，又是一个私生子，他忠于救国事业，受苦受难，百折不挠。他为革命轻生重死，绝不向恶势力屈服，不受利益诱惑，又重革命友情，且富于人性。我特别推崇牛虻临死前对蒙泰尼里主教，也就是他的亲生父亲的那段血泪相交的独白，那真是慷慨激昂，字字珠玉，那是一篇爱国宣言，是一段进攻的呐喊，是一个志士仁人披肝沥胆的自白。我摘录几段大家听听：

牛虻浑身发抖，把头枕在蒙泰尼里的胳膊上，就像一个生病的孩子躺在母亲的怀里，长叹一声，坚决地说："主教，你和我站在一个深渊的两边，要想隔着深渊携起手来是毫无希望的。您必须在我和上帝之间作出选择。如果您爱我，那就从脖子上取下十字架，然后跟我一起走。我的朋友正在安排另一次劫狱，有了您的帮助，他们就能轻易取得成功。然后等我们平安越过边境，您就公开承认我是您的儿子。"蒙泰尼里痛苦地哀求道："孩子，您就看不出我只想救您吗？您永远都不明白我爱您吗？"牛虻抓住蒙泰尼里的双手，并用炽烈的亲吻和泪水沾满了它们，改口哭诉道："爸爸，跟我们一起走吧！您与这个教士和偶像的死寂世界有什么关系？它们充满了久远年代的尘土，它们已经腐烂，臭气熏天！走出瘟疫肆虐的教会——随同我们走进光明！爸爸，我们才是生命和青春，我们才是永恒的春天，我们才是未来！爸爸，黎明就要照临到我们身上。醒来吧，让我们忘记可怕的噩梦，重新开始我们的生活！爸爸，我其实一直都爱您——甚至在您当初杀死我时！难道，您现在还会杀死我吗？呵，我不是一个人，我是一把刀子，我的生命除了和教士斗争别无他用！"

牛虻就义之前，更是大义凛然，慷慨陈词，他对战友们表白：

我知道，如果你们这些留下来的人团结起来，就会给他们猛烈的反击，你们将会实现为之奋斗的宏伟大业。至于我，对待死亡将会怀着轻松的心情，走进院子，就像是一个放假回家的孩童。我已经完成了我这一份工作，死刑就是我已经彻底完成了这份工作的证明。他们杀死了我，因为他们害怕我，我心何求？

听，这完全是共产党员在国民党法庭的视死如归的号召和誓言啊，就差振臂高呼"共产党万岁"了。

借用这个手法，我把它用在了报告文学《情与仇》的结尾中，洋洋洒洒写了六大段排比文字，一气呵成。写完，我先被感动了，竟至泪雨滂沱。最近，我买了一本新版《牛虻》，扉页上印着一首短诗：不管我活着／还是我死去／，我都是一只牛虻／快乐地飞来飞去。洋溢着革命的乐观主义。这就是经典作品的魅力，它是教化人成长的作品。所以我们说经典作品开卷有益，常读常新，经得起时间的考验。顺便介绍一下，《牛虻》的女作者伏尼契是爱尔兰人，曾旅居俄国，嫁给波兰人，会见过恩格斯，同情和参加革命事业，和意大利革命党人接触很多，了解很多真实生动的情况，后来又到意大利查找了很多图书和档案资料，在这个基础上，她才写出了这部讴歌英雄主义的不朽作品。这时她 35 岁。伏尼契晚年定居美国，1960 年去世，享年 96 岁，上帝保佑她吧，尽管她一辈子反对教会。

还可举例谈谈高尔基的自传三部曲《童年》《在人间》《我的大学》。我实际看的是《在人间》，读了两遍，很认真。上世纪七十年代的"文化大革命"中，我在大巴山的深山老林中修建小水电站，远离故乡，无书可读，无人交谈，很是孤寂，夜晚一个人住在工棚里，就像是修行的和尚。所以，偶然得到朋友一本《在人间》，真是喜出望外。我在上大学时就读过一遍，极有教益，这次仍然深深地被吸引住了，看得很仔细，每页都做了眉批，标明这一页是讲的什么内容。这本书于我有两大补益。一、学会人生，热爱生活。流浪的少年高尔基很是善良，很喜欢学习，他也遇到了很多乐于帮助他、呵护他成长的船夫、工人。书还写得很有人情味。书里有这样一个情节：小小的高尔基和小朋友们打赌要在坟地里过夜，第二天，外祖母来接他，他悄悄告诉外祖母他其实很害怕，要外祖母保密，千万不敢给小朋友们说，免得大家笑话他。外祖母惊讶地说："这有什么，要是不害怕谁还去呀，谁还和你打赌呀！"看，朴实的外祖母说得多好，但这其实就是潜移默化地向高尔基讲怎样正确对待生活。二、我很喜欢高尔基写人写景的手法：生动、形象，寥寥几笔人物便出来了，声情并茂。他写伏尔加河夜景，写河边洗衣妇们取笑打闹，写得多好。特别是书一打开，像水在哗哗响，像风在林间叫，很快你便会被吸引住，爱不释手。高尔基写道：

> 我来到人间，在城里大街上一家"时髦鞋店"里当"小伙计"。老板是个圆圆脸蛋的矮个子。他有一张毫无特色的棕褐色脸，一口绿色的牙齿和一对脏兮兮的水泡眼睛。我觉得他是个瞎子，为了证实这一点，我常常做鬼脸。
>
> "别做怪相。"他的声音很低，但语气非常严厉。令人不快的

是这双浑浊的眼睛居然能够看见我！说他能看见，简直令人难以相信，也许老板只是在猜想我在做鬼脸吧？

"我说了，别做怪相。"他的声音更低了，两片厚实的嘴唇，几乎没有动弹。

"别挠你的牙，"他干瘪的低语，好像爬到了我的身上，"你是在大街上一家第一流的店里干活，这一点你得记住！小伙计就得像雕像那样，站在店门口一动不动。"

你看，写得多传神！多简练。这一段我熟悉到了可背诵的程度。前年在书店里见到一个高中女生，我向她推荐《在人间》，为了证明高尔基写得多么好，我当即背诵了这个开头，这并不是卖弄，而是喜爱，而是推荐。那个女孩很惊讶，一个老人竟然能背出四十多年前读的书！是的，这就是经典的魅力！接下来，高尔基写了一个进店买东西的贵夫人：

有一次，鞋店里来了一个年轻女子，只见她面颊鲜艳红润，眼睛闪闪发光，身披一件天鹅绒斗篷，乌黑的毛皮领子蓬蓬松松，衬托着她的面庞恰似一朵奇妙的花儿。她从肩膀上脱去斗篷，顺手扔给萨沙，这一来显得更加优雅标致了，身材端庄苗条，天青色的绸衣紧衬合体，耳坠儿上的钻石晶莹闪亮。

多形象的人物素描！

我告诉这个女学生，这句话应当是在前一页向后一页的过渡中，是单面页向双面页，要翻动的。她更惊讶了：爷爷，你的记性真好！我不无得意地说："记住，这就是年轻时读书的优势，记忆力好，可惜现在不行了。"我劝同学们认真读读这本书，好好学习高尔基如何三笔两笔就可勾画人物的本领！

少年高尔基热爱读书到了痴迷的程度。书中讲到轮船上厨师斯穆雷和裁缝妻子对他的帮助很是令人感动。高尔基写道："我想看书想到要命，就从厨架上拿了一口铜锅，用它把月光反射到书上。我还爬到墙角的凳子上，站在那里，凑近圣像，借着长明灯的光亮看起书来。我完全沉浸在书本的情节里。秋天落叶似的又破又旧的书页使我入迷，它们轻易地把我带进了另一种生活，接触了许多新的名字和新的关系，使我认识了不少高尚的英雄和阴险的坏蛋，这些人物完全不同于那些让我看了从心里厌烦的人。字里行间隐藏着一种光亮，照射出善与恶，引导你去爱去恨，迫使你紧张地关注彼此纠缠在一起的那些人物的命运。你立刻会产生一种强烈的愿望，马上去帮助某些人，搅扰另一些人。常常忘记了书中展现在眼前的全部生活，其实只不过是纸面上的文字，使你一直忘情于波澜起伏的斗争情节。读这一页时，喜悦的感情激荡在心头，而读另一页时，却又陷入痛苦的深渊。"现在我们大家的学习条件比高尔基要好多了，但愿我们对书籍的热爱也能像少年高尔基一样地痴迷。

读书的习惯是要从小培养的，我九岁的小孙子上半年在西安学习，读四年级，在省图书馆看《鲁滨逊漂流记》入了迷，回县后又在家里读了一遍。前天来看我，他母亲说昨天晚上捧着借同学的《鲁滨逊漂流记》又看到晚上 11 点，算来已是读第三遍了。临走还问我，爷爷，咱屋里那本《鲁滨逊漂流记》在哪儿放着？他还要看第四遍呢！幸好，这是一本励志书，教育人们要在逆境中奋斗，多读有好处。前边讲过，近年常有人问我在写什么，我说我身体不好，也没时间写作了，就补课读世界名著。我的经验是，如果你很忙，学习任务很重，不可能重读一本书时，可以在读完之后将书前后再粗略地翻一遍，强化记忆。前不久我在读大仲马的《基度山伯爵》和《三个火枪手》，读凡尔纳的《格兰特船长的儿女》《地心游记》等书时就是这样做的，觉得很有益处，大有作用，不失为读书的好方法。

我想用几句话对以上所谈作一个小结：人生在有意和无意间常常被挥霍掉了，留下的就只是一声叹息。要想不吃后悔药，就要用知识改变命运。知识就是力量，读好书就是知识的重要来源。打好基础知识对未来的发展至关重要。青少年时候是人格造就的重要时期，可塑性强，容易受物质的和精神的诱惑。读坏书是误导，读好书是引导，接触文学是灵魂塑造的过程，它可以扩大人的视野和眼界、胸怀。"君子坦荡荡，小人常戚戚"，文学助你成才。

现在谈谈写作。

要写好文章，第一个问题自然是写什么。文学青年年轻，阅历少，应当留神身边的人和事，从写日常生活开始练笔。如果说有什么快捷之路，就是这一条路。文学史上，许多优秀的回忆录都是名人记述自己青少年生活的。鲁迅笔下的"百草园""三味书屋"长妈妈的"山海经"、闰土家的瓜地夜月，多么悠长美好的回忆啊！沈从文的乡土文章现在大家都爱看，他关于凤凰古城风光的描写，沅江，辰溪河山水的描摹，船夫生活的刻画，莫不得益于青少年时候细致的观察。一个人少年时有素材的积累，年龄大了，在回忆中写出来，既是一种宣泄，又有怡情养心的作用，那无疑是一种美好的享受。没准，老树红花，大器晚成，会折腾出一部大家赞扬的优秀作品来的。五十多年前读孙犁的《铁木前传》，作者笔下冀中平原秀丽的风光，亲切的民俗，配上优美的文字，实在使我爱不释手，久久不能遗忘。小说大约发表在 1956 年前后的《文艺学习》杂志上，小说结束处是一段诗意的散文，是对于童年的回忆，我看到的时候也不过是十一二岁，小说发表不久吧。我常常因背诵它而陶醉，这次特意找出来供大家欣赏：

童年啊，你的整个经历，毫无疑问，像航行在春水涨满的河流里的一只小船。回忆起来人们的心情永远是畅快活泼的。然而，在你那鼓涨的帆上，就没有经历过风雨冲击的痕迹吗？有关你的回忆，就像你的负载一样，有时是轻松的，有时也是沉重的啊！

但是，你的青春火力是无穷无尽的，你的舵手的经验也越来越丰富了，你正在满有信心地负载着千斤的重量奔赴万里的途程！你希望的不应该只是一帆风顺，你希望的是要具备了冲破惊涛骇浪，在任何艰难的情况下，也不迷失方向的那一种力量。

我直到现在也很纳闷，一个十一二岁的小学生，怎么会对这段纯文学的描写情有独钟，记忆深刻？也许是文章写得太美了吧！

说到孙犁，我又想到了另一本以童年生活为素材的小说——《城南旧事》。作者林海音，台湾作家，童年及青少年时代在北京度过，时为 20 世纪 20-30 年代。小说由五个短篇组成，从主人公小学生英子的视觉讲述了发生在旧北京的平民生活。小说没有惊天动地的故事，没有刀光剑影的斗争，写的不过是几个普通人物的生活命运。人是最平凡的人，事是最平凡的事，作者从司空见惯的事物中发现着生活本真的美。林海音在谈到这部小说集时深有感触地怀念道："我是多么想念童年住在北京城南的那些景物和人物啊，我对自己说，把它写下来吧，让实际的童年过去，心灵的童年永存下来。就这样，我写了《城南旧事》。"有评论家推荐道："小说的语言清丽，优美，像小英子一样单纯明净，同时带着对童年的眷恋和故乡的无限思念，读来令人动容。这样的文字适合在静静的午后来读，心头会漾起一丝丝温暖，一丝丝惆怅。文中精致的文字不疾不缓，温厚淳和，清净淡泊，就像啜一口香茗，那香味弥漫在唇际间，久久不去……"我是在借读了这本书后才购买的，爱之甚切，以至于我在搬家居住时都要带在身边，即使不再看，放在床头，也感着它的韵味，感着一种踏实。的确，我们都有着难以忘怀的童年，愿大家把它们都写出来，挽留下一段自己的美好时光。

接下来的问题是文章怎样才能写得好，单纯从写的角度上我以为别无他法，就是多练习，多修改，文章写成后可以先置于案头，放放，再看时就会发现可改之处，这就如同雕塑家创作，作品完成初稿后，天天琢磨，看哪儿不满意了便削去或补贴，直至完成。简约地说可以总结为两句话：好的文章是厚积薄发，久经思考后灵感来了一挥而就写成的。而精品是初稿出来再反复地、精心修改打磨出来的，两者相辅相成。就我的创作实践来说深有体会。

　　我是在上个世纪七十年代初开始写作的，那时独自一人在大山深处勘测小水电，闲暇时间多，心也散淡，水光山色最宜写千把字的小散文。一次，夜宿紫阳县洞河镇，望窗外江上夜月明净，忽然想将在汉江上坐机动船的感受记下来，立时，来了灵感，如诗般的几句话涌上心头：

　　同志，在滚滚的汉江上，你搭乘过机动船吗？特别是在急流险滩的地方，在大风大浪的时候……

　　真是一个好的开头，自我感觉还不错，立刻伏案写起来，文如泉涌，酣畅淋漓，一口气写成后，抬眼舒腰，啊，天竟然亮了！江上渔船往来，汽笛声声，江边行人正匆匆登上渡轮，向对岸摆去。荡漾的江水映着微红的晨曦，一切都是那么美好。数数，1200 字，竟写了一个通宵，这就是那个时候的水平。中午坐船回县，上行船，我专意坐在船首，看浪花簇拥，看舵手操作转轮，思路又至，当时即补写了一段"老舵手"。全文共三段，没事时就琢磨，坐下来改，走路时想，魂牵梦萦，念念不忘。"同志，在滚滚的汉江上，你搭乘过机动船吗……"几乎成了我曲不离口的咏叹调。这篇 1200 字的短文修修改改，前后改了 12 道，试着斗胆寄到《安康日报》去，很快就发表了，算是处女作，时在 1972 年 8 月 8 日，《安康日报》第三版副刊。细心的编辑还专门选配了一幅图画，恰是江流，悬崖，图文相得益彰。发表时取了个笔名"罗丁"，寓意自己要做革命的螺丝钉，就此开始了我的业余写作生活。作品时常发表，渐渐在安康小有名气。某年我去宁陕县开文学创作座谈会，宁陕县一个代表听说我是紫阳来的，就问我："你认识罗丁吗？"我说"其实就是鄙人"。他呐呐地说："老兄，真没想到……"那一刻，真爽，用现在的话说:酷毙了！七四年吧，我还写了一部反映当时教育改革的长篇小说，自己挺得意，让一个青年朋友去看。他的老母亲看稿纸挺白的，便拿了很多张裱了墙壁。我看到后，心中很不是味，真有一种辛弃疾词中"却将万字平戎策，换得东家种树书"的悲怆况味。三十多年过去了，我觉得这部书的价值全在于我对紫阳山水风光的描写。"郎在对门唱山歌"，风俗至淳啊！

2008年春《同州变奏曲》举行首发式时，写有一条横幅：纪念马行健先生文学创作36周年。只是自己想想，三十多年过去了，白发皓首，并未有可为人道的优秀作品，仅仅还是一个文学爱好者而已，惭愧啊！

2010年冬天，县水务局约我为黄河雨林上延工程建设写一篇纪念碑文。墓志碑文类文章，我不擅长，情况不了解，又牵涉一些专业术语，我虽是水利系毕业的，但是黄河上修堤防汛的事却从未参加过，所以这篇文章并不好写。因为我是水务局干部，推不掉，只好接受任务。办公室同志把事情看得简单，以为以我的能力，只要坐在办公室看看材料就可以了。我坚信不到现场，没有真切感受是写不出好文章的，便约了几个朋友去现场观看。时值隆冬，黄河上冷风嗖嗖，黄河已经瘦身了，缓缓地在冬日的阳光下向潼关流去。两公里多的石堤固若金汤，给人一种坚实、放心感觉。抬眼望去，鹳雀楼就在对面中条山下，近若咫尺，这可以说是前所未有的发现。我很纳闷我曾无数次来黄河堤岸游览，怎么从没有留意到呢？所以脑海中马上冒出一个字眼："触手可及"。太生动传神了，要是在办公室看摄像视频片能有这个发现吗？不到现场是想不出来的。这篇碑文局里催得很紧，但我总要自己满意了才敢交差。因为刻到碑石上，千年万载立在黄河岸，就不可能再改动了，后世人不满意要骂的！这个历史责任我负不起。对面是鹳雀楼，那首"白日依山尽"写得多好，四句话大白话却千古传唱。黄河岸上架了大桥，游人从河东来到河西，欣赏了唐诗的优美，再一看我写的这个碑文，太糗了，陕西怎么没人啊！这个恶名我也背不起。当然我再怎么努力写，也不敢奢望可以赶得上王之涣的诗，但总应期许慎重对待，力求完美，缩小差距，自己满意啊！写初稿时，我找了县志和《古文观止》做参考，又翻看了工程建设报告，方才动笔。初稿写成，约1000多字，朋友觉得不错，由衷地称赞说：马老师，这篇稿子只有你能写出来！我不敢那样想。作为碑文，单位嫌长，要求保留六七百字，于是又改。就这样，从年前写到年后，78天里我改了102次，有时一天数改。工作日还可到单位上出打印稿，休息日就只好到街头复印部去蹭了。好在人熟，出了走人。一天数改就打一枪换一个地方。出好了回来压在玻璃板下再随时仔细琢磨。老实说，反复修改文章，在我已成了瘾，乐此不疲。小孙子来看我，我就领上他到很多地方出过稿子。以至孙儿从西安上学回来见面就问我：稿子写好了吗？起初的改写稿我扔了，后来想积攒起来作个纪念。现在这厚厚的、百余页打印稿就压在我的抽屉里，领导看不见，不能报功，没有一文钱报酬。碑文后来又没用，乃至不闻不问了，此事放在他人可能么？我想，权当是局里为我提供了一个学习写碑文的机会，我因此而练习了一种文体，完成了一件作品。写完稿子，我多方请人看，改，我从每个人处几乎都有收益。有人从公文体例，有人从碑文格式，有人从遣词造句上提意见，用与不用，我都乐于听取。古人都讲"一字师"嘛。像原文数据较多，用的是阿拉伯体，朋友建议用汉字体，易读易刻写，我一听很有道理，便全改了过来。

这篇碑文的首段重在对黄河大荔段气势的渲染：

黄河九曲，奔腾万里，雾锁崖岫，涛震林壑。至大荔一段，河野顿阔，四顾朗然。水逐风云，山浮日月，岚生氤氲气象；天织云锦，目接华岳，魂铸豪放民风。万亩田畴，菽谷葳蕤；百里绿野，灵气充盈。

结尾要画龙点睛，突出成效和作用，文字便重在华丽：

立岸石堤，御洪固若金汤；扣舷游船，观光逸兴遄飞。眺目中条鹳雀，触手可及；回眸朝坂烟霞，身在画中。荷花十里，渔湖镜天，岂惟柳子词章？画舫百艘，长河映日，宛然太白诗篇。新村雅舍，梅青杏黄，安居乐章方奏；春莺暖树，鹤翔鸢盘，开发蓝图又绘。守望黄河，固堤护岸。继往开来，任重道远。

　　路是一步步走的，台阶是一步步上的，好的文笔是一点点历练出来的。我在一篇为朋友作品集写的序言中提到：艺术创作由浅入深，可以分为五个阶段。一、勤学苦练，学学写写；二、苦心孤诣，精雕细刻；三、炉火纯青，应付自如；四、立马可待，文如泉涌；五、神龙在天，至高至伟。最后的阶段，那就是各种获大奖的佳作，传世名作了，一般人是可望而不可即的。

　　写文章，学会了写自己身边的人和事后，你就可以去练习写别的内容。前朝古代和别处的事情你是无法体会的，那就要广泛地收集间接材料，最大量地占有素材，以便择取。像蒲松龄写《聊斋志异》，传说他在家门前的官道上摆设茶摊，凡喝茶之人只要能讲述一个故事他便免收茶水费，天长日久，积累得多了，这才写出了为世人称道的《聊斋志异》。鲁迅称赞状狐写鬼，甚是生动、可爱。毛主席称赞书中的狐女很富于人性，以鬼怪写尽人间社会生活，深刻生动。著名作家姚雪垠小时候被土匪捉去在山林中生活过一段时间，有了这段难得的绿林生活经历，长大后又查阅了大量的明史资料，这才创作出长篇巨著《李自成》，受到毛主席的称赞，一时洛阳纸贵。姚雪垠也因这本书而躲过"文革"劫难。

　　写作是个苦差事，但也因此而乐在其中。我写《地网》，写小学教师董某某杀害学生案，采访了县公安局所有办案人员和可以采访到的教师，采访了董某某工作的小学校和上师范的级任老师，了解他们对董某某蜕变的看法，还从大荔到咸阳、西安，查看了作案现场，焚尸现场，侦破现场，又专门去看了关押董某某的牢房。甚至不怕被辱骂到其女朋友的家中去了解情况，务求客观。因为我看了公安人员的审讯记录，特别是细致地看了董某某在监狱写的 20 万字的悔过书，写作素材真实、翔实，所以书出来后才会引起大家的注意。又如我写渭南保险公司经理杀小姐一案，问遍了办案民警，寻看了杀人和焚尸的现场。书已写成正待印刷时，听说女孩的母亲和哥哥还在，我就又赶到象山商场女孩家中去了解情况，希望再发现有价值的线索。果然在与她母亲和哥哥交谈后大有启发，我随即改写了部分章节，又增添了两三万字，把写小姐引诱经理，还原为经理诱骗年轻姑娘，这就更加真实，更加深刻，有反腐倡廉的警世价值了。文章中那段两人舞厅活动，是我此前到舞厅去了一次的真实感受，用在此处正好，文章便真实可信，有血有肉。结尾我写女孩母亲去上坟，写了六大段抒情文字，真是发自内心，把自己也感动了，写得热泪盈眶。书出版后反响很好，《三秦都市报》还摘编连载了两天，影响很大。写报告文学作品不比写小说，不能想当然地胡乱编造，移花接木，要真实客观，不夸大、不贬低，反映事物的本来面貌。这是一个作家的道德问题，文德问题，是一个作家立身的根本！

我还写过一本较有影响的长篇报告文学《苍天在上》，内容是写一个叫李金玲的东北妇女在兴平县买辣椒面受骗上当，告状无门愤而在大雁塔出家当了尼姑，后来在省妇联和省高院的支持下又走出佛门，打赢官司的传奇故事。我是偶尔听到这个故事的，但没有止于道听途说，我要掌握第一手资料。为此我走访了当事人，并且到兴平、咸阳，省上的法院、质监局，甚至到大雁塔佛寺采访了几位僧人和长老。去兴平时，朋友都劝阻，怕我挨打。我不怕，为了事实的准确，专意去找了卖方当事人，听听他是怎么讲的，查看了买卖成交的现场，法庭执行时破坏的门窗，力求客观公正。而那时我刚作完手术，大病在身。西安到兴平路上堵车严重，半夜两点回到西安无法吃饭，只好在回民街上买了碗糊辣丸子汤。这本书出版后，反响很好，省法院和省妇联评价很高。后来又因书的重名问题打官司，弄得上电视、上报纸，在全国都沸沸扬扬，我和书都由此提升了知名度。直到今天，还有许多人都提到这本书，认为没有就事论事，写得很深刻。

我在写朝邑起义时，先是看了当事人的回忆录，又去省图书馆和省档案馆查阅背景资料荔北战役，然后去拜访当事人，主要是尚在世的起义领导人和一些重要人物。为此，我多次去西安，听他们讲述起义的经过和细节，互相印证纠错，前后访问了不下四五十人吧。初稿写于1983年冬天，我恰在起义领导人韩增友家的村庄驻队，村中几个地下党员尚健在，这些都极大地方便了我的采访。于是在这个村和周围几个村庄的群众中，我了解了很多最原始最真实的材料，考证了地下党活动的场所，全是第一手的资料。所以我不无自诩地说，这本纪实小说可堪比县党史办掌握的材料，可作为正史读。白天，我和农民一起平整土地，为果树修枝，晚上住在下鲁村村委会空旷破烂的大库房里写书稿。冬夜很静，我感觉不到孤独，徜徉在往昔地下党活动的场景中，金戈铁马，斗智斗勇。我和村上群众关系很好，交了很多朋友，常常很晚了，他们会来找我到家中去喝汤，或是送来几块热饼子。可以说，没有下鲁村村民、老地下党人，村支部村委会的热情支持，《躁动的黎明》不会写得那么充实和完满。现在回想这一切，我都很感动和很感激。为了寻访在黄河上开渡口的一个地下党员，我曾在大风沙中到黄河边的移民村去找了三次，终未见人，但我把心尽到了。到蒲城县采访，回来翻沟时，适逢大雨，连扛带爬，把自行车推上来，狼狈极了。这样的例子很多。书中写起义领导人罗曼中到朝邑时路上被敌人发现后跳火车逃走，夜宿荒草中一段，我为罗老念时，罗老笑着称赞道：还真像那么回事呢！稿件原长45万字，出版时38万字，时间跨度25年，可以长大一个小伙子。草稿写了半年吧，满满6个笔记本，后来连抄带改誊写到政府用的那种大稿纸本上，8斤2两重，真是只能用字字心血来形容了。稿子抄成后尚未出版，我便病了，胃极痛，空腹痛，后来被查出是癌症，只好到西安住院做手术！这本书也是难产，前后打印了三次，丢失数回。因我生病和无钱印刷，书稿只好压在抽屉里，这恰好又给我以充实修改的时间，这期间，我又走村串户寻访当事人或其后代，只要打听到一个故事，我都想法儿插进去，并且搜集了60多张珍贵照片。书虽出得晚，却更充实、丰富了，这也算是补偿吧！这些照片我无偿地捐献给了党史办，以便保存和继续发挥作用，后来党史办在办展和出书时都采用了，但恐怕已无人知道是我提供的。这本书县上几个老同志知道后，联名向县委写了情况反映，推荐出版。时任县委书记房龙山很重视，立即安排专人帮助出版印刷。房书记还很感慨地说，他知道得迟了，要早知道早出版了。这便是大家今天看到的《躁动的黎明》。书出版后，广受县上各界人士关注，称赞房书记为县上办了一件好事，我也因此提升了在县上的知名度，交了很多朋友。书名原拟叫"九三风云"又拟叫"九曲黄河""灼热的太阳"，最后定名为"躁动的黎明"。那是因为毛泽东同志在《星星之火，可以燎原》一文中，高屋建瓴地提出：新中国"是站在海岸遥望海中已经看得见桅杆尖头了的一只航船，它是立于高山之巅远看东方已见光芒四射喷薄欲出的一轮朝日，它是躁动于母腹中的快要成熟了的一个婴儿。"这本书我希望写得有气势，布局大气魄，语言刚劲有力，能配得上"革命"二字，现在看来，整个写得还算一气呵成。大家如果有兴趣，可以先翻翻开头和结尾，我希望能获得一种气势夺人的震撼力。我在《后记》中写道：生命是一片绿叶，使命是秋后的果实。生命是为了使命而存在而显其价值的，我不能因病因困难而沮丧，我应有"舍我其谁"的精神。我在另一篇文章中曾感叹道：书成了，我病了，幸亏作品早多年前就完成了，因为我已经没有了当年那股激情，那种精力，那份才华了，现在假如让我去见马克思，我心坦然，因为我完成了自己的人生使命，完成了对革命先辈的承诺。写作期间，我贫病交加，医院诊断我已患上胃癌，说再只能活几个月，我唯一想的便是赶紧把这本书写完，我一手执笔，一手握着苦涩的中药杯坚持了下来。那时我提醒自己：我虽不是奥斯特洛夫斯基，不是张海迪，不是吴运铎们，但组成我骨子的血肉的却应是和他们一样的建材！我的血液应当和他们一样地鲜活！起码，我应有和他们一样的人生的要求和勇气、权利、直面人生，笑对死亡。我想得最多的就是：你是文学家，就写好最后一部书；是工人，就炼好最后一炉钢；是农民，就种好最后一季稻谷；是教师，就上好最后一堂课。能力不同，贡献不一，萤火虫光亮虽微，但也因装点了大自然的美丽而骄傲！为这本书我也付出了沉重的代价。县政协主管文史工作领导认为他写过一个朝邑起义的材料，我就不应当再写了，倘写，便是僭越，是对他的不敬。而我，竟迳能要写长篇纪实，这更是不能容许的。于是，提干不行入党不许，小鞋不是布做的了，变成了铁铸的。我的一生就此失去了发展的机会。无奈，我只好愤而离开县政协。我当时的悲怆心情也许只能用宋朝杨万里的一首诗来表达："万山不许一溪奔，拦得溪声日夜喧。到得前头山脚尽，堂堂溪水出前村。"

谢天谢地，现在一切都过去了，《躁动的黎明》出版了，其他书也一本接一本出版了，"文章千古事，做官一世荣。"这是命运给我的安排、安慰和补偿。我为此而感谢生活，学会生活并享受生活。现在，我走出了泥潭，活得很愉快，活得很充实，活得很自在，这才能在今天和大家同聚一堂，谈读书、聊创作、回忆曾经的生活。顺带谈谈我患病二十多年来，常有朋友问我康复的秘诀，我想说阅读功不可没。有文章说：科学研究发现，六分钟的安静阅读，就能将人的压力水平减少超过三分之二，好过听音乐和外出散步。阅读时注意力集中能使大脑放松，松弛肌肉并降低心率，增添智慧的同时，会为身体带来意想不到的好处。所以，你可以不练习写作，但不可以不养成读书的好习惯。前辈学人钱基博先生讲过：书籍不论今古，人物不论新旧；有书则读，每读必记。要每日坚持写短文章，字句要简，意思要尽，时间要快。篇幅最好百余字，时间至多一点钟，心思愈用愈出，笔机愈熟愈快，自然意到笔随，词无不达。历史类文章的写作，要有依据，没有依据，那就是杜撰；二要有剪裁，没有剪裁，那只是材料的堆砌。这种既注重读、又看重写的方法，有利于知识和资料的积累，也有利于文字水平的提高。钱先生的这个学习方法，有些类同于现在的微信写作，需要的只是坚持。

回忆一生，我常有无限感慨，我的生活面太窄，我的爱好太少，除了读书写作以外，琴棋书画、工匠劳作全然不懂。我足不出潼关，常也感叹未能借工作之便全国游览。早在千年前，唐朝诗人白居易说：我只是关东一个男子汉而已，除读书写作之外，其他都懵然无知，乃至琴棋书画，可以和朋友们共同娱乐的活动均一无所知啊！高攀一下白居易，我俩都是书呆子。我今天讲要好好读书,但希望大家在新的时代里广泛接触社会,扩展视野,把读书提升到一个新的档次,这是我最后要叮咛大家的话。

诗人贺敬之在《雷锋之歌》中以高昂的激情写道:"假如现在啊/让我再一次/再一次开始我生命的航程/在这广袤的土地上哟/哪里是我最迷恋的地方?"是的,假如我尚可返老还童,开始新一轮的生活,我仍愿从事业余创作,一手持仪器,一手握钢笔,勤奋地、默默地向前走去,去创造、去造福于世人,用爱拥抱世界。工作一天,笔耕半宿之后,我会推开小窗,吟咏贺敬之那些我喜欢的美丽诗段:

在西去列车的窗口,

在九曲黄河的上游;

是大西北一个平静的夏夜,

是高原上月在中天的时候……

难得借今天这个机会,系统地梳理了自己数十年来的读书和写作生活。我想说的话很多,能说的很少;想讲得深刻些,说出来可能很肤浅;想竭尽所知,说得宽泛些,能讲的角度则很窄;想讲讲创作的乐在其中,讲出来却如同诉苦,但无论怎样都是真情表达,实话实说。樱桃好吃树难栽,不下苦功花不开,希望对大家有益,就先讲这些吧!

山不转路转,如果大家对今天所谈的话题还有兴趣,如果以后还有机会,如果我们有缘法,我们还会再相聚的,更深刻地展开话题,再谈谈散文的写作和如何把作品写得深刻些。让读书和写作作为一条纽带,把我们联系起来。

最后,让我用俄国作家高尔基的一段话来结束这篇文章:书籍使我变成一个幸福的人,使我的生活成为轻松而舒适的诗;人的知识愈广,人的本身也愈完善;学习,永远不晚。

2016.7.1

跋

今春无新写事，集中精力整理了这部《槐垣文谭》。事发于 2007 年盛力和我办《沙苑》杂志为初学者改稿，针对来稿中发现的问题，萌发了和业余作者谈谈如何写文章、改文章、乃至观察生活，收集材料，提炼主题，结构篇章的念头。记得早年看过《书海夜航》《艺海拾贝》《金蔷薇》等书话和艺术随笔，颇以为有益且有趣味。现在整理些鲜活的东西，将这个"排球"再推给今天的有志于文学创作的青年，当不无益处，也算是我对于社会的菲薄贡献了。所谓"授人以鱼，不如授人以渔"，便是写作本书的宗旨。其中前数十篇文章即在"和讯博客，马行健随笔"栏内上传过，有兴趣的青年朋友还可以去那里查找更多的资料。

我自知学历不逮，治文又非本业，仅业余而作，故为使本书厚重，资料准确，不误导学习者，这个春天便没有再写别的东西而专注于此事。为此，我复读了几本中外经典名著，翻阅了许多作家的创作回忆录或是评传，多方搜集报刊资料敷衍成文，反复核对资料。因为集中最初引用名人和外国作家的文章和资料多，我便补充了许多国内作家，平常人的事情。为使本书有时代感，又再搜寻了近多年的中外名作家材料。整理此书时，恰逢莫言获"诺贝尔文学奖"，于是我又集中读了关于他的评传和回忆录，摘编成几篇材料补充进来。为方便阅读，我曾想把文章按创作的技巧分类。但一个材料往往同时可以放在几个条目下，操作起来颇为困难，所以后来便不再强求，而以写作时间顺序将就了。这些文章的内容多以文坛轶事和掌故为多，围绕着如何写作来取舍。因本书不是文学概论教科书，理论阐述既非本书写作目的更非作者所长，所以作者只能从这个角度去操作，以启发读者的灵性了。这些文章都不长，均为"千字文"，满足于一事一议，一例一议，初定原则即为较短的书话。写短文，是作者多年来的爱好，汉唐时文人们即写得好的短文，至明清，士大夫写短篇书话、诗话已蔚然成风。新中国成立后以秦牧写的《艺海拾贝》影响最大，但文章也不长，信息量和含金量却很高。苏联作家帕乌斯托夫斯基的《金蔷薇》故事性很强，文字优美，每篇亦不长。今作者效此而为，期冀能步前贤后尘，得到读者朋友的认可。书中所引《金蔷薇》内容虽多，其实都是成书时插补进去的。撰写这部书稿，始终将其定位于文学创作的"辅导材料"。读而写，赶任务般，感着累，不知不觉已经百余篇了。就我印象中，因时间拉得长，大约已遗失十数篇而不好寻得了。读和写是读书人的终生任务和爱好，如继续这样写下去，将会是没有尽头的。在书籍的海洋里，我们又能勺几盅呢？所以我想暂就此打住，出几本校样，先请朋友们看看，听听反映。如有可能，再写续集吧！末了记起著名作家唐弢的指教，录于此，以为写文章的规矩：书话的散文因素需要包括一点事实，一点掌故，一点观点，一点抒情的气息；它给人以知识，也给人以艺术的享受。

倘我活着，我仍将持书泽畔，徐徐前行。

2016.10.21

图书在版编目（CIP）数据

槐垣文谭 / 马行健著 . -- 北京：中国文联出版社，2017.4

ISBN 978-7-5190-2672-1

Ⅰ . ①槐… Ⅱ . ①马… Ⅲ . ①读书笔记—中国—现代 Ⅳ . ① G792

中国版本图书馆 CIP 数据核字（2017）第 082635 号

槐垣文谭

作　　者：马行健		
出 版 人：朱　庆		
终 审 人：奚耀华	复 审 人：蒋爱民	
责任编辑：胡　笋　贺　希	责任校对：傅泉泽	
封面设计：鸿艺工作室	责任印制：陈　晨	

出版发行　中国文联出版社

地　　址：北京市朝阳区农展馆南里 10 号，100125

电　　话：010-85923039（咨询）85923000（编务）85923020（邮购）

传　　真：010-85923000（总编室），010-85923020（发行部）

网　　址：http://www.clapnet.cn　http://www.claplus.cn

E － mail：clap@clapnet.cn　hex@clapnet.cn

印　　刷：北京天正元印务有限公司

装　　订：北京天正元印务有限公司

法律顾问：北京天驰君泰律师事务所徐波律师

本书如有破损、缺页、装订错误，请与本社联系调换

开　　本：710×1000	1/16	
字　　数：350 千字	印　张：25	
版　　次：2017 年 4 月第 1 版	印　次：2017 年 4 月第 1 次印刷	
书　　号：ISBN 978-7-5190-2672-1		
定　　价：58.00 元